本书由内蒙古师范大学学术著作出版基金与重庆市华岩文教基金会共同资助出版

张径真 著

法律视角下的隋唐佛教管理研究

中国社会科学出版社

图书在版编目（CIP）数据

法律视角下的隋唐佛教管理研究/张径真著 . —北京：中国社会科学出版社，2018.1
　ISBN 978 – 7 – 5203 – 1341 – 4

Ⅰ.①法… Ⅱ.①张… Ⅲ.①佛教—行政管理—法制史—研究—中国—隋唐时代 Ⅳ.①B949.2②D922.154

中国版本图书馆 CIP 数据核字（2017）第 273473 号

出 版 人	赵剑英
责任编辑	杨晓芳
特约编辑	席建海
责任校对	张爱华
责任印制	王　超

出　　版	中国社会科学出版社
社　　址	北京鼓楼西大街甲 158 号
邮　　编	100720
网　　址	http://www.csspw.cn
发 行 部	010 – 84083685
门 市 部	010 – 84029450
经　　销	新华书店及其他书店
印　　刷	北京君升印刷有限公司
装　　订	廊坊市广阳区广增装订厂
版　　次	2018 年 1 月第 1 版
印　　次	2018 年 1 月第 1 次印刷
开　　本	710×1000　1/16
印　　张	15
插　　页	2
字　　数	253 千字
定　　价	66.00 元

凡购买中国社会科学出版社图书，如有质量问题请与本社营销中心联系调换
电话：010 – 84083683
版权所有　侵权必究

前　言

"法律视角下的隋唐佛教管理研究",是一个全新的课题。本书以《唐律疏议》和《道僧格》为中心,通过对法律条文的辑录、复原以及对当时立法背景、实施效果的考证,力图对隋唐时期依法治理佛教的概况做一个全面和客观的了解,希望能为今天的宗教管理和宗教立法提供一些有益的借鉴。

进行隋唐法律和佛教管理的研究,首先需要做三个层次的工作。一是辑录出唐代律、令、式中和佛教有直接与间接关系的条文;二是对早已佚失的唐代宗教法典《道僧格》的形成、存续、性质进行考证,得出《道僧格》成文于贞观十年(636),是《祠部格》的二级分格的结论。其编撰之初,即为共同管理佛、道二教的特别宗教法;三是根据日本《令集解·僧尼令》和相关史料对《道僧格》进行复原,在参考前人复原成果的基础上,本书一共复原了三十一条《道僧格》条文。

接下来,在已经获得了相对全面的法律文献的基础上,本书对唐代《道僧格》的内容作了进一步剖析。《道僧格》作为唐代的宗教法典,它的特别之处在于其刑种设置和审判权归属的界定,"苦使"和"还俗"是《道僧格》的基本刑罚,僧尼犯"徒"以下罪时,审判权和执行权属于寺院;犯"徒"以上罪则依照国法由官府定罪并处以刑罚。《道僧格》有三个法源,一是唐代颁行的律、令、式;二是前朝历代的僧制的沉淀;三是佛教和道教共同依止的戒律,《道僧格》是融合唐代律令、前朝僧制和佛道教清规戒律的产物。作为唐代法律的一分子,《道僧格》尽管是特别法,却也具有明显的"诸法合体""民刑不分""皇权至上""宗法主义"[①] 等中华法系的共性特征,在立法原则上,《道僧格》严格遵守的是维护皇权统治、维护等级特权制度、维护宗法制度的原则。

[①] 郝铁川:《中华法系研究》,复旦大学出版社1997年版,第10页。

除了宗教法《道僧格》之外，"僧尼、道士、女冠"还作为独立的法律主体，出现在律、令中。本书以《道僧格》为中心，结合辑录出的唐律、唐令、唐式的相关条文，进一步考察了佛教对唐代的立法和司法的影响。佛教对于立法的影响，主要通过帝王信佛影响立法精神、佛教戒律向法律形式转化、佛教习俗被法律设为刑罚特例以及大量佛教用语被吸收成为法律用语几种形式起作用。佛教影响司法，则表现在寺院对审判权的分割，《道僧格》"苦使"刑种对封建五刑制的补充，禁屠月、十斋日禁止执行死刑，佛教精舍进入监狱成为感化教育犯人的手段等几个方面。所谓影响是相互的，在佛教影响法律制度的同时，法律也同样影响和左右着佛教的发展方向。僧尼的社会身份被法律定位于官贵与庶民之间，僧团内部人员之间相犯被比附为家族成员相犯，按照唐律的亲等制度量刑定罪，这些都促使僧尼出家后以寺院为依托，进入另一个"家"，为佛教的世俗伦理化起到推波助澜的作用。

总之，随着佛教的传播和僧侣阶层的形成，佛教成为传统文化的重要组成部分。作为调节各种社会关系的法律，也不可避免地被打上了佛教的烙印，从立法到司法都可以看到佛教的影响。同时，依法治理佛教的实践，也加速了佛教的世俗化、伦理化，寺院成了具有宗教、行政、司法多种功能的半官方机构，也成了僧尼出家后依附的第二个家。

目 录

导 论 ……………………………………………………………………… (1)
  第一节 选题的背景及问题的提出 ……………………………… (1)
  第二节 国内外研究现状综述 …………………………………… (3)
    一 宏观的历史的研究 ………………………………………… (3)
    二 断代的研究 ………………………………………………… (6)
    三 微观的专题研究 …………………………………………… (9)
    四 民族地域研究 …………………………………………… (12)
    五 古今借鉴的研究 ………………………………………… (13)
  第三节 研究视角和方法 ………………………………………… (14)
    一 法律学的研究视角 ……………………………………… (14)
    二 多种研究方法相结合 …………………………………… (15)
  第四节 本书结构和主要内容 …………………………………… (16)
    一 本书结构 ………………………………………………… (16)
    二 创新之处 ………………………………………………… (16)
  第五节 选题意义 ………………………………………………… (17)
    一 理论上的借鉴意义 ……………………………………… (17)
    二 实践上的指导意义 ……………………………………… (18)

第一章 隋唐的律、令、格、式与佛教管理 ……………………… (19)
  第一节 唐律中和佛教有关的法条辑录 ………………………… (20)
    一 直接规范僧尼道士的法律条文 ………………………… (21)
    二 唐律中间接和佛教相关的法律条文 …………………… (29)

第二节　唐令对佛教的规定 ……………………………………… (31)
　　一　官品令 ……………………………………………………… (32)
　　二　职员令 ……………………………………………………… (33)
　　三　祠令 ………………………………………………………… (35)
　　四　田令 ………………………………………………………… (35)
　　五　狱官令 ……………………………………………………… (37)
　　六　仪制令 ……………………………………………………… (38)
　　七　衣服令 ……………………………………………………… (39)
　　八　假宁令 ……………………………………………………… (40)
　　九　杂令 ………………………………………………………… (41)
第三节　唐式对佛教的规定 ……………………………………… (42)
小结 …………………………………………………………………… (49)
　　一　僧尼作为独立的法律主体在正律中出现始于隋代 ………… (49)
　　二　完整的唐律法条的辑录为研究唐代僧道法提供的信息 …… (51)

第二章　《道僧格》考证 ……………………………………………… (53)
第一节　《道僧格》溯源 …………………………………………… (55)
　　一　日本《僧尼令》与唐代《道僧格》的关系 ………………… (55)
　　二　《道僧格》与《祠部格》的关系 …………………………… (58)
　　三　《道僧格》与《僧格》《道格》 …………………………… (60)
第二节　《道僧格》的形成 ………………………………………… (63)
　　一　两汉初传时期戒律传译的滞后和僧团规制的杂乱 ………… (63)
　　二　魏晋时期的僧团高度自治和僧制、戒律的二元并行 ……… (64)
　　三　南北朝时期"俗施僧制"和内律僧制"不许俗看" ……… (66)
　　四　隋开皇十五年的《众经法式》与南北朝僧制的区别 ……… (69)
　　五　唐《道僧格》的制定以及"权依俗法""宜依条制"
　　　　的过渡 ……………………………………………………… (70)
第三节　《众经法式》考证 ………………………………………… (71)
　　一　"式"的历史渊源 ………………………………………… (72)

二　"法式""众经""有司" ……………………………………… (72)
　　三　《众经法式》的性质 ……………………………………… (73)
　　四　《道僧格》与《众经法式》的联系 ……………………… (74)

第三章　《道僧格》复原 …………………………………………… (77)
　第一节　复原的依据 ………………………………………………… (77)
　　一　日本《养老令·僧尼令》条文及其注书《令集解》 …… (77)
　　二　戒律、僧制及唐代律、令、式中的相关条文 …………… (78)
　　三　前人的复原成果 …………………………………………… (78)
　第二节　复原条文 …………………………………………………… (79)
　第三节　郑显文复原的《道僧格》新条文辨析 ………………… (110)
　　一　"禁毁谤条" ………………………………………………… (110)
　　二　"和合婚姻条" ……………………………………………… (112)
　　三　"度人条" …………………………………………………… (113)
　第四节　《道僧格》未复原条文可能涉及的内容 ……………… (115)
　　一　关于"还俗"的刑罚执行 ………………………………… (115)
　　二　关于僧道的丧葬 …………………………………………… (116)
　　三　关于僧道免囚禁、刑讯的规定 …………………………… (117)
　　四　关于外籍僧人管理 ………………………………………… (118)
　　五　关于僧尼违反杀人以外杀戒的处罚 ……………………… (119)

第四章　《道僧格》内容剖析 …………………………………… (120)
　第一节　《道僧格》的内容和法源 ……………………………… (121)
　　一　《道僧格》的内容 ………………………………………… (121)
　　二　《道僧格》的法源 ………………………………………… (124)
　　三　《道僧格》复原条文列表 ………………………………… (135)
　第二节　《道僧格》的法律原则 ………………………………… (139)
　　一　皇权高于教权 ……………………………………………… (140)
　　二　等级特权制度 ……………………………………………… (141)

三　封建宗法原则 …………………………………………（144）
　　四　严惩左道厌蛊原则 ……………………………………（145）
第三节　《道僧格》的特点 ………………………………………（148）
　　一　诸法合体，以政统教 …………………………………（148）
　　二　僧道地位平等，维护宗教和谐 ………………………（149）
　　三　逐渐适用于其他宗教 …………………………………（150）
　　四　理想法典之色彩 ………………………………………（154）

第五章　隋唐佛教与法律的关系 …………………………………（157）
第一节　佛教对隋唐立法的影响 …………………………………（158）
　　一　帝王奉佛影响立法思想 ………………………………（158）
　　二　佛教戒律向法律形态转化 ……………………………（163）
　　三　佛教习俗被设定为刑罚特例 …………………………（166）
　　四　佛教用语入律 …………………………………………（171）
第二节　佛教对唐代司法的影响 …………………………………（172）
　　一　寺院对审判权的分割 …………………………………（172）
　　二　对行刑制度的影响 ……………………………………（174）
　　三　御史台精舍和唐代监狱制度 …………………………（180）
第三节　隋唐法律对佛教的影响 …………………………………（184）
　　一　僧尼社会身份之法律定位 ……………………………（185）
　　二　僧团社会身份之法律定位 ……………………………（186）
　　三　寺院社会身份之法律定位 ……………………………（190）
第四节　"刑事从严、民事从俗"等观点辨析 ……………………（191）
　　一　"对司法影响大，对立法影响小"辨析 ……………（192）
　　二　"刑事从严、民事从俗"辨析 ………………………（193）

结　论 …………………………………………………………………（206）
第一节　古代宗教法的发展与封建法制的发展同步 ……………（207）
　　一　中国封建法制发展的早期 ……………………………（207）

二　中国封建法制的发展演变期 …………………………………（208）
　三　中国封建法制的成熟鼎盛期 …………………………………（209）
　四　中国封建法制的发展后期 ……………………………………（210）
第二节　隋唐时期僧尼作为独立的法律主体在正律中的定位………（210）
　一　僧尼的社会地位高于普通民众，享有一定的法律特权 ……（211）
　二　僧尼作为法律主体，其法律义务是严守佛教戒律 …………（211）
　三　僧团在法律上被比附为世俗家族，以适应唐律的
　　　亲等制度 …………………………………………………………（212）
　四　寺院成员的尊卑等级被强化，以适应唐律同罪异罚的
　　　等级制度 …………………………………………………………（212）
第三节　隋唐时期出现专门适用于僧尼的宗教法 ……………………（213）
　一　《众经法式》是中国历史上第一部宗教法典 ………………（213）
　二　贞观十年颁布的《道僧格》是约束佛道二教的
　　　唐代宗教法 ………………………………………………………（214）
　三　《道僧格》复原研究和内容剖析 ……………………………（214）
第四节　佛教和隋唐时期法律制度间的相互影响 ……………………（215）
　一　佛教对隋唐时期法律的影响与渗透 …………………………（215）
　二　隋唐法律对佛教发展的影响 …………………………………（216）
第五节　本课题还可以进一步挖掘的地方 ……………………………（217）
　一　唐前期《道僧格》和中后期《道僧格》的演变 ……………（217）
　二　独立于国家立法之外的习惯法、民间法对僧尼的
　　　定位与规约 ………………………………………………………（218）
　三　少数民族地区的僧道法和唐中央政府僧道法的
　　　联系和区别 ………………………………………………………（218）
　四　宋元明清诸朝代僧尼法律地位的变化与历史原因 …………（219）
　五　唐之后各朝代的宗教法和《道僧格》的联系与区别 ………（219）

参考文献 …………………………………………………………………（221）

导　论

第一节　选题的背景及问题的提出

　　宗教与法律都是人类社会发展到一定历史阶段的产物，它们具有密切的关系。有人群的地方就有法律和宗教，法律规范人们的行为，维护社会的正常秩序；宗教为人提供心理慰藉，引导其对尘世的超越和对来世的向往。宗教和法律彼此渗透，相互影响，共同推动人类社会的发展。在各国法律发展史上，宗教都曾在孕育法律起源、推动法律演化、培养法律信仰、生成法律价值等方面产生过深刻、广泛的作用和影响。相应地，宗教在其形成、发展以及传播的过程中也被深深地打上了法律的烙印。人类社会早期的许多法律，被直接嫁接至宗教教义中，成为宗教形成的重要渊源之一；法律作为调控社会秩序的有效手段，不仅为宗教的适度发展提供了基本的外部环境保障，它还是促进宗教不断演化嬗变，与其所处社会环境相适应的重要的、必不可少的力量。

　　隋唐是我国封建社会的上升时期，这一时期的政治、经济、文化都空前繁荣。隋唐时期的法律，作为我国封建社会鼎盛时期的反映，在我国法制史上有着重要地位。隋文帝即位不久，即下令修律，一部"刑网简要，疏而不失"[①]的《开皇律》为后世封建律法奠定了十二篇五百条的基本框架；"五刑""十恶""八议"制度以及"因时变法""以轻代重"[②]的立法思想，都被唐律所继承和发展。因《唐律疏议》而传世的唐律，被公认为中国封建法典的楷模和中华法系的代表，它不仅对五代、两宋、元明清的法律产生了深远持久的影响，还超越国界，波及古代的朝鲜、日本、越南等亚洲诸国。隋唐时期也是我国佛

---

①　（唐）魏徵等：《隋书》卷二十三，上海古籍出版社1989年版，第264—473页。
②　同上。

教发展的鼎盛期，据傅奕估计，唐高祖武德年间有丁壮僧尼 20 多万，佛寺佛塔 84000 多处[①]；玄宗时官方籍账记载的僧人数目是男僧 75524 人，女尼 50576 人，合计超过 12 万人[②]；唐武宗会昌年间灭佛时，被强制还俗的僧尼多达 26 万[③]，僧尼已经形成一股不可忽视的社会力量和独立的社会阶层。唐代的寺院经济在前代发展的基础上更是进一步繁盛，"凡京畿上田美产，多归浮屠"[④]，寺院不仅积聚了大量土地和依附劳动力，还拥有果园、手工作坊、店铺、水碾等资产。寺院雄厚的经济实力已达到可以和世俗政权相争的程度，从而成为皇权统治和社会安定的隐患，自然也成为政府关注的焦点。李唐王朝从建国之初，就开始从管理机构、出家制度、寺观籍账、寺院人口制度、寺院经济等多角度对佛教进行直接的管理和调控。这种管理和调控还上升到法律层面，催生了专门适用于僧尼、道士的宗教法《道僧格》，使佛教管理真正进入了依法治教时期。

研究隋唐时期佛教管理，不能忽视这一时期的法律对佛教的规范。隋《开皇律》将"毁坏佛像天尊"列入"十恶"重罪；唐《永徽律》赋予僧尼、道士法律特权；"断屠月""十斋日"严禁执行死刑是对"春秋决狱"制度的补充；僧尼、道士不受"缘坐"制的株连；残尸罪为佛教丧葬习俗设定的特例等，都无不显示了隋唐时期佛教对传统文化的冲击和对法律的渗透。贞观十年，唐太宗命人"依附内律，参以金科"[⑤]制定了唐代的宗教法《道僧格》。《道僧格》源于北魏僧制，历经几朝的演变，在唐代以法律形式正式成为管理佛道教的宗教法。它的出现改变了魏晋南北朝以来国家对佛教的管理缺乏法律依据的局面，也改变了之前"悉以内典"或"全依国法"引起的尴尬和矛盾，是我国古代政府宗教管理制度走向成熟的标志。

僧尼作为士农工商之外的独立法律主体在以等级宗法为特征的唐律中首次出现，其法定的身份和地位是怎样的？他们有什么样的法定权利和义务？政府

[①] （唐）释道宣：《广弘明集》卷七，《大正藏》第 53 册，台湾新文礼出版公司 1983 年影印版，第 134 页。

[②] （宋）欧阳修、宋祁：《新唐书》卷四十八，中华书局 1975 年版，第 1252 页。

[③] （后晋）刘昫等：《旧唐书》卷十八，中华书局 1975 年版，第 606 页。

[④] （宋）欧阳修、宋祁：《新唐书》卷一百四十五，中华书局 1975 年版，第 4716 页。

[⑤] （唐）释道宣：《广弘明集》卷二十八，《四库全书》第 1048 册，上海古籍出版社 1989 年版，第 736 页。

如何依法对寺院、僧团进行全方位的控制与管理？宗教特别法《道僧格》的特别之处究竟是什么？它的出现和演变对佛教的发展起到什么作用？这些正是本书想要解决的问题。

第二节 国内外研究现状综述

佛教与古代法律的关系在学界一直都受到关注，研究成果也很丰富，以不同的研究角度和范围来划分，可以分为以下几大类。

一 宏观的历史的研究

此种研究即从历史的角度整体地考察佛教对古代法律制度、传统法律文化的影响与冲击。较早进行这方面研究的是殷啸虎的《佛教与古代法制》[1]一文，文章从梁武帝、隋文帝等崇佛，受佛教的熏陶而影响到立法入手，逐条分析古代律法中与僧道相关的规定，得出僧道在法律上具有特殊地位的结论。然后进一步探讨了佛教对古代司法审判制度的影响，除了佛事活动在魏晋时期成为大赦的理由，佛教断屠的戒律直接被纳入死刑执行制度外，佛教还影响了司法官吏的审判观念和审判心理。

之后比较有代表性的作品有《佛教与中国传统法律文化》[2]一文，作者何柏生先动态地分析了佛教传入中国后，经历了与以儒家文化为立法、司法指导思想的法律文化的冲突进而融合的历程。然后在文章的第二部分叙述了各朝代和佛教管理、佛事活动、僧尼犯罪等方面有关的法律规定。最后，作者得出这样的结论：佛教对中国传统文化的影响具有"消极面影响大，积极面影响小；对司法影响大，对立法影响小；对守法老百姓影响大，对执法官吏影响小"[3]几个特点。同样从佛教与传统法律文化的差异性出发进行研究的文章还有顾俊杰的《论佛教与中国传统法律文化的冲突与融合》[4]，文章重点论述了佛教在

---

[1] 殷啸虎：《佛教与古代法制》，《文史知识》1994年第2期，第95—99页。
[2] 何柏生：《佛教与中国传统法律文化》，《法商研究》1999年第4期，第120—128页。
[3] 同上。
[4] 顾俊杰：《论佛教与中国传统法律文化的冲突与融合》，《同济大学学报》2006年第3期，第104—108页。

"家""国""忠""孝"等观念上和传统法律文化的冲突,并从佛教与传统法律文化融合的过程角度,探讨了中国化佛教对传统法律文化的补充作用。

周东平在《论佛教礼仪对中国古代法制的影响》①一文中以独特的视角透视了法律条文背后透露出的历史事实:唐代僧尼拜君亲之争,实质上是佛教平等观和儒家忠孝观之冲突在法制上的体现;由佛教慈悲思想衍生出的禁屠月、十斋日不仅是对"秋冬行刑"的补充,也是刑罚文明化、人道化的体现;佛教戒律的提倡的确有助于一般犯罪的预防,但以戒律替代刑罚则是司法不公和司法肆意的体现;禁止盗毁佛像的法律规定彰显了佛教戒律对世俗法律的冲击;禁止私自入道的条文透露了佛教规模扩大和国家兵制、税制间的冲突;僧尼犯奸加重刑彰显了僧尼的特殊身份在法律上的影响。

赵哲伟的《佛教文化与传统法律制度刍议》②尝试从探讨"佛教与中国传统法律制度的关系"③入手,揭示"佛教文化与中国传统文化之间的互动作用"④。文章认为,佛教对传统司法制度的深刻影响主要体现在它客观具有的预防犯罪、维护婚姻家庭制度、维护封建现实政治和社会稳定的作用上。佛教还丰富和完善了行政法律体系,历史上与佛教有关的宗教行政立法包括:设立僧官管理制度、严禁私度和私建寺院、制定清规戒律。佛教对古代刑法的影响,体现在僧尼犯罪管辖权、斋戒日不得行刑、五逆罪的设立及其他一些针对僧尼的禁止性规定。

除了这几篇文章之外,还有两篇硕士学位论文是以佛教和古代法律为专题的。一是厦门大学文浩的《论佛教对中国古代法制的影响》⑤;二是湘潭大学的李俊强的《佛教对中古法律之影响》⑥。文浩的论文分三章,第一章概括了佛教的传入、普遍化民间信仰的形成、帝王信佛及对佛教的利用;第二章从唐代僧尼拜君亲之争和古代正统法律思想、断屠月十斋日和行刑制度、佛教戒律对犯罪预防的消极和积极面、佛教对法律规定的影响、僧署制和行政法制五个方面

---

① 周东平:《论佛教礼仪对中国古代法制的影响》,《厦门大学学报》2010年第3期,第105—113页。
② 赵哲伟:《佛教文化与传统法律制度刍议》,《东南文化》2006年第4期,第61—64页。
③ 同上书,第61页。
④ 同上书,第64页。
⑤ 文浩:《论佛教对中国古代法制的影响》,硕士学位论文,厦门大学,2009年。
⑥ 李俊强:《佛教对中古法律之影响》,硕士学位论文,湘潭大学,2006年。

讨论了佛教影响古代法制的表现；第三章论述了佛教影响中国古代法制的最大特点是联系儒家思想对法制产生影响。李俊强的论文研究的是魏晋至隋唐时期佛教对立法和司法的影响。作者认为，由于这一时期的法律主要受儒家礼教和魏晋玄学的影响较多，因此在立法上，佛教只能通过与儒家礼教、魏晋玄学相融合调适而间接地影响立法思想。在司法上，一方面，佛教的"果报"思想促使司法官在执法时"慎之又慎"；另一方面，通过修寺造像可以清洗罪业的观念又使一些帝王、司法者放心地大肆滥杀无辜，因此佛教对司法的影响是积极、消极因素共存的。文章还考察了佛教和髡刑废除的关系、佛教禁屠钓的习俗对中古行刑制度的影响以及典当、拍卖、合会等经济制度的产生和佛教的关系。

此外，有些学者的专著中也有涉及佛教和古代法律的内容。如上海师范大学严耀中教授的《佛教戒律与中国社会》一书第十二章"世俗法律中的身份限定与要求"[①]、第十三章"戒律与法律之间的僧尼财产纠葛"[②]、第十七章"戒律在法律与司法中的反映"[③] 都对这一课题有独到的见解和研究。严耀中教授认为，"古代中国的法律和行政权力绝对凌驾于寺庙僧侣之上，世俗法律对僧尼的直接约束是至高无上的"[④]。世俗法律约束寺院僧尼主要有三条途径，一是通过行政法，建立僧官制，将佛教纳入官方行政体系；二是以法律为本对其进行规范惩罚；三是前两者的混合。僧尼道士在古代法律规范中具有特殊的身份与待遇，法律处理僧尼道士一般遵循"刑事从严，民事从俗"的规则。

台湾学者劳政武所著的《佛律与国法》第九章"历代法令对佛教规范之分析"[⑤] 也对本课题有较深的涉猎。劳政武先生在该章中分五节分别探讨了"历代法律规范宗教的原则"[⑥]"出家人在法律上的地位"[⑦]"出家人身份之取得"[⑧]

---

① 严耀中：《佛教戒律与中国社会》，上海古籍出版社2006年版，第177—193页。
② 同上书，第194—206页。
③ 同上书，第259—277页。
④ 同上书，第277页。
⑤ 劳政武：《佛律与国法》，台湾老古文化事业股份有限公司1999年版，第337—383页。
⑥ 同上书，第337—339页。
⑦ 同上书，第340—343页。
⑧ 同上书，第344—355页。

"对个人的管理"① "对寺院僧团之管理"② 几个问题。其中关于僧尼个人管理方面的法规总结得十分详尽：历朝政府除了以法令的形式严禁僧尼私入道、犯奸、娶妻妾或与亲属共居、施异术邪道之外，还规定僧尼不得弛慢礼拜、不得自撰或增减经文、服色不得紊乱、僧尼男女不得混杂、不得强行抄化、不得诽谤他教。对寺院僧团的管理则基本上遵从三大原则：一是宗教自治；二是保护寺庙以及器物；三是对寺庙之修建加以限制。

二　断代的研究

以某一朝代为背景，对这一时期政府如何以法律的手段对佛教进行规范以及佛教对这一时期法律制度发展的影响的研究属于断代研究。李放《南北朝时期佛教对法律文化的影响》③ 一文，探讨了南北朝时期佛教和本土法律文化撞击，不可避免地在法律思想、法律规范、法律设施、法律艺术等领域产生的影响。其中最明显的表现是冲击儒家的伦理、等级观念，为法律注入平等的因素；对罪犯起到一定程度的教化、惩戒作用；因为佛事活动而频繁发布的大赦令；僧官僧署的设立成为南北朝法律设施的内容；始于佛教的"义疏"影响了南北朝著述形式，直接导致后代《唐律疏议》的法律文体的产生。作者认为，佛教对南北朝法律文化的影响一定程度上影响了南北朝不同的历史命运，并奠定了隋唐以后传统法律思想受儒释道三教共同影响的基础。

唐朝在佛教史和法律史上都处于特殊的位置，因此，研究唐代佛教和法律的文章最为丰富。其中最具影响力的学者有三位，他们是郑显文、严耀中和董春林。中国政法大学的郑显文教授的《唐代〈道僧格〉研究》④ 一文，是国内研究唐代宗教法的奠基之作。文章从考证《道僧格》的成立、《道僧格》与祠部格的关系入手，进而依据日本《僧尼令》对早已佚失的《道僧格》进行了复原。郑显文认为，《道僧格》是我国古代第一部由国家制定的、具有强制约束力的宗教法典，它代表了唐代宗教立法的水准。这篇文章后来收入他的专著《唐代律令制研究》中，作为第六章"律令制下的唐代佛教"的第四节"唐代

---

① 劳政武：《佛律与国法》，台湾老古文化事业股份有限公司1999年版，第356页。
② 同上书，第370—377页。
③ 李放：《南北朝时期佛教对法律文化的影响》，《理论界》2008年第6期，第134—137页。
④ 郑显文：《唐代〈道僧格〉研究》，《历史研究》2004年第4期，第38—190页。

《道僧格》及其复原之研究"①的内容。此章的其他三节依次探讨了关于唐代佛教僧尼的法律规定、唐代律令体制对佛教寺院经济的制约、寺院土地买卖的法律规定等内容,全方位考察了唐代法律规约下的唐代佛教。可以说,郑显文的《唐代律令制研究》一书是目前研究唐代法律和佛教管理的最高学术成果的代表。

严耀中和董春林两位学者则是以唐宋两个朝代为背景,分别做了静态和动态的研究。严耀中的《论唐宋间法律对僧尼的直接约束》②一文分四个部分,第一部分"世俗法律制度中的僧尼",总结了两千年来中国佛教史的显著特点,就是世俗法律直接凌驾于寺院僧尼之上,所有僧尼无一例外地被置于官方监察约束之中;第二部分"律法对僧尼的特殊限定"探讨的是僧尼作为特殊的社会群体在法律上与一般民众的区别;第三部分"对寺院及僧尼特殊规定背景"说明了这种特殊要求源自世俗社会对僧尼道德上和功能上的角色要求;第四部分"从地方个案看对法律中的僧尼"通过考察法律实施情况,指出地方官吏在处置宗教僧侣中实际上有相当的权力。严耀中认为,世俗法律对僧道寺院的直接约束始于唐,成型于宋,并为后世所沿袭;世俗法律约束僧尼的特点是:"身份限定,王法之上,刑事从严,民事从俗。"③董春林的《论唐宋僧道法之演变》④则重视历史的变迁,文章以唐代宗教法《道僧格》和宋代宗教法《道释门》为中心,通过对比研究成书于不同时代的两部宗教法典中关于僧道犯罪还俗、私度、三纲任免、饮酒、娶妻通奸、不相往来、身死符告、诈伪、行游等具体法令的变迁,推导出宋代虽然继续沿袭唐代之僧道法,但较唐代刑罚更重,更缜密,随着佛教进一步地世俗化,到了宋代,佛教受世俗法制约束的痕迹也较唐代更明显。

另外,涉及唐代佛教和法律制度的研究著作还有厦门大学周奇的博士学位论文《唐代宗教管理研究》⑤,作者在第一章"唐代法律对宗教的规定"中在郑

---

① 郑显文:《唐代律令制研究》,北京大学出版社2004年版,第286—309页。
② 严耀中:《论唐宋间法律对僧尼的直接约束》,戴建国主编《唐宋法律史论集》,上海辞书出版社2008年版,第182—189页。
③ 同上书,第188页。
④ 董春林:《论唐宋僧道法之演变》,《江西社会科学》2010年第10期,第138—143页。
⑤ 周奇:《唐代宗教管理研究》,博士学位论文,厦门大学,2005年。

显文《道僧格》复原研究的基础上对《道僧格》做了进一步的研究。文章在《僧尼令》和《道僧格》的联系、《道僧格》的形成溯源方面有更加详细的挖掘并且重新复原了《道僧格》。周奇复原的《道僧格》条文和郑显文有不一致之处，对于郑显文新增的"和合婚姻条""禁毁谤条"的依据也提出了一些异议。周奇的研究对郑显文的研究成果有突破和补充，但遗憾的是他没有根据复原的成果，对唐代宗教管理进行宏观的考评，仅仅在结论中得出唐代法律要求宗教服从王权，法律对宗教的处罚严于戒律的结论。周奇认为，在唐代，佛教为了立足生存，不得不在国家制定的法规下，在夹缝中小心翼翼地生存。

首都师范大学鲁统彦的博士学位论文《隋唐时期僧尼角色研究》[1] 也有涉及唐代法律和佛教关系的内容。第一章"隋唐时期理想的僧尼角色"之"隋唐时期僧尼的法律规范"一节概述了唐代律令为僧尼设置的"不邪淫、不偷盗、不妄言吉凶"[2] "不非法聚财"[3] "不任意出行及与官僚、百姓往还"[4] "不居俗家、不违背世俗礼仪"[5] "不私度"[6] 等法律规范以及执行。文章从法律层面说明了唐代对僧尼角色的基本要求是"住寺修行、奉法守戒、超脱尘俗、不问世事"[7]。此外还有周相卿的《隋唐时期佛教与法的关系》[8]；武宝宁、吴硕的《唐律对僧道的法律规定及其特点》[9] 等几篇短文，其内容基本上都没有超出前人成果。

山东大学崔晓花的硕士学位论文《宋代宗教管理的法律视角》[10] 是以宋代为时代背景所做的研究。宋是继唐之后宗教发展的另一个鼎盛时期，这一时期的宗教法规呈现出更加规范化、细致化、系统化的特征。在继承前代立法精华的基础上，也结合社会特点有了新的创生。论文先是以宋代法制和宋代佛教、

---

[1] 鲁统彦：《隋唐时期僧尼角色研究》，博士学位论文，首都师范大学，2005年。
[2] 同上书，第26—27页。
[3] 同上书，第28页。
[4] 同上书，第29页。
[5] 同上书，第30页。
[6] 同上书，第32页。
[7] 同上书，第22—24页。
[8] 周相卿：《隋唐时期佛教与法的关系》，《贵州民族学院学报》2002年第1期，第75—77页。
[9] 武宝宁、吴硕：《唐律对僧道的法律规定及其特点》，《延安大学学报》2008年第5期，第91—94页。
[10] 崔晓花：《宋代宗教管理的法律视角》，硕士学位论文，山东大学，2007年。

道教、民间宗教管理之间的矛盾为切入点，深入考察了法制框架下宗教管理如何体现君主专制、中央集权的特点；然后考察了宋政府应对危及统治的"妖教"的措施的有效性，总结了中国传统封建社会法制与宗教的关系。

研究明代佛教和法律制度的文章有两篇，一是夏清暇的《明代宗教法律制度》[①]，文章从社会管理、宗教管理的角度，分析了明朝处理宗教信仰与法律关系上的失误对今天宗教立法的借鉴意义。明政府鉴于元代管理宗教特别是佛教过于宽缓而产生的后果，在佛教僧官、寺院、僧尼管理方面设置了重重禁令，采取以压制为主的法律制度。这种法律制度并没有起到预期效果，相反使佛教失去其特有的义理活力，同时各种依附于佛教的民间信仰却在明朝中后期异常活跃，最终成为推翻明朝的有生力量。另一篇是《论明代的僧人群体及其法律规制》[②]，作者任晓兰从行政法的角度剖析佛教对明朝法律的影响，指出明朝法律对僧尼的规范呈现出泛伦理化趋势，僧尼群体的构成日益社会化，僧尼的行为则日渐低俗化。

三 微观的专题研究

该类型的研究可以细分为两种类型，一是佛教的某种学说观点对法律的影响，或者从现代法学的视角对佛教加以研究，如法理学研究、犯罪学研究等；二是对某具体部门法或某具体刑名的研究。

第一种类型的研究有四川大学博士杨荔薇的两篇论文，作者的博士学位论文《原始佛教"正法律"的法理学研究》[③] 考察了原始佛教的教法和现代法律体系的重合一致性。"正法律"是释迦牟尼及其弟子对佛说的所有教法的称谓，作者从法理学角度对"正法律"的哲学观、价值观、行为规范、制度规范做了逐一叙述和考证，指出"正法律"是"正法"与"正律"完美结合的理论体系，使其区别于世俗法律和其他宗教法的根本所在是"四圣谛"理论。其另一篇文章是《佛教的善恶观及其与世俗法律的善恶观的比较》[④]。善是世俗法律所

---

① 夏清暇：《明代宗教法律制度》，《南京财经大学学报》2004年第3期，第86—89页。
② 任晓兰：《论明代的僧人群体及其法律规制》，《西南大学学报》2008年第6期，第75—78页。
③ 杨荔薇：《原始佛教"正法律"的法理学研究》，博士学位论文，四川大学，2005年。
④ 杨荔薇：《佛教的善恶观及其与世俗法律的善恶观的比较》，《广东工业大学学报》2008年第2期，第56—58页。

维护和追求的价值之一，扬善惩恶是法律的基本功能，但是世俗法律的善、恶观念和佛教所宣扬的善、恶是有区别的。这篇文章从含义、地位、实现方式几个角度对两者做了分析比较，最后得出的结论是：佛教的善恶观有深刻的理论基础，其为善的最终目的是终极解脱，其次是获得世俗的心安与快乐。夏清暇的《佛教伦理对传统法律影响三题》[①]一文从法律社会学的角度探讨了佛教伦理观对古代法律的息刑、慎刑、息讼产生的影响，认为佛教伦理的五戒、十善对促进止恶息刑，改善社会风尚具有客观积极的效果；由慈悲观而产生的慎刑、恤刑思想在历史上有许多记载；忍辱观则提供了一条劝化息讼的途径和心理支持。

第二种类型的部门法研究较有代表性的成果是南京师范大学朱佩的硕士学位论文《唐代寺庙财产法研究》[②]。文章首先辑录和复原了唐代律、令、格、式、制敕中和寺庙财产管理有关的法律法规，根据辑录出的史料深入归纳了寺庙财产的取得途径、寺庙的财产权利和赋税徭役方面的特权，总结出唐代寺庙财产法具有三大特征：多样化多层次的法律形式、成文法和习惯法并存、直接控制和间接控制相结合。接下来考察授田、出质等法规的实施状况，发现唐代寺庙财产法的执行成效在唐初期和中前期较好，后期则比较松弛。唐代实施寺庙财产法具有深刻的历史意义，通过在法律上明确了寺庙经济组织的地位，严格控制寺庙经济的膨胀和发展，有效消除其对国家经济政治的负面影响。由于古代法律"刑民不分"的特点，部门法研究还是以研究古代刑法对佛教规范的文章较多，如雷晓鹏的《中国古代刑法对佛道教的规范》[③]通过历代法律对佛道教的僧道地位、出家资格、行奸罪、造像、妄言福祸等行为规范的归纳分析，总结出古代刑法对佛道教规范的特点，即受到以礼为核心的社会秩序、天人合一观念的影响，并且对道教的规范多于佛教。还有王力民的《中国古代刑法与佛道教——以唐宋明清律典为例》[④]，作者归纳了唐律、宋刑统、明律、清律中涉及僧道的规范条文，用列表的形式比较了这几个朝代的量刑标准，并通过一

---

① 夏清暇：《佛教伦理对传统法律影响三题》，《江淮论坛》2010年第4期，第112—144页。
② 朱佩：《唐代寺庙财产法研究》，硕士学位论文，南京师范大学，2007年。
③ 雷晓鹏：《中国古代刑法对佛道教的规范》，《宗教学研究》2005年第4期，第141—143页。
④ 王力民：《中国古代刑法与佛道教——以唐宋明清律典为例》，《法学研究》2002年第3期，第151—160页。

些案例总结了古代僧道犯罪涉及的主要类型。作者认为，和其他几个东方古代国家相比，中国古代刑法规范佛道教有自己独有的特点，一是只规范佛道两教，不涉及其他宗教；二是刑法中关于佛道教犯罪的内容有限；三是用刑的力度不大。

前面提到的唐代《道僧格》研究其实也应该属于具体部门法研究，因为《道僧格》是唐代的宗教法。有关我国唐代宗教法的研究，日本学术界起步较早，研究成果也很丰富，如诸户立雄的《道僧格の研究》①和《〈道僧格〉——僧尼令第七》②；袁红的《僧尼令と道僧格の比較》③；秋月观暎的《道僧格の复旧について》④；杨永良的《僧尼令之研究——解读并探讨道僧格复原的问题》⑤等，基本上都是依据日本《令解集·僧尼令》对《道僧格》的复原考证。

研究具体刑名的文章有杨荔薇的《佛教盗戒之构成——刑法学犯罪构成理论视角》⑥，作者从刑法犯罪构成理论的角度分析了佛教"盗戒"的主体、主观、客体、客观，揭示佛教"盗戒"在法律维度上独具特色，为完善法学理论、促进法律建设提供借鉴和学习。周东平的《隋〈开皇律〉十恶渊源新探》⑦考察了源自北齐"重罪十条"的"十恶"罪。"十恶"是佛教用语，指能够导致坠落三恶道业报的十种不善行为。借用佛教的善恶学说，用"十恶"代替"重罪十条"，显然是隋文帝的崇佛政策影响到修律的结果。另外有两篇讨论寺院、僧侣财产权的文章，也属于具体刑名类研究，一是洪源的《关于寺院、僧

---

① ［日］诸户立雄：《道僧格の研究》，《中国佛教制度史の研究》，平河出版社1990年版，第23—52页。
② 参见［日］池田温《唐令拾遗补》第三部《唐日两令对照一览》，东京大学出版社1997年版，第996—1009页。
③ ［日］袁红：《僧尼令と道僧格の比較》，《大正大学大学院研究论集》第23号，东京大正大学出版部1999年版，第95—106页。
④ ［日］秋月观暎：《道僧格の复旧について》，《历史》第4辑，东北大学出版社1952年版，第55—61页。
⑤ 杨永良：《僧尼令之研究——解读并探讨道僧格复原的问题》，《日本学论坛》2002年第1期，第1—25页。
⑥ 杨荔薇：《佛教盗戒之构成——刑法学犯罪构成理论视角》，《宗教学研究》2004年第2期，第163—166页。
⑦ 周东平：《隋〈开皇律〉十恶渊源新探》，《法学研究》2005年第7期，第133—137页。

侣、活佛的法律地位与财产所有权刍议》。这篇文章发表得较早,由于对寺院、僧侣、活佛的法律地位以及财产所有权取得、相应的财产责任的承担没有系统、明确的法律规范,因此导致在司法实践中缺乏应有的法律依据。作者从财产所有权取得途径、性质界定入手,根据不同情况,分别提出自己的见解和建议。二是丁菁《佛教僧侣财产权探析》[①] 一文探讨了佛教教规中僧人不应蓄财和普通民法中所有人均享有私人财产权之间的矛盾,提出应建立民法上的宗教财产所有权,为司法审判提供依据的建议。

四　民族地域研究

该类研究是指以某少数民族地区的佛教和当地法律制度为研究对象进行的研究。这类研究中有代表性的成果有四篇。刀伟的《傣族历史上佛教与法律的关系初探》[②] 一文,以南传佛教影响下的傣族生活地区为背景,考察佛教对政权、社会和法律的影响。傣族全民信仰佛教的习俗使佛教戒律不仅对僧尼,还对普通民众具有普遍的约束力,因此古代西南地区的所有维护封建统治的伦理观念、等级制度、礼法规章都融入教义中。从法律层面上讲,佛教在傣族封建法律中的表现形式有三种:成文法形式、判例法形式和寺规、教规形式。

牟军的《西藏旧法在佛教发展中的作用》[③],文章回顾了佛教传入西藏到喇嘛教的形成及历代政权运用法律等手段推动和扶植佛教的历史。指出历代法律采取多种灵活的方式,以保护寺院的生活资料和生产资料为主要内容,严厉制裁侵犯佛教利益的行为,自始至终都和佛教的发展过程相适应。

邵方的《西夏的宗教法》[④] 一文分两大部分,第一部分介绍了西夏党项人的原始宗教信仰、多神信仰、道教的发展以及后来成为西夏国教的佛教的传播和影响。第二部分以西夏法典《天盛律令》为核心,考察了西夏的宗教管理制度、封号和赐衣制度、试经度牒制度以及西夏僧道所享有的法律特权和义务等内容。

[①] 丁菁:《佛教僧侣财产权探析》,《绍兴文理学院学报》2009 年第 4 期,第 45—49 页。
[②] 刀伟:《傣族历史上佛教与法律的关系初探》,《商丘师范学院学报》2005 年第 3 期,第 79—80 页。
[③] 牟军:《西藏旧法在佛教发展中的作用》,《现代法学》1994 年第 4 期,第 82—84 页。
[④] 邵方:《西夏的宗教法》,《现代法学》2008 年第 7 期,第 36—45 页。

杨松美的《对阿坝州宗教法制建设的调查与思考》①是一篇社会调查报告，文章在对阿坝地区宗教教派及寺庙、信教群众等情况的问卷调查的基础上，依据数据分析，总结了阿坝州宗教信仰的几大特点和存在的问题，并从法律的角度论述了加强宗教法制建设对维护四川藏区的稳定以及促进经济发展所具有的意义。

牛绿花的《清朝对藏传佛教宗教事务的法律调整及其历史启示》②通过探讨清政府如何用法律法规的方式规范藏传佛教的僧人封赏、喇嘛游方、私度、私建寺庙；用法律确定宗教首领政治权利和活佛转世的"金瓶掣签"制度以及这些制度成功实施并维护了西藏地区稳定的经验，为今天管理藏传佛教事务提供了宝贵借鉴。

五 古今借鉴的研究

还有一些学者，紧密联系社会发展，以史为鉴，探讨如何通过古代佛教管理的经验和启示，加强当前宗教管理、完善宗教立法、促进社会和谐民族团结。周相卿的《佛法对我国当代法律制度的积极影响论纲》③认为，佛法原理和佛教修行活动在促进社会稳定的角度上，和法律的社会功能是一致的。具体的讲，包括以下几点：（1）佛教引人向善的人生论的"治心"功能有利于加强法律的"治世"效果；（2）佛教修行解脱的过程即是从内心逐步增强自觉守法的自律心理的过程；（3）佛法的平等观念和现代法律中的人权原则相契合。马治国的《佛教与现代法律的关系》④指出，佛法和世法虽然是两个不同的知识体系，但本质上都属于行为规范，基本价值、追求目标和适用对象在很大范围内都趋同。文章分四个部分，第一部分论述佛教文化、佛教"律藏"对法律的影响，认为佛教需要接受现代法律制度的规范，和世俗法律相统一，才有传承和发展的生命力；第二部分论述佛教价值观对现代法律的影响，认为佛教平等观对现代法

---

① 杨松美：《对阿坝州宗教法制建设的调查与思考》，《阿坝师范高等专科学校学报》2004年第2期，第36—37页。
② 牛绿花：《清朝对藏传佛教宗教事务的法律调整及其历史启示》，《青海师范大学学报》2010年第2期，第76—80页。
③ 周相卿：《佛法对我国当代法律制度的积极影响论纲》，《金筑大学学报》1999年第2期，第30—34页。
④ 马治国：《佛教与现代法律的关系》，《西安交通大学学报》2010年第2期，第80—84页。

律中的人权法、动植物保护法、环境资源保护法均有借鉴意义，佛教的未来观则推动现代法治关注长远利益；第三部分论述佛教戒律与现代法律制度的关系，认为在犯罪判定标准和法律责任的判断标准两个方面戒律和现代法律异中有同，在适应社会发展、与时俱进的特点上戒律和法律的发展趋势也相一致；第四部分对比了佛教的执法思想和现代法律的执行制度间的异同。佛教的执法是通过因果律发生作用的内在的"柔性执法"，而世俗法律是需要通过外在力量发生作用的"刚性执法"；佛教的灭罪理论和现代刑罚执行中的减刑理论相似，都有给人改过自新的机会和引人向善的目的。刘伟在《法制本土化的几个问题——佛教在中国传播对法律移植的启示》[①] 中，通过中国本土文化对两种不同外来文明——法律移植和佛教传播的吸收融合的比较分析，阐述了中国法制建设在走国际化道路的同时还应该注重本土特色的重要性。郭小静《谈宗教对法律的启示——以佛教为视角》[②] 一文，在法律必须被信仰的理论宗旨下，从佛教对现世人生的关注和引导与法律本质追求的一致性、佛教礼节仪式的严格性与法律的程序性规范建制的类似性、佛教重视个人修为与法律"以人为本"精神的相通性三个角度分析了宗教与法律之间的根本一致性，并指出我国当前法制建设过程中可借鉴的相关理论机制。

第三节 研究视角和方法

一 法律学的研究视角

本书的主题是隋唐法律与佛教管理，重在考察隋唐时期佛教的发展对当时法律产生的影响，以及佛教如何在世俗法律的规范下加速自身世俗化、伦理化的历程。这就决定了本书要从法律学的角度出发，运用法学原理、法学范畴和概念，对佛教戒律、佛教伦理、佛教哲学以及僧团组织、管理制度加以考察，从中找出与当时立法以及司法实践相关的内容，并客观地联系史实对其作出评价。

---

① 刘伟：《法制本土化的几个问题——佛教在中国传播对法律移植的启示》，《济南大学学报》2003年第2期，第62—65页。
② 郭小静：《谈宗教对法律的启示——以佛教为视角》，《法制与社会》2009年第21期，第3—4页。

二 多种研究方法相结合

研究方法上,首先,必须坚持马克思主义的世界观和方法论,在辩证唯物主义和历史唯物主义的指导下,本着尊重基本历史事实的原则,在写作过程中力求做到资料真实、评述客观。具体地讲,本书拟采取如下研究方法。

一是归纳和类比的方法。由于唐代的《宗教法典》早已经佚失,需要以日本《令集解·僧尼令》为依据,结合散落在《隋书》《唐六典》《旧唐书》《全唐文》等古典文献中的相关资料,并加以系统地梳理、归纳、分析、阐释,才能得到最接近原始《道僧格》内容的复原《道僧格》,重新展示唐代宗教法典的全貌。因此本书采用的最基础的研究方法是文献学的归纳、类比、实证法,在搜集充足史料的前提下,仔细辨别真伪,在貌似孤立的史料中努力寻找共同之处,揭示诸多史实背后隐藏的真相。

二是联系的分析方法。法律维护一定的政治制度和道德伦理观念,反映某一时期的社会结构。法律和社会的关系极为密切,任何社会的法律都是为了维护和巩固其社会制度和社会秩序而制定的。唐代宗教法更是唐代佛道教发展趋势及唐代宗教和政治、经济、文化等多重关系的直接映射和体现。法律视角下的唐代佛教管理研究,不能孤立地局限于法律和宗教领域的研究,必须把研究对象放在整个社会的大背景下,联系当时的政治、经济、文化发展进行综合考察,才能更好地全面认识佛教在隋唐时期法律制度中的功能和作用,才能更好地了解法律规范和宗教发展的相互关系。因此本书需要涉及法学、社会学、伦理学、宗教学、政治学等多门学科,运用联系分析的方法,理清历史脉络,挖掘问题的本质。

三是个案研究的方法。通过《唐律疏议》和《道僧格》的文本研究,可以考察佛教对隋唐时期立法、司法、法律制度上的影响与渗透,但是制定法律的目的是规范社会秩序,因此还需要考察法律的实际实施效果。尤其是中华法系独有的"理想法典"特征,使许多并不生效的法条也被写入法典,加上古代"人治"重于"法治"、惯习重于法律的传统,要真正了解佛教如何通过影响法律影响社会,必须考察相关法律的实施情况。这就需要研究一些个案,通过史料记载的和僧尼寺院相关的案例审理结果,分析当时宗教法的实施情况。

第四节　本书结构和主要内容

一　本书结构

本书除了绪论和结论之外，一共分五章。

第一章"隋唐的律、令、式与佛教管理"。主要内容是通过辑录和筛选，将隋唐时期律、令、式三种形式的法典中和佛教直接或者间接有关的法条加以汇总，为研究和考证佛教和隋唐法律的关系提供翔实、可靠的史料。

第二章"《道僧格》考证"。考察《道僧格》的形成时间；《道僧格》与日本《令集解·僧尼令》、唐代《祠部格》的关系；《道僧格》的历史渊源。

第三章"《道僧格》复原"。根据已经记录汇总的唐律、令、式条文和《令集解·僧尼令》、历朝僧制等资料，对已经佚失的唐代宗教法典《道僧格》逐条考证和复原。

第四章"《道僧格》内容剖析"。将已复原的《道僧格》条文进行归类列表，考证其立法来源、法律原则和特点。

第五章"隋唐佛教与法律的关系"。从立法、司法的角度考察佛教对隋唐法律制度的影响和渗透，以及法律对佛教发展所起的作用，并且列表分析了僧尼在刑事犯罪、民事纠纷中异于普通民众的法律地位。

二　创新之处

第一章：根据史料，复原了散落于《官品令》《职员令》《祠令》《田令》《狱官令》《仪制令》《衣服令》《假宁令》《杂令》中的十五条和佛教相关的唐令；从《唐六典》《全唐文》等古典文献中梳理出十九条和佛教相关的唐式；提出僧尼、道士在隋代第一次作为独立的法律主体出现于国家正律中的观点。

第二章：考证出《道僧格》是《祠部格》的二级分格，自贞观十年颁布之日起就是共同约束佛教、道教的法典，否定了郑显文的历史上曾有《道格》和《僧格》，并于开元二十五年被合编为《道僧格》的观点；提出隋开皇十五年颁布的《众经法式》才是中国历史上第一部宗教法典，否定了郑显文《道僧格》为第一部宗教法典之说。

第三章：复原《道僧格》三十一条，包括郑显文否认属于《道僧格》的"取童子条""外国寺条""布施条"，新增"还俗条"；对郑显文复原的《道僧格》的"禁毁谤条""和合婚姻条""度人条"提出一些异议；探讨了未被复原的《道僧格》条文可能涉及的内容。

第四章：将复原的《道僧格》条文分类，按照现代部门法的特点甄别出属于"总则"和"刑种设置"的条文，提出"苦使条""还俗条"是《道僧格》的特有刑种，"外国寺条"属于附加刑的观点；重新考察《道僧格》的法源、法律原则和特征；总结了《道僧格》具有诸法合体、以政统教、僧道法律地位平等、理想法典的特点，并提出《道僧格》在唐代中晚期逐渐适用于佛道教之外的其他宗教的观点。

第五章：提出"盗毁天尊佛像罪"和僧尼犯奸加重刑罚的法理实质是佛教戒律向法律形式转化的表现；《道僧格》的"苦使"是对封建五刑制的变易，"牒当"是对"官当"制度的补充和特殊形式；佛教被作为感化教育罪犯的工具的时间应早于御史台精舍建成的年代；唐律将僧团"比附"为世俗的家族的做法，加速了佛教世俗化、伦理化的进程；对严耀中教授提出的唐代法律对僧尼的规范特点是"刑事从严，民事从俗"的观点进行驳斥，提出异议。

第五节　选题意义

古今中外，无论是政教合一还是政教分离的国家，都有规范宗教事务的法律法规。我国党和政府也十分重视宗教工作，依法管理宗教事务，保护正常的宗教活动和宗教界合法权益，制止和打击利用宗教进行违法犯罪活动，是我国新时期宗教工作的重点和基本方针。在强调依法治国，建设社会主义法治国家的今天，如何将宗教事务管理纳入法治的轨道，引导宗教与社会主义社会相适应，是我们当前面对的大课题。唐代法律和佛教管理研究无论在理论上还是在实践上，都对我们解决这个课题具有深刻的价值和意义。

一　理论上的借鉴意义

宗教和法律都是社会价值观的表现形式，如同人类社会存在和发展的两翼一样相辅相成。宗教思想影响法律的立法原则，法律制度又维护宗教的合法性，引导宗教的发展走向。研究历史上宗教和法律的关系可以从理论上深化人们对这两个极为重要的社会现象的理解和认识，为我国的宗教立法和宗教管理提供理论依据。

二 实践上的指导意义

国家依法管理宗教事务，宗教在宪法和法律许可范围内活动，这是当前世界各国通行的惯例。为了顺应宗教事务管理法治化的世界潮流，结合我国国情和教情，党和政府已将依法管理宗教事务作为新时期宗教工作基本方针，在宗教事务法治化轨道上进行了坚持不懈的探索和创新。深入研究我国隋唐时期法律制度和宗教的相互作用，借鉴古代成功的依法治教经验，有助于推进我国宗教事务管理的质量与水平，有助于积极引导宗教与社会主义社会相适应。

第一章
隋唐的律、令、格、式与佛教管理

隋朝在继承前朝法律的基础上又加以规范和革新，形成了律、令、格、式四种主要的法律形式。这种以不同特点、不同作用的法律形式相互配合，律、令、格、式并行的立法模式被唐王朝继承并且一直沿用到明清。《唐六典》记载的定义是："凡律以正刑定罪，令以设范立制，格以禁违正邪，式以轨物程事。"[1] 四种法律形式各有不同的适用范围和法律效力。

（一）律：律是一个朝代定罪量刑的正法典，凡有违反令、格、式者，"一断以律"[2]。四种法律形式中，律具有较强的稳定性和整齐划一的形式，也最能反映一个朝代的立法内容以及与前后朝代法律间的沿革与变化。

（二）令：令是以君主的诏令形式出现的一种法律形式，具有较大的灵活性，帝王可以随时颁布令，用以补充律的疏漏或者不足。如果说律是常规法、一般法，令就是临时法、特别法。令的另一个功能是"设范立制"[3]，也就是设立等级名分。据《唐六典·尚书刑部》记载，唐令共27篇，1546条，分为30卷。

（三）格：格的作用在于"禁违正邪"[4]，其来源是皇帝因事、因人、因时之需颁布的"制敕"。在古代，帝王的制敕也具有法律效力，但制敕的颁发往往基于一定历史条件和背景下的当务之需，其内容难免庞杂或者前后矛盾，所以唐政府规定，"制敕"经过一段时间，由省部加以增删、分类、组合，汇编成相对固定和普遍适用的"永格"。格所涉及的范围比律、令都要广，同时格

---

[1] （唐）李林甫等：《唐六典》卷六，陈仲夫点校，中华书局1992年版，第185页。
[2] （宋）欧阳修、宋祁：《新唐书》卷五十六，中华书局1975年版，第1407页。
[3] （唐）李林甫等：《唐六典》卷六，陈仲夫点校，中华书局1992年版，第185页。
[4] 同上。

还具有修改和废除律、令、式中所有条文的最高法律效力。

（四）式：式相当于国家机关的办公细则和公文程式。《新唐书·刑法志》云："式者，其所常守之法也。"① 和令比较，式的内容不是规定重大典章制度，而是各种制度实施的时间、人物、数量、程式等具体内容，相当于现代行政部门颁布的"实施细则"。

（五）敕：又称"制敕""诏敕"。唐代法律体系中本不包括敕，但是"法自君出"，皇帝临时发出的制敕也具有强制执行的法律效力。和令相比，敕不具备永久的法律效力，多数是临时针对某一具体事件、具体人物而发出的临时行政命令。但是其中一部分也可以被当作常法引用。中唐以后，由于战乱频繁，政局震荡，基本上停止了对律、令、格、式的大规模修订，转而以制定和修订"格后敕"为主。"格后敕"在中唐以后不仅成为唐代法律体系的一个重要组成部分，与律、令、格、式并行，还常常拥有超出律、令、格、式的法律效力和适用范围。当时，凡事必"先检详制敕"，只有在无制敕可依的情况下，才依律、令、格、式。

考察佛教和隋唐法律制度的相互关系，首先要做的工作是辑出隋唐时期各种法律形式中和佛教有关的内容，为后续的研究考证提供翔实可靠的文献资料。本书第二章、第三章以考证和复原唐代的宗教法典《道僧格》为中心，因此第一章的筛选辑录工作只限于律、令、式三种法律形式中的相关内容。尽管帝王的制敕具有法律效力，但是唐代的制敕的内容庞杂，涉及面广，除了对个别上升为格，或者沉淀为"永式"的敕文加以辑录之外，在此不对制敕做专门的辑录。隋朝的法律文本大都佚失不存，除了《隋书·刑法志》为我们的研究提供了一些参考外，隋朝的具体法律条文难以考证，因此辑录工作大体上以唐代的传世律典《唐律疏议》、日本学者所著的《唐令拾遗》和《唐六典》等为主要文献依据。

第一节　唐律中和佛教有关的法条辑录

隋代法典均已佚失，根据《隋书·刑法志》的记载，隋代颁布的律有《开皇律》和《大业律》两种。《开皇律》为中国封建法典确定了十二篇五百条的

---

① （宋）欧阳修、宋祁：《新唐书》卷五十六，中华书局1975年版，第1407页。

基本框架，被唐律所继承。这十二篇的名称是"名例、卫禁、职制、户婚、厩库、擅兴、贼盗、斗讼、诈伪、杂律、捕亡、断狱"①。唐律始创于武德元年，完善于贞观年间，而真正传世的却是永徽年间以《贞观律》为基础而制定的《永徽律》及其律疏。《永徽律疏》，后称《唐律疏议》，是我国现存最早，也是最完整的一部代表性封建法典，为我们研究唐律中和佛教有关的法律规定提供了可靠的资料。现将《唐律疏议》中涉及佛教的法条辑录如下。

一 直接规范僧尼道士的法律条文

《唐律疏议》中提到僧尼的法律条文不多，主要集中在《永徽律》的《名例律》《户婚律》《贼盗律》《杂律》四篇中，还有一条来自隋《开皇律》的《名例律》。

（一）《唐律疏议·名例律》

《名例律》相当于现代刑法的总则部分，是规定全律通用的刑种、等级、刑罚适用原则的法律。归纳起来，有八个方面的内容：五刑的刑名和等级；十恶罪的罪名和刑罚细则；不同身份的人的处罚特例；年老、年幼、疾病者的责任能力；刑罚适用原则；流移的执行和赃物的没官；法条的适用和解释；法律用语定义。《名例律》中涉及道冠僧尼的条款一共有三条。

1. "除免比徒"条

> 若诬告道士、女官应还俗者，比徒一年；其应苦使者，十日比笞十；官司出入者，罪亦如之。疏议曰：依格："道士等辄着俗服者，还俗。"假有人告道士等辄着俗服，若实，并须还俗；既虚，反坐比徒一年。"其应苦使者，十日比笞十"，依格："道士等有历门教化者，百日苦使。"若实不教化，枉被诬告，反坐者诬告苦使十日比笞十，百日杖一百。"官司出入者"，谓应断还俗及苦使，官司判放；或不应还俗及苦使，官司枉入：各依此反坐徒、杖之法，故云"亦如之"。失者，各从本法。②

---

① （唐）魏徵等：《隋书》卷二十五，中华书局1975年版，第712页。
② 刘俊文：《唐律疏议笺解》卷三，中华书局1996年版，第249页。

根据疏议的规定，僧尼道士严禁穿俗人服饰和历门教化，穿俗服者判"还俗"；历门教化者判"苦使"。如果是诬告不实，按唐律的"反坐"原则，由诬告者接受同等程度的刑罚。"还俗"和"苦使"不属于唐律的基本五刑，它的适用人群是僧道，因此对诬告僧尼道士穿俗服或者历门教化者的刑罚变易为基本"五刑"中的"笞""杖"和"徒"刑。"还俗"易刑为"徒"一年；"苦使"十天易刑为"笞"十下；"苦使"百天易刑为"杖"一百。如果司法官吏有"官司出入"，即量刑失误，对应判"还俗""苦使"的不判，不应判"还俗""苦使"的错判的话，也要依照"反坐"原则追究司法官吏的法律责任。

这一法条透露出这样两个信息：首先，僧尼、道士犯法，有专门的法律进行规范，即"依格"，也就是说唐代有专门的格典适用于僧尼道士，而且这一部格典的法律效力高于律典。其次，这部专门适用于僧尼道士的格典使用的刑种和唐律的"五刑"不一致，有"苦使""还俗"等刑罚方式，因此才会有易刑的规定出现在唐律中。

2. "会赦应改正征收"条

> 诸会赦，应改正、征收，经责簿帐而不改正、征收者，各论如本犯律。（谓以嫡为庶、以庶为嫡、违法养子、私入道、诈复除、避本业，增减年纪、侵隐园田、脱漏户口之类，须改正；监临主守之官，私自借贷及借贷人财物、畜产之类，须征收）[①]

这条法规是关于赦令免罪适用原则的规定，即在规定的期限内对所犯罪过自行纠正者可以享受赦令免受刑罚。过期仍不改正者，依旧按照法律处罚，不再减免。疏议中对"私入道"做了这样的法律解释："道士、女官，僧尼同，不因官度者，是名私入道。"[②] 说明唐朝凡僧道剃度，必须经由官府批准，官吏亲临监督，并造籍给牒，才能获得合法的出家人身份，也就是"官度"身份。否则，就属于违法"私度"。

---

① 刘俊文：《唐律疏议笺解》卷四，中华书局1996年版，第355页。
② 同上。

3. "称道士女官"条

诸称"道士"、"女官"者，僧尼同。①

疏议曰：依《杂律》云"道士、女官奸者，加凡人二等"。但余条唯称道士、女官者，即僧、尼并同。诸道士、女官时犯奸，还俗后事发，亦依犯时加罪，仍同白丁配徒，不得以告牒当之。若于其师，与伯叔父母同。②

疏议曰：师，谓于观寺之内，亲承经教，合为师主者。若有所犯，同伯叔父母之罪。依《斗讼律》："詈伯叔父母者，徒一年。"若詈师主，亦徒一年。余条犯师主，悉同伯叔父母。其于弟子，与兄弟之子同。③

疏议曰：谓上文所解师主，于其弟子有犯，同俗人兄弟之子法。依《斗讼律》："殴杀兄弟之子，徒三年。"《贼盗律》云："有所规求而故杀期以下卑幼者，绞。"兄弟之子是期亲卑幼，若师主因嗔竞殴杀弟子，徒三年；如有规求故杀者，合当绞坐。观寺部曲、奴婢于三纲，与主之期亲同。④

疏议曰：观有上座、观主、监斋，寺有上座、寺主、都维那，是为"三纲"。其当观寺部曲、奴婢，于三纲有犯，与俗人期亲部曲、奴婢同。依《斗讼律》："主殴杀部曲，徒一年。"又条："奴婢有犯，其主不请官司而杀者，杖一百。"注云："期亲杀者，与主同。下条部曲准此。"又条："部曲、奴婢殴主之期亲者，绞；詈者，徒二年。"若三纲殴杀观寺部曲，合徒一年；奴婢有罪，不请官司而杀者，杖一百。其部曲、奴婢殴三纲者，绞；詈者，徒二年。余道士，与主之缌麻同。犯奸、盗者，同凡人。⑤

疏议曰：《斗讼律》："部曲、奴婢殴主之缌麻亲，徒一年。伤重者，各加凡人一等。"又条："殴缌麻部曲、奴婢，折伤以上，各减杀伤凡人部曲、奴婢二等。"又条："殴伤、杀他人部曲，减凡人一等；奴婢，又减一

---

① 刘俊文：《唐律疏议笺解》卷四，中华书局1996年版，第527页。
② 同上。
③ 同上。
④ 同上书，第527—528页。
⑤ 刘俊文：《唐律疏议笺解》卷六，中华书局1996年版，第528页。

等。"即是观寺部曲，殴当观寺余道士、女官、僧、尼等，各合徒一年。伤重，各加凡人一等；若殴道士等折一齿，即徒二年。奴婢殴，又加一等，徒二年半。是名"于余道士，与主之缌麻同"。①

疏议曰："道士、女官、僧、尼犯奸盗，于法最重"，故虽犯当观寺部曲、奴婢，奸、盗即同凡人。谓三纲以下犯奸、盗，得罪无别。其奴婢奸、盗，一准凡人得罪。弟子若盗师主物及师主盗弟子物等，亦同凡盗之法。其有同财，弟子私取用者，即同"同居卑幼私辄用财"者，十四答十，十匹加一等，罪止杖一百。若不满十匹者，不坐。②

"称道士女官"条是整个唐律中针对僧道的规定最为集中的一条，条文名称虽然是"称道士女官"条，但同样适用于僧尼。疏议中涉及的罪名有奸、盗、杀。首先，道士、女官、僧尼犯奸，定罪量刑比普通人加二等。即使还俗后才事发，也一样要加刑，不许用度牒抵罪减刑。其次，唐律量刑的原则是根据血缘关系的亲疏、社会地位的尊卑不同而呈现"同罪异罚"的特点，因此对僧尼、道士以及寺院里的三纲、部曲、奴婢等法律主体参照世俗的"五服制"做了量刑规定：弟子对师主犯罪，比附凡人对其伯叔父母犯罪的性质量刑；师主对弟子犯罪，则按照凡人对兄弟之子犯罪的性质量刑。寺观里的部曲、奴婢对于三纲有犯，比附凡人家中奴婢对主人犯罪量刑；对寺院一般僧道有犯，比附奴婢对主人的缌麻亲犯罪量刑。按照《斗颂律》"主奴相犯，奴重主轻"③ 原则，寺观部曲殴打寺观普通僧道的，判徒刑一年，伤重的，比凡人罪加一等。身份低于部曲的奴婢犯罪，还要再加一等。道士、僧尼犯奸、盗之罪的处罚最重，即使侵犯对象是寺观里的部曲、奴婢，也一样按照俗法定罪。

这一条文可以视为唐律对僧尼、道士、女官这一群体的身份定位，通过这段文字，我们可以发现几点有用的信息：一是唐政府对僧尼犯"奸""盗"的处罚要严于普通人，这和僧尼的特殊身份不无关系，僧尼出家后应恪守的基本五戒即有这两条；二是寺院僧团的个体被法律区分为"三纲""师主""弟子"

---

① 刘俊文：《唐律疏议笺解》卷六，中华书局1996年版，第528页。
② 同上书，第528—529页。
③ 钱大群：《唐律研究》，法律出版社2000年版，第96页。

"奴婢"等几个等级，呈现出不平等性；三是僧尼之间的关系被世俗化为"伯叔父母""兄弟之子""主之期亲"等亲缘关系；四是有一句值得注意的话，"不得以告牒当之"①，从这句话我们可以推论出，唐代"以官代徒"的"官当"制度已经延伸到寺院中，度牒，也就是僧人身份在一定的情况下，是可以用来折抵徒刑的；五是"三纲以下犯奸、盗，得罪无别"②，这句话为我们提供了另一个证据，那就是"官当"制度的"官"是包括僧官的，僧官犯罪，也可以用官品折罪。

（二）《唐律疏议·户婚》

《户婚》是规定违犯国家户籍制度（如脱漏户口、相冒合户等）、土地管理制度（如私卖口分田、占田过限等）、赋税制度（如输税违期、差科违法等）、财产继承制度（如收养异姓、立嫡违法等）以及婚姻管理制度（如同姓为婚、无故出妻等）等方面的犯罪刑罚的法律。

"私入道"条

> 诸私入道及度之者，杖一百（若由家长，家长当罪）；已除贯者，徒一年。本贯主司及观寺三纲知情者，与同罪。若犯法合出观寺，经断不还俗者，从私度法。即监临之官，私辄度人者，一人杖一百，二人加一等，流三千里。③

凡是未经官方许可私自出家的道士、僧尼，杖一百；如果是受家长之命私度的，则处罚私度者的家长。私自出家还注销户籍的，加罪一等，徒一年；为他剃度者也负连带责任，徒一年。私度者所属州县的长官、寺观三纲知情的，也和私度者同罪。如果寺观有道士、僧尼犯法，被判还俗却依旧不还俗离开寺院的，则按私度罪杖一百。如有官吏违法私自度他人，致使国家赋税流失的，私度一人，杖一百；私度两人罪加一等，流放三千里。"其官司私度人，被度者知私度情，而受度者为从坐；若不知私度情者，而受度人无罪。"④ 由于"私入

---

① 刘俊文：《唐律疏议笺解》卷六，中华书局1996年版，第527页。
② 同上书，第528—529页。
③ 刘俊文：《唐律疏议笺解》卷十二，中华书局1996年版，第931页。
④ 同上书，第932页。

道"者不是法律承认的僧尼,因此所受徒刑是杖刑,"私入道"并且"除贯",造成人口流失,后果更严重,所以刑罚更重。

(三)《唐律疏议·贼盗》

这里的"贼"和现代概念中的贼不同,《周礼》云"杀人为贼"①,"窃贿为盗"②。因此《贼盗律》包含颠覆国家、煽动叛乱、蛊毒厌魅、杀人放火、盗窃抢劫、掘墓残尸、拐卖人口、侵犯住宅等多项重大犯罪。《贼盗律》涉及僧道的条文有两处。

1. "缘坐非同居"条

> 诸缘坐非同居者,资财、田宅不在没限。虽同居,非缘坐及缘坐人子孙应免流者,各准分法留还。……若女许嫁已定,归其夫。出养、入道及娉妻未成者,不追坐。(出养者,从所养坐。道士及妇人,若部曲、奴婢,犯反逆者,止坐其身)③

唐律中有重罪株连的制度。缘坐,就是指因为和罪犯有血缘、亲属以及婚姻关系而被牵连受刑罚。唐律规定应缘坐的犯罪有三类,一是严重危害国家安全的犯罪如谋反大逆、谋叛已上道、征讨告贼消息等;二是严重损害社会稳定的犯罪如造畜蛊毒;三是严重侵害人身权利的犯罪如杀一家非死罪三人及肢解人。根据与犯罪人血缘关系的远近,被株连的程度也有不同。如犯谋反大逆罪被缘坐的亲属有父子、母女、妻妾、祖孙、兄弟、姊妹、伯叔父、兄弟之子,不包括祖母、伯叔母、姑母、兄弟之妻女等。此条款的疏议列出了几类不受缘坐的人群,已经订婚的女子,受夫家人缘坐,不受娘家人缘坐;送养者,由收养之家受缘坐;奴婢、部曲犯罪,都"止坐其身",不连累主人。僧道出家离俗,身份特殊,家族中如果有人犯谋反、大逆等重罪,僧道不被株连。反之,如果道士、僧尼等犯谋反、大逆重罪,也止坐其身,不株连亲人。放眼整篇唐律,几乎可以说是以血缘为中心而立法,"缘坐非同居"条虽然仅有"止坐其身"几个字涉及僧尼,但是这几个字却使僧尼成为不同于士、农、工、商的特

---

① (清)孙诒让:《周礼正义》卷六十八,王文锦、陈玉霞点校,中华书局1987年版,第2835页。
② 同上书,第2836页。
③ 刘俊文:《唐律疏议笺解》卷十七,中华书局1996年版,第1246页。

殊群体，他们出家后和世俗的家庭从法律上割断了一切联系。

2."盗毁天尊佛像"条

> 诸盗毁天尊像、佛像者，徒三年。若道士女官盗毁天尊像，僧尼盗毁佛像者，加役流；真人、菩萨，各减一等。盗而供养者，杖一百。盗、毁不相须。①

按照疏议，普通人盗窃或者毁损天尊像、佛像者要徒三年，道士女官盗窃毁损天尊像、僧尼盗窃毁损佛像者，除了徒三年外还要加役流，因为他们盗毁的是他们所奉的先圣像，所以不能同俗人一样量刑。盗毁的如果是真人、菩萨之类，则罪减一等，即：凡人徒二年半，道士女官盗毁真人、僧尼盗毁菩萨徒三年。若盗窃佛像、天尊像不是为了牟利，而是拿去供养的，杖一百。"盗"与"毁"，分别处以"徒""流"刑，所以叫"盗、毁不相须"。如果盗毁的不是真人像、菩萨像，而是其他"化生神王"之类的法像，则不再从重判处。凡是收了盗窃所得钱财的，都按凡盗论罪；毁损数量多者，按照坐赃论。道士女官盗毁佛像菩萨像、僧尼盗毁天尊像真人像的，按凡人的标准论罪，不加刑。②

刘俊文在《唐律疏议笺解》卷十九对这一条文做了这样的笺释："佛即佛陀，佛教称其始祖也，如释迦牟尼佛、弥勒佛等。天尊尤天神，道教称其始祖也，如灵宝天尊、原始天尊等。菩萨，位次于佛，佛教认为罗汉修行精进者可成菩萨。真人，位次于天尊，道教称修真得道者为真人。"③ 这一条文为我们透露了这样的三条信息，首先，盗毁佛像、天尊像比盗毁真人、菩萨像刑罚更重，因此可以看出，封建等级制度不仅深刻体现在约束俗人的唐律法条中，而且也适用于宗教中的神佛、菩萨，受侵犯的佛像在神界的级别越高，罪犯受到的刑罚越重；其次，从僧尼盗毁佛像要加役流，而盗毁天尊像不加役流的规定来看，唐律似乎是将佛教的崇拜偶像也"比附"为僧尼的祖先，要求僧尼对寺庙里的祖先更多恭敬和孝道；最后，盗毁佛像和盗走佛像而供养的刑罚不同，说明这

---

① 刘俊文：《唐律疏议笺解》卷十九，中华书局1996年版、第1359—1360页。
② 同上书，第1360页。
③ 同上书，第1360页。

条法规的制定并不是出于惩罚盗窃的目的,而是要求人们对佛像、天尊像所代表的神灵有主观上的敬畏。

(四)《唐律疏议·杂律》

《杂律》实际上是将不能归类于其他各篇的犯罪行为汇集成的"拾遗补缺"之篇,包括奸非罪、赌博罪、失火罪、私铸钱罪、非法借贷罪、侵吞公益罪、损官肥私罪、医疗事故罪、废坏堤防罪、妨碍交通罪、危害公共安全罪、计量违法、隐没拾得物品罪等。《杂律》中有两条涉及僧道的内容。

1. "和奸无妇女罪名条"

> 诸和奸,本条无妇女罪名者,与男子同。强者,妇女不坐。其媒合奸通,减奸者罪一等。①
>
> 疏议曰:假有俗人,媒合奸女官,男子徒一年半,女官徒二年半,媒合奸通者犹徒二年之类,是为"从重减"。②

根据疏议:凡人犯奸者,徒一年半。道士、僧尼犯奸者,加凡人二等量刑。媒合者徒一年,如果媒合的对象是女冠(女尼同),则媒合者要加重刑罚,徒一年半;媒合者如果是女冠,则徒两年半。从这一法条可以知道,僧尼作为法律上的特殊主体,法律要求他们严格遵守"不淫"戒,严惩违戒犯奸的僧尼,而且也要求社会成员将僧尼视为神圣不可侵犯的个体,凡是凡人奸淫僧尼的,也要加重刑罚。

2. "监主于监守内奸条"

> 诸监临主守,于所监守内奸者,加奸罪一等。即居父母及夫丧,若道士、女官奸者,各又加一等。妇女以凡奸论。③

此条款规定监临主守于监守内奸良人,加凡奸一等定罪;奸有妇之夫,徒两年半;奸监内道士、女官、僧尼,或者在居父母丧、夫丧期间犯奸的,再各

---

① 刘俊文:《唐律疏议笺解》卷二十六,中华书局1996年版,第1852页。
② 同上。
③ 同上书,第1854页。

加一等，即加凡奸两等判刑。这一条文进一步显示了唐律不仅加重处罚触犯淫戒的僧尼，而且也将僧尼视为特殊的神圣群体加以保护，对侵犯僧尼的俗人和监临官都加重刑罚的精神。

（五）隋《开皇律·名例》

隋律已经佚失，但是《隋书·刑法志》中多处引用隋律条文。其中有一条和佛教有关。

> 开皇元年……又置十恶之条，多采后齐之制，而颇有损益。一曰谋反，二曰谋大逆，三曰谋叛，四曰恶逆，五曰不道，六曰大不敬，七曰不孝，八曰不睦，九曰不义，年龄晚暮，尤崇尚佛道，又素信鬼神。二十年诏：沙门道士坏佛像天尊，百姓坏岳渎神像，皆以恶逆论。①

"十恶"条源自北齐律的"重罪十条"，凡是犯十恶罪的，一般连大赦时都不能减罪，处决也是"决不待时"。隋文帝将毁坏佛像天尊的行为列为十恶罪，是一种十分严苛的刑罚。唐律的"十恶"从武德律开始，一直都沿用开皇时期所设的"十恶"罪，没有丝毫改变。《唐律疏议》中的"恶逆"指的是"殴及谋杀祖父母、父母；杀伯叔父母、姑、兄姊；外祖父母；夫、夫之祖父母、父母"②，因此可见隋朝将僧尼、道士毁坏佛像、天尊像视为"恶逆"也有将崇拜的神佛视为僧尼道士的祖先、父母的含义。

二 唐律中间接和佛教相关的法律条文

（一）《唐律疏议·贼盗律》"残害死尸"条

> 诸残害死尸（谓焚烧、支解之类）及弃尸水中者，各减斗杀罪一等；缌麻以上尊长不减。③
>
> 疏议曰："残害死尸"谓支解形骸、割绝骨体及焚烧之类；及弃尸水

---

① （唐）魏徵等：《隋书》卷二十三，《四库全书》第 264 册，上海古籍出版社 1989 年版，第 264—475 页。
② 刘俊文：《唐律疏议笺解》卷一，中华书局 1996 年版，第 56 页。
③ 刘俊文：《唐律疏议笺解》卷十八，中华书局 1996 年版，第 1322 页。

中者,"各减斗杀罪一等"。谓合死者,死上减一等;应流者,流上减一等之类。①

> 如无恶心,谓若愿自焚尸,或遗言水葬及远道尸柩,将骨还乡之类,并不坐。②

按照疏议的注解,"残害死尸"指的是"支解形骸,割绝骨体及焚烧"③ 等行为。"残害死尸"和"弃尸水中",依照斗杀律应该处斩。但是,"若愿自焚尸,或遗言水葬及远道尸柩,将骨还乡之类,并不坐"④。我国古代受儒家"入土为安"丧葬观的影响,丧葬礼俗一直以土葬为主,并将化骨扬灰的火葬视为大恶之行处以死刑。然而在唐律疏议中却规定"自愿焚尸"不受刑罚,这显然是随着佛教传播,火葬在僧侣群体中逐渐流行使然。这一点将在后面章节单独分析,此处仅将此条目辑出。

(二)《唐律疏议·断狱律》"立春后秋分前不决死刑"条

> 诸立春以后、秋分以前决死刑者,徒一年。其所犯虽不待时,若于断屠月及禁杀日而决者,各杖六十。待时而违者,加二等。⑤

根据疏议可以知道。唐代的《狱官令》规定每年立春至秋分这段时间内,是不可以执行死刑的,违者徒一年。此外,遇到国祭、斋祀、二十四节气、每月的朔望日、上下弦月时分、雨没有停、天没有亮以及佛教的断屠月、十斋日和法定节假日,一般都不可以执行死刑。即便是"决不待时"的重罪,在正月、五月、九月这三个月里(断屠月)以及每个月的初一、初八、十四、十五、十八、二十三、二十四、二十八、二十九、三十日这十天(十直日)也不许执行死刑。甚至"正月、五月、九月有闰者,亦不得奏决死刑"⑥。

"断屠月""十直日(禁杀日)"是佛教的慈悲思想所衍生出来的一种宗教

---

① 刘俊文:《唐律疏议笺解》卷十八,中华书局1996年版,第1322页。
② 同上。
③ 同上。
④ 同上。
⑤ 刘俊文:《唐律疏议笺解》卷三十,中华书局1996年版,第2101页。
⑥ 同上。

习俗，信徒们在这几个月和这些日子里严禁屠杀渔猎，坚持素食斋戒。早在南北朝时"断屠月""禁杀日"就已经有入律的记载，但是当时仅限于禁屠猪羊禽鱼等。将"断屠月、禁杀日"推广到行刑制度，正式写入刑法的，正是从唐代起，这也是佛教影响唐代法律的一个见证。断屠月、十直日不执行死刑，将传统的秋冬行刑的时间又缩短了许多，减去整个九月和十月、十一月、十二月三个月的十直日，能够执行死刑的日子屈指可数。

第二节　唐令对佛教的规定

隋朝的《开皇令》和《大业令》均无文献传世。从《隋书·经籍志》的记载可以知道，隋令一共三十篇；另有《唐六典》"刑部郎中令"的一条注释列举了《开皇令》的篇名。唐代多次颁修令，武德七年颁布《武德令》；贞观十一年颁《贞观令》；永徽二年颁《永徽令》。《开元前令》颁于开元四年，开元二十五年，又颁《开元令》三十卷。此外还有《麟德令》《仪凤令》《乾封令》《垂拱令》《神龙令》《太极令》。按照《唐六典》的记载，《开元令》一共二十七篇，篇名依次是"官品令、三师三公台省职员令、寺监职员令、卫府职员令、东宫王府职员令、州县镇戍岳渎关津职员令、内外命妇职员令、祠令、户令、选举令、考课令、宫卫令、军防令、衣服令、仪制令、卤簿令、公式令、田令、赋役令、仓库令、厩牧令、关市令、医疾病令、狱官令、营膳令、丧葬令、杂令"①，但日本学者仁井田陞编著的《唐令拾遗》一书记载，《开元令》还应有"学令、封爵令、禄令、乐令、捕亡令、假宁令"六种②，加起来一共是三十三篇。唐令和佛教相关的，散见于官品令、职员令、祠令、衣服令、仪制令、田令、杂令、狱官令等诸篇中。

由于唐令的佚失，辑录其中与佛教相关的内容，只能依据现有史料和今人著作，从中筛选、鉴别出可能属于唐令的内容并加以汇总和复原，尽可能使之接近令文原貌。所依据的文献，首先有宋代宋敏求编写的《唐大诏令集》和今人李希泌主编的《唐大诏令集续编》，两本书收录了大量关于佛教

---

① （唐）李林甫等：《唐六典》卷六，陈仲夫点校，中华书局1992年版，第183页。
② 见［日］仁井田陞《唐令拾遗》目录，栗劲、霍存福译，长春出版社1989年版，第1—28页。

的诏令、制敕。其次,《唐六典》是唐代的行政法典,也保存了许多唐令内容。日本学者仁井田陞1933年出版的《唐令拾遗》,以及之后池田温出版的《唐令拾遗补》,也为我们的研究提供了重要的参考资料。近期新发现的天一阁藏明钞本《天圣令》,据研究里面含有大量废弃的《开元令》令文,也为我们的研究提供了借鉴。令具有很大的灵活性与时效性,可以由帝王随时颁布,筛选令的标准是"设制立范",也就是制定等级规格。现将可能与佛教有关的唐令复原如下。

一 官品令

隋唐时期佛教、道教隶属的管理机构为鸿胪寺(崇玄署)和祠部、功德史之间有过多次变迁,因此唐令中设立祠部和鸿胪寺官员编制的内容都和佛教有关。笔者认为,官品令只需要注明的只有官名、人数、俸禄,不包含工作职责。

(1) 复原条文:祠部郎中一人,从五品上,米一百六十石;员外郎一人,从六品上,米九十石。

【根据一】《唐六典》卷四"祠部郎中"条:

> 祠部郎中一人,从五品上;员外郎一人,从六品上;主事二人,从九品上。祠部郎中、员外郎掌祠祀享祭、天文漏刻、国忌庙讳、卜筮医药、道佛之事。[①]

【根据二】《通典》卷二十"禄秩":

> 大唐定给禄之制,京官正一品,米七百石……正五品,米二百石,钱三千六百;从五品,米一百六十石。正六品,米一百石,钱二千四百;从六品,米九十石。[②]

(2) 复原条文:鸿胪寺卿一人,从三品,米三百六十石;少卿二人,从四品,米二百六十石。

[①] (唐) 李林甫等:《唐六典》卷四,陈仲夫点校,中华书局1992年版,第120页。
[②] (唐) 杜佑:《通典》卷十九,中华书局1988年版,第493页。

【根据一】《唐六典》卷十八"鸿胪寺"条：

> 鸿胪寺：卿一人，从三品……隋依北齐。炀帝加置少卿二人，降为从四品。皇朝武德中置一人，贞观中加置二人。①

【根据二】《通典》卷二十"禄秩"：

> 大唐定给禄之制，京官正一品，米七百石……从三品，米三百六十石；正四品，米三百石，钱四千二百。从四品，米二百六十石。②

笔者认为，唐代的官品设置中，除了祠部和鸿胪寺的官员负责管理佛道事务外，各级寺院的僧官也被纳入官僚体系，有相应的品级和俸禄。这一点从前面《唐律疏议》的"称道士女官条"的"三纲以下犯奸、盗，得罪无别"一句话就可以推出，寺院基层僧官犯罪和普通僧尼犯罪的量刑标准不同，三纲可以拿官职抵消徒刑，而唐代寺院又分为多个等级，不同等级的寺院僧官自然官品不同。但是由于史料的缺失，无法考证和复原有关僧官官品设置的详细内容。

二 职员令

根据敦煌文书中的唐代"永徽东宫诸府职员令残卷"内容可以看出，唐代的职员令的内容只包含职官的人数和职责范围。

（1）复原条文：祠部郎中一人、员外郎一人、主事二人、令史六人、书令史十三人、掌固四人……祠部郎中、员外郎掌祠祀享祭、天文漏刻、国忌庙讳、卜筮医药、道佛之事。

【根据一】《唐令拾遗补》职员令五：

> 祠部郎中一人（掌祠祀享祭，天文漏刻，国忌庙讳，卜筮医药，道佛之

---

① （唐）李林甫等：《唐六典》卷十八，陈仲夫点校，中华书局1992年版，第504页。
② （唐）杜佑：《通典》卷十九，中华书局1988年版，第493页。

事），员外郎一人，主事三人，令史十人，书令史二十四人，掌固四人。①

【根据二】《唐六典》卷四"祠部郎中"条：

> 祠部郎中一人，员外郎一人，主事二人，令史四人，书令史九人，掌固四人。②
>
> 祠部郎中、员外郎掌祠祀享祭、天文漏刻、国忌庙讳、卜筮医药、道佛之事。③

(2) 复原条文：鸿胪卿一人、少卿二人、丞二人、主簿一人、录事二人、府五人、史十人、亭长四人、掌固六人。……鸿胪卿掌宾客及凶仪之事，领典客、司仪二署，以率其官属，而供其职务。少卿掌方外之宾朝见、夷狄君长之子袭官、往诸蕃国受册礼命、选任寺院三纲之事。

【根据一】《唐六典》卷十八"大理寺鸿胪寺"：

> 鸿胪卿之职，掌宾客及凶仪之事，领典客、司仪二署，以率其官属，而供其职务；少卿为之贰。凡四方夷狄君长朝见者，辨其等位，以宾待之。凡二王之后及夷狄君长之子袭官爵者，皆辨其嫡庶，详其可否，以上尚书。若诸蕃大酋渠有封建礼命，则受册而往其国。凡天下寺观三纲及京都大德，皆取其道德高妙为众所推者补充，上尚书祠部。④

和官品令一样，职员令也只能考证和复原出祠部、鸿胪寺主管佛道事务的职官人数和所司职责。笔者推断，唐代职官令也应有关于寺院基层僧官人数和职责的令文，一般寺院都设有三名僧官，即上座、寺主、都维那，上座职位最高，统领众僧；寺主负责庙堂营造或管理等事务；都维那主管僧众杂务。唐代的三纲不仅负责寺院内部事务，由于史料有限，无法复原其他职责。

---

① ［日］池田温：《唐令拾遗补》，东京大学出版社1997年版，第89页。
② （唐）李林甫等：《唐六典》卷四，陈仲夫点校，中华书局1992年版，第107页。
③ 同上书，第120页。
④ （唐）李林甫等：《唐六典》卷十八，陈仲夫点校，中华书局1992年版，第505页。

三 祠令

祠部主管佛道事务，关于僧官道官的任免令只辑出和佛教有关的加以整理。

（1）复原条文：凡天下寺，每寺上座一人，寺主一人，都维那一人，共纲统众事。三纲及京都大德，皆取其道德高妙、为众所推者，上书祠部。

【根据一】《唐六典》卷四"祠部郎中"条：

> 凡天下寺总五千三百五十八所（三千二百四十五所僧，二千一百一十三所尼），每寺上座一人，寺主一人，都维那一人，共纲统众事。而僧持行者有三品：其一曰禅，二曰法，三曰律。大抵皆以清静慈悲为宗。①

【根据二】《唐六典》卷十八"鸿胪寺"条：

> 凡天下寺观三纲及京都大德，皆取其道德高妙、为众所推者补充，上尚书祠部。②

唐代的寺院三纲任命有两种形式，一是官派，二是公选。这两段文字记载了寺院僧官的人数设置，但主要是规定了任命三纲的条件和程序，不包含三纲具体负责的事务，因此笔者认为这不是职官令，而是祠令。

四 田令

北宋仁宗年间编撰的《天圣令》中保存了大量的唐令，日本学者仁井田陞经过研究，一共补辑出四十六条唐令。其中有一条是僧尼授田令，还有一条禁止布施寺院田宅令。

（1）复原条文：诸道士受《道德经》以上，僧受具戒以上者，给田三十亩；女冠、尼各准此给田二十亩。身死及还俗，依法收授。若当观寺有无地之人，先听自受。

---

① （唐）李林甫等：《唐六典》卷四，陈仲夫点校，中华书局1992年版，第125页。
② （唐）李林甫等：《唐六典》卷十八，陈仲夫点校，中华书局1992年版，第505页。

【根据一】《唐令拾遗》之田令二十四：

诸道士受《老子经》以上，道士给田三十亩，女官二十亩，僧尼受具戒准此。①

【根据二】《天圣令》田令之"唐二十八"条：

诸道士、女冠受老子《道德经》以上，道士给田三十亩，女冠二十亩。僧尼受具戒者，各准此。身死及还俗，依法收授。若当观寺有无地之人，先听自受。②（此条田令经学者考证为废弃不用的唐开元二十五年令）

【根据三】《唐六典》卷三"尚书户部"条：

凡道士给田三十亩，女冠二十亩，僧尼亦如之。③

（2）复原条文：诸官、仕女及百姓不得将田宅舍布施及卖易于寺观。违者，钱物及田宅并没官。

【根据一】《全唐文》卷三十"禁僧徒敛财诏"：

（玄宗）近日僧徒，此风尤甚。因缘讲说，眩惑州间；豀壑无厌，唯财是敛……自今以后，僧尼除讲律之外，一切禁断……如犯者，先断还俗，仍依法科罪。④

【根据二】《天圣令》田令之"宋三"条：

---

① ［日］仁井田陞：《唐令拾遗》，栗劲、霍存福译，长春出版社1989年版，第586页。
② 天一阁博物馆、中国社会科学院历史研究所《天圣令》整理课题组：《天一阁藏明钞本天圣令校证（附唐令复原研究）》，中华书局2006年版，第387页。
③ （唐）李林甫等：《唐六典》卷三，陈仲夫点校，中华书局1992年版，第74页。
④ （清）董诰等编：《全唐文》卷三十，中华书局1983年影印版，第339页。

诸官百姓不得将田宅舍施及卖易于寺观。违者，钱物及田宅并没官。①

【根据三】《全唐文》卷十九：

（睿宗）依令式以为官人百姓将田宅舍布施者，在京并令司农即收，外州给下课户。②

唐前期施行的是均田制，所授的田地分"永业田"和"口分田"两种，永业田可以世代相传，不再收回，口分田在本人去世后由政府收回。僧尼道士出家后的授田应属于口分田，不可以继承，也禁止出售。关于僧道授田是实授还是虚授的问题，学术界是有争议的，笔者倾向于认为是实授，这样才会有"身死及还俗"情况下的"依法收授"退田之说。第二条令文禁止官员百姓布施田宅给寺院，是为了控制寺院占田过限，影响国家经济运作。

五 狱官令

《天圣令》有一条完整的关于僧尼犯法审判权限规定的狱官令，辅以《全唐文》和《唐会要》中的两段资料，可以确定，在唐代，僧尼、道士犯法有专门适用的法律。

（1）复原条文：诸道士、女冠、僧、尼犯罪徒以上及奸、盗、诈、脱法服者，依律科断；余犯依僧道法。所由州县官，不得擅行决罚。如有违越，依法科罪。

【根据一】《天圣令》狱官令之"唐十一"条：

诸道士、女冠、僧、尼犯罪徒以上及奸、盗、诈脱法服，依律科断，余犯依僧道法。③（据学者研究这一条令文是废弃不用的唐令）

---

① 天一阁博物馆、中国社会科学院历史研究所《天圣令》整理课题组：《天一阁藏明钞本天圣令校证（附唐令复原研究）》，中华书局2006年版，第431页。
② （清）董诰等编：《全唐文》卷三十，中华书局1983年影印版，第223页。
③ 天一阁博物馆、中国社会科学院历史研究所《天圣令》整理课题组：《天一阁藏明钞本天圣令校证（附唐令复原研究）》，中华书局2006年版，第342页。

【根据二】《全唐文》卷十四,"停敕僧道犯罪同俗法推勘敕":

> 出家人等俱有条制,更别推科,恐为劳扰。前令道士、女道士、僧、尼有犯,依俗法者,宜停。必有违犯,宜依条制。①(经学者郑显文考证,条制即《道僧格》)

【根据三】《唐会要》卷五十"尊崇道教"条:

> 开元二十九年正月,河南采访使、汴州刺史齐澣奏:"伏以至道冲虚,生人宗仰,未免鞭挞,孰瞻仪型。其道士僧尼女冠等有犯,望准道格处分,所由州县官,不得擅行决罚。如有违越,请依法科罪,仍书中下考。"敕旨宜依。②

笔者发现,中国社会科学院历史研究所《天圣令》整理课题组出版的《天一阁藏明钞本天圣令校证》一书,对"狱官令之唐11条"的令文标点有错误,将"诈脱法服"和"奸""盗"一样,视为一种罪名。而根据前面辑录的《唐律疏议》法条可以知道,僧尼犯"奸""盗"都是重罪。"脱法服"显然是指僧尼道士穿俗服,《唐律疏议》"除免比徒"条的疏议云:"依格:'道士等辄着俗服者,还俗。'"这里的"诈"指的应该是《唐律疏议》中的"诈为瑞应"③等的"诈伪罪"④,也就是佛教五戒中的"妄语"。⑤ 所以,笔者认为"诈脱法服"的说法显然是错误的,故复原条文将"诈脱法服"更正为"诈、脱法服"。

六 仪制令

唐代不同时期对僧尼、道士、女官出席斋会、法会、庆典等公共场合的先后次序有不同规定,也应属于"设制立范"、体现"尊卑贵贱之等数"⑥ 的令的

---

① (清)董诰等编:《全唐文》卷十四,中华书局1983年影印版,第164页。
② (宋)王溥:《唐会要》卷五十,上海古籍出版社2006年版,第1013页。
③ 刘俊文:《唐律疏议笺解》卷二十五,中华书局1996年版,第1740页。
④ 同上书,第1683页。
⑤ 刘俊文:《唐律疏议笺解》卷三,中华书局1996年版,第249页。
⑥ (宋)欧阳修、宋祁:《新唐书》卷五十六,中华书局1975年版,第1407页。

范围。但是僧道立位经历的变化次数最多,也最能体现不同帝王对佛教和道教的崇抑。

(1) 复原条文:自今以后,斋供行立,道士女冠可在僧尼前。

【根据一】《唐大诏令集》卷一百一十三"道士女冠在僧尼之上诏":

> 自今以后,斋供行立至于称谓,道士女冠可在僧尼之前。庶敦本之俗,畅于九有,尊祖之风,贻诸万叶。(贞观十一年二月)①

(2) 复原条文:自今以后,释教宜在道法之上,僧尼可处道士、女冠之前。

【根据一】《唐大诏令集》卷一百一十三"释教在道法之上制":

> 自今以后,释教宜在道法之上,缁服处黄冠之前。庶得道有识以归依,极群生生于回向。布告遐迩,知朕意焉。②(天授二年三月)

(3) 复原条文:自今以后,僧尼、道士、女冠等,宜齐行并进。

【根据一】《唐大诏令集》卷一百一十三"僧道齐行并进敕":

> 自今每缘法事集会,僧尼、道士、女冠等,宜齐行并进。③ (景云二年)

七 衣服令

唐代对帝王、妃嫔、百官、命妇及百姓的服饰有严格的规定,僧道的穿着服饰也有律令严格规范,严禁僧道紊乱服饰或者穿着俗服。

(1) 复原条文:凡道士、女冠,僧尼,皆以木兰、青碧、皂荆黄、缁环之色为衣服。

---

① (宋)宋敏求编:《唐大诏令集》卷一百一十三,华东政法学院法律古籍整理研究所点校,上海学林出版社1992年版,第537页。
② 同上书,第538页。
③ 同上书,第538页。

【根据一】《唐六典》卷四之"尚书礼部"条：

> 凡道士、女道士，僧尼衣服，皆以木兰、青碧、皂荆黄、缁坏之色。若服俗衣及绫罗、乘大马……皆还俗。①

【根据二】《唐律疏议》之"除免比徒条"：

> 道士等辄著俗服者，还俗。②

僧尼中也有极少数不穿"缁坏之色"的僧人，他们就是得到帝王"赐紫"的紫衣僧。唐代官员的服色是依官品而定的，不得紊乱，紫衣是高官的官服颜色。唐代第一个获得赐紫荣誉的是法郎。

八 假宁令

假宁令是关于唐代国家机关官吏放假、请假制度的法律法规。有唐一代，佛诞日成为法定休假日。

(1) 复原条文：四月八日佛诞日，休假一日。

【根据一】《唐会要》卷八十二"休假"条：

> （天宝）五载二月十三日，中书奏："大圣祖以二月十五日降生，请同四月八日佛生之时，休假一日。"③

【根据二】《唐会要》卷五十"杂记"条：

> （天宝）五载二月十三日，太清宫使门下侍郎陈希烈奏："大圣大祖元元皇帝以二月十五日降生，既是吉辰，请四月八日佛生日，准令休假一日。"从之。④

---

① （唐）李林甫等：《唐六典》卷四，陈仲夫点校，中华书局1992年版，第126页。
② 刘俊文：《唐律疏议笺解》卷三，中华书局1996年版，第249页。
③ （宋）王溥：《唐会要》卷八十二，上海古籍出版社2006年版，第1799页。
④ （宋）王溥：《唐会要》卷五十，上海古籍出版社2006年版，第1013页。

九 杂令

主管僧道户籍的部门是祠部，但是《天圣令》却有一条关于僧尼的唐令归在"杂令"篇，这是个很奇怪的现象。

（1）复原条文：诸道士、女冠、僧尼之簿籍，三年一造。其籍一本送祠部，一本送鸿胪，一本留州县。

【根据一】《天圣令》卷三十《杂令》之"宋39"条：

> 诸道士、女冠、僧尼，州县三年一造籍，具言出家年月、夏腊、学业，随处印署，按留州县，帐申尚书祠部。其身死及数有增减者，年录名及增减因由，状申祠部，具入帐。①（据考证这一条令文为废弃不用的唐令）

【根据二】《唐令拾遗》之杂令二十七：

> 诸道士女道士、僧尼之簿籍，亦三年一造。其籍一本送祠部，一本送鸿胪，一本留州县。②

【根据三】《新唐书》卷四十八《百官志》：

> （僧尼）每三岁州县为籍，一以留县，一以留州。僧尼，一以上祠部；道士、女冠，一以上宗正，一以上司封。③

【根据四】《唐六典》卷四之"尚书礼部"条：

> 凡道士、女道士、僧、尼之簿籍亦三年一造。（其籍一本送祠部，一本

---

① 天一阁博物馆、中国社会科学院历史研究所《天圣令》整理课题组：《天一阁藏明钞本天圣令校证（附唐令复原研究）》，中华书局2006年版，第431页。
② ［日］仁井田陞：《唐令拾遗》，粟劲、霍存福译，长春出版社1989年版，第795页。
③ （唐）魏徵等：《隋书》卷二十三，《四库全书》第272册，上海古籍出版社1989年版，第272—709页。

送鸿胪，一本留于州县）①

《天圣令》的这一条杂令内容十分详细，连编制僧籍需要采集哪些具体信息都一一列举，倒更像是"轨物程式"的式文。笔者认为，唐代的令在发布之后，有可能被整理上升为稳定的"格"，也有可能被沉淀为办公细则的"式"，此条令文应属于后者。因此恢复时将细节性的内容加以删减，只列举编制僧籍的间隔年限和报送机关。

第三节　唐式对佛教的规定

据《唐六典》记载，式的篇目除了以尚书省二十四司命名的二十四篇外，还有"秘书、太常、司农、光禄、太仆、太府、少府及监门、宿卫、计账为其篇目，凡三十三篇，为二十卷"②。因此唐式的篇目应该是：吏部式、考功式、司封式、司勋式（以上属吏部）；户部式、金部式、仓部式、度支式（以上属户部）；礼部式、膳部式、祠部式、主客式（以上属礼部）；兵部式、贺部式、职方式、库式（以上属兵部）；刑部式、比部式、都官式、司门式（以上属刑部）；工部式、虞部式、屯田式、水部式（以上属工部）；秘书式、太常式、司农式、光禄式、太仆式、太府式、少府及监门式、宿卫式、计账式。唐代的祠部"掌祠祀享祭、天文漏刻、国忌庙讳、卜筮医药、道佛之事"③，所以和佛道教有关的规定应该集中在《祠部式》中。

现存的唐式，除了《唐律疏议》引用的很少一部分《刑部式》《兵部式》《礼部式》《户部式》外，还有 21 世纪初出土的敦煌吐鲁番唐代法制文书中的《开元水部式》残卷一百四十六行，以及文字不多的《贞观吏部式》断片、《仪凤度支式》残卷和断片。辑录唐式中和佛教相关的式文，还需要从《唐六典》《唐大诏令集》等史料文献中甄别。甄别的原则是"式以轨物程式"的法律功能。

---

① （唐）李林甫等：《唐六典》卷四，陈仲夫点校，中华书局 1992 年版，第 126 页。
② （唐）李林甫等：《唐六典》卷六，陈仲夫点校，中华书局 1992 年版，第 185 页。
③ （唐）李林甫等：《唐六典》卷四，陈仲夫点校，中华书局 1992 年版，第 120 页。

（1）《唐六典》卷四"祠部郎中"条：

> 凡道观三元日、千秋节日、凡修金录、明真等斋及僧寺别勅设斋，应行道官给料。①

这一段文字讲的是道观、佛寺的斋醮活动的财物供给，由于唐代的寺观建设、剃度人数都由政府控制，因此这些"官寺"的法定宗教节日以及按照敕令举办的斋醮活动所需资金也都由官方负担。条文涉及具体的佛道教节庆日期，属于细则性规章制度，因此笔者认为这一条记载属于"祠部式"内容。

（2）《唐六典》卷四"祠部郎中"条：

> 凡国忌日，两京定大观、寺各二散斋，诸道士、女道士及僧、尼，皆集于斋所，京文武五品已上与清官七品已上皆集，行香以退。若外州，亦各定一观、一寺以散斋，州、县官行香。应设斋者，盖八十有一州焉。……其道士、女道士、僧、尼行道散斋，皆给香油、炭料。若官设斋，道、佛各施物三十五段，供修理道、佛，写一切经；道士、女道士、僧、尼各施钱十二文。五品已上女及孙女出家者，官斋、行道，皆听不预。若私家设斋，道士、女道士、僧、尼兼请不得过四十九人。②

这一段文字规定了国忌日的大型佛道事活动的具体程序，涉及活动等级、规模，列席官员的官品，所请僧尼道士人数，甚至详细到布施钱数多少，都有定例。因此，这一段文字无疑也是某一时期的祠部式文。值得注意的是，"五品已上女及孙女出家者，官斋、行道，皆听不预"③ 一句，在《宋刑统》的"僧道私入道条"注释中被引用到，这一法条在宋代属于《礼部式》，因此笔者推断，这一规定在唐代也可能是礼部式的内容。

---

① （唐）李林甫等：《唐六典》卷四，陈仲夫点校，中华书局1992年版，第126页。
② 同上书，第127页。
③ 同上。

（3）《唐六典》卷四"祠部郎中"条：

> 凡天下寺总五千三百五十八所（三千二百四十五所僧，二千一百一十三所尼）。每寺上座一人，寺主一人，都维那一人，共纲统众事。而僧持行者有三品：其一曰禅，二曰法，三曰律。大抵皆以清静慈悲为宗。①

这一段文字和前面复原的祠令内容有所重合，但是笔者认为，这段文字中设立的"上座""寺主""都维那"三种僧官官职属于令文，而"禅""法""律"则是具体到修行法门的细则问题，因此应属于祠部式文。全国寺院总数也并非一成不变，唐代帝王随时都可能诏令新建寺观。

（4）《全唐文》卷七十二《增设斋人数诏》条：

> （文宗）忌辰修斋，虽出近制，斟酌损益，贵于得中。况在不迁之宗，允资异数之礼。五月六日、二十六日两忌设斋人数，宜各加至二千人。太穆文德皇后忌日亦宜各加倍数，其寺观仍旧。十二月八日忌宜于五所寺观共设四千人，宜令所司准式。②（祠部式）

这段文字是文宗诏敕，内容是扩大皇亲国戚的忌辰斋醮活动规模，有详细日期、人数，并且明确说明这一规定今后成为"准式"。

（5）《唐会要》卷四十九"杂录"条：

> 贞观二年五月十九日敕：章敬寺是先朝创造，从今已后，每至先朝忌日，常令设斋行香，仍永为恒式。③（祠部式）

这段文字也是诏敕，规定章敬寺今后凡是先朝忌日都举办斋会，并且成为"恒式"。

---

① （唐）李林甫等：《唐六典》卷四，陈仲夫点校，中华书局1992年版，第125页。
② （清）董诰等编：《全唐文》卷七十二，中华书局1983年影印版，第760页。
③ （宋）王溥：《唐会要》卷四十九，上海古籍出版社2006年版，第1007页。

(6)《唐会要》卷四十九"僧籍"条：

新罗、日本僧入朝学问，九年不还者，编诸籍。①

唐代对僧尼户籍管理十分严格，僧籍是判定是否"私度"的根本依据。《唐会要》中对来华外国僧人的规定不多，仅有两三处，笔者认为，这一段文字的重要性是不容忽视的，应该是管理外籍僧人的法律依据。人口户籍本应由户部主管，例如前文辑录的唐律"私入道"条就被归类于《户婚》。笔者认为这段文字本应属于户部式。

(7)《唐会要》卷五十"尊崇道教"条：

天宝十三载正月十二日，令有司每至春日，则修荐献上香之礼，仍永为例程。②（祠部式）

(8)《新唐书》卷四十六志第三十六：

祠部郎中、员外郎各一人，掌祠祀、享祭、天文、漏刻、国忌、庙讳、卜筮、医药、僧尼之事。珠玉珍宝供祭者，不求于市。驾部、比部岁会牲之死亡，输皮于太府。郊祭酒醴、脯醢、黍稷、果实，所司长官封署以供。两京及碛西诸州火祆，岁再祀，而禁民祈祭。凡巡幸，路次名山、大川、圣帝明王名臣墓，州县以官告祭。二王后享庙，则给牲牢、祭器，而完其帷帟、几案，主客以四时省问。凡国忌废务日，内教、太常停习乐，两京文武五品以上及清官七品以上，行香于寺观。③

这段文字详细规定了祠祀、享祭、国忌等大型活动的列席人员、数量、仪轨等具体细节，因此属于"轨物程式"的祠部式文。

---

① （宋）王溥：《唐会要》卷四十九，上海古籍出版社2006年版，第1011页。
② （宋）王溥：《唐会要》卷五十，上海古籍出版社2006年版，第1016页。
③ （宋）欧阳修、宋祁：《新唐书》卷四十六，中华书局1975年版，第1195页。

(9)《全唐文》卷九百六十六"请申禁僧尼奏":

  准天宝八年十一月十八日敕,诸州府僧尼籍帐等,每十年一造,永为常式者。①

为了及时掌握僧尼人数,唐代僧籍的编制,有三年一造、五年一造等几种规定,十年一造的规定执行的时间不长,但这段文字明言"永为常式",说明曾经是式文,管理人口户籍的部门是户部,但是负责僧尼籍帐的是祠部,所以笔者认为这段文字如果曾经沉淀为式文的话,应属祠部式。

(10)《唐会要》卷四十九:

  十二年六月二十六日,敕有司,试天下僧尼年六十已下者,限诵二百纸经,每一年限诵七十三纸。三年一试,落者还俗。不得以坐禅对策义试。诸寺三纲统,宜入大寺院。②(祠部式)

为了保证僧团质量,唐代实行了试经度僧制度和沙汰僧尼制度,这段敕文规定了考核僧尼是否合格的具体标准,包括参加考试僧尼的年龄、要求诵经的卷数、考核时间以及对不合格僧尼的处理办法。

(11)《唐会要》卷五十九:

  敕祠部:天下寺观田,宜准法据僧尼道士合给数外,一切管收,给贫下欠田丁。其寺观常住田,听僧尼道士女冠退田充。一百人以上不得过十顷,五十人以上不得过七十顷,五十人以下不得过五顷。③

这一段文字和前文复原的田令比较,应是田令的补充敕令。僧授田三十亩、尼二十亩的敕令的功能是"设范立制",确定了僧尼在占有土地上的地位等级,因此会沉淀为令。而这段文字是具体的占田数量的最高限额,属于"轨物程

---

① (清)董诰等编:《全唐文》卷九百六十六,中华书局1983年影印版,第10032页。
② (宋)王溥:《唐会要》卷四十九,上海古籍出版社2006年版,第1008页。
③ (宋)王溥:《唐会要》卷五十九,上海古籍出版社2006年版,第1207页。

事"的式。管理田地的部门是工部,僧尼和普通农民一样可以通过授田获得一定土地,因此尽管这一敕文的接受对象是祠部,但是田地的授予和收回应由国家统一管理,所以笔者认为这段文字属于"屯田式"。之所以下敕令给祠部,是为了说明除去寺院僧尼按人数依法应得的田地之外,余下占田过数的部分,由国家收回,重新分配给无田的贫户。

(12)《册府元龟》卷五十四:

> 天下寺观,僧尼道士不满七人者,宜度满七人。三七以上者更度一七人,二七以下者更度七人。①

唐代的寺观按照不同等级,可以容纳的僧尼道士人数也有不同规定,当国家发生重大事件,允许恩敕度僧时,也是按照等级分配度僧名额的。这段文字涉及度僧名额,应是祠部式的节文。

(13)《全唐文》卷九百六十六"请申禁僧尼奏":

> 诸州府僧尼已得度者,勒本州府具法名、俗姓、乡贯、户头、所习经业及配住寺人数,开顶分析籍帐。送本司以明真伪,又将诸州府及京城应置方丈受戒,僧尼身死及还俗者,其告牒勒本寺纲维,当日封送祠部,其余诸州府勒本州申送,以凭注销。②

这段文字中谈到的僧尼详细信息,应是当时僧籍登记的公文格式,而僧尼还俗或者死亡后度牒的处理,是具体的行政流程记载,因此,这段文字也很可能是祠部式文。

(14)《唐会要》卷四十一"断屠钓":

> 武德二年正月二十四日诏:自今以后,每年正月九日,及每月十斋日,并不得行刑,所在公私宜断屠钓。③

---

① (宋)王钦若:《册府元龟》卷五十四,中华书局1960年影印版,第606页。
② (清)董诰等编:《全唐文》卷九百六十六,中华书局1983年影印版,第10032页。
③ (宋)王溥:《唐会要》卷四十一,上海古籍出版社2006年版,第857页。

(15)《唐会要》卷四十一"断屠钓":

　　天宝七载五月十三日敕:自今以后,天下每月十斋日,不得辄有宰杀。①

(16)《唐会要》卷四十一"断屠钓":

　　至德二年十二月二十九日敕:三长斋月并十斋日,并宜断屠钓,永为常式。②

(17)《唐会要》卷四十一"断屠钓":

　　乾元元年四月二十二日敕:每月十斋日及忌日,并不得采捕屠宰,仍永为式。③

(18)《唐会要》卷四十一"断屠钓":

　　建中元年五月敕:自今以后,每年五月,宜令天下州县,禁断采捕弋猎,仍令所在断屠宰,永为常式,并委州府长吏,严加捉搦。其应合供陵庙,并依常式。④

(19)《唐会要》卷四十一"断屠钓":

　　开成二年八月敕:庆成节,宜令内外司及天下州府,但以素食,不用屠杀,永为常式。⑤

《唐会要》中记录的"断屠钓"敕文很多,虽然来自不同时期,但是多数

---

① (宋)王溥:《唐会要》卷四十一,上海古籍出版社2006年版,第857页。
② 同上。
③ 同上。
④ 同上。
⑤ 同上书,第858页。

都有"永为常式"的结语,可见唐代多位帝王在禁屠钓上的态度是一致的,因此,这条敕文必然是式文。"断屠钓"从禁止捕杀禽鸟鱼兽到禁止执行死刑,违犯者都会受到刑事处罚,因此,这一式文应属于"刑部式",这几段式文和佛教无直接关系,但是有间接关联。

小　结

由于存世的隋唐法律文献不全,本章除了可以汇总出唐代永徽律中和僧尼相关的法律条文之外,隋律、隋令、唐令、唐式的辑录都残缺不全,无法展现当时的法律全貌。但是从现有的这些资料入手,也可以分析出当时法律对僧尼规范的一些特征。

一　僧尼作为独立的法律主体在正律中出现始于隋代

中国古代法制史内容十分丰富,随着朝代的兴衰交替,法律制度也变更纷繁,但是历朝历代的统治者都十分重视法典的编撰,将成文律典视为王朝统治的标志,不容随意删改。从李悝编撰中国历史上第一部成文法《法经》以来,各朝各代都有系统而稳定的基本律典。同时,为了更好地处理律典的稳定性和社会的变化性之间的矛盾,又各自形成辅助性的令、科、比、格、式、敕、条例等法律形式,使法律体系更具灵活性,易于遵守执行。

（一）隋以前的正律中没有专门针对僧尼这一主体的条文

佛教自两汉时期传入中国后,初期出家人数极少,到了三国两晋时期,后赵国主石虎下诏"乐事佛者,悉听为道"[①],正式允许汉人出家,佛教僧团从此才合法化并逐渐发展成规模。这一时期的僧尼管理主要是僧团内部依照戒律和中国化僧制进行高度自治,僧尼可以完全不受世俗法律的制约,国家律典中也没有专门针对僧尼的内容。到了南北朝时期,佛教在封建统治者的大力扶植下,寺院经济急剧膨胀,出家僧徒日益增多,社会劳动力大量流失,使国家财政收入受到了极大的威胁。这时世俗政权开始干预僧团的管理,通过政府制定僧制

---

① （梁）释慧皎:《高僧传》卷九,《大正藏》第50册,台湾新文礼出版公司1983年影印版,第383页。

对寺院和僧尼加以约束，但是政府制定的僧制是"僧尼之法，不得为俗人所使"①，依旧是僧团的"内律"，不是国家法律。宣武帝为了限制僧尼不遵守世俗法律的特权，曾经下诏"自今已后，众僧犯杀人已上罪者，仍依俗断，余悉付昭玄，以内律僧制治之"②，将僧尼不受法律制裁的范围缩减到杀人以下罪。

笔者认为，这些史料都说明了同样一个问题：从两汉佛教的传入到南北朝为止，尽管僧尼已经逐渐发展成为一个影响巨大、人数众多的社会阶层，但是历朝历代的正律，始终都没有将僧尼视为独立的法律主体。尽管南北朝的僧制是由政府制定并且强制实施的规章制度，但是仍不属于法律。各朝帝王发布的诏令中有可能有针对僧尼的内容，但是没有专门规范僧尼的法律问世。

（二）最迟在607年僧尼已经作为独立的法律主体出现在隋律中

《隋书·刑法志》记载的沙门道士毁坏佛像天尊以恶逆论罪的规定，是隋文帝以诏敕的形式发布的临时性法规，当时是开皇二十年（600），距颁修《开皇律》的开皇元年（581）已经有二十年。《开皇律》是隋朝建国后颁发的第一部律典，不可能随意修改，因此笔者认为，这一诏敕发布后，最初应被收入《开皇令》执行。《唐律疏议》的恶逆罪中没有这一内容，但唐律的"盗毁天尊佛像"条却明显是对这一诏敕的继承，因此笔者推断，隋文帝的这一诏敕，在大业三年（607）颁修《大业律》时，被收入《大业律》，但据记载，《大业律》删去了《开皇律》的"十恶条"，在体例上改12篇为18篇，因此，《大业律》中就应该有专门的"盗毁天尊佛像"条。后来的唐律虽然全面继承的是《开皇律》的体例和内容，但是"盗毁天尊佛像"条应继承自《大业律》。

这一法条为我们提供了一条十分有用的信息，那就是，最迟到了大业三年，僧尼已经正式作为独立的法律主体，出现在隋代的律典《大业律》中。至于《开皇律》中是否已经有类似唐律的"称道士女官条""私度条"等以僧尼、道士为对象的法条，由于史料的不足，无法考证。从隋文帝崇佛这一史实来看，笔者推测，《开皇律》已经开始设置了这类法条。唐承隋制，之后的宋元明清诸朝的律典也都承袭了这一立法思想，将僧尼、道士作为独立的主体，纳入正律。

---

① （北齐）魏收：《魏书》卷一百一十四，中华书局1975年版，第3041页。
② 同上书，第3040页。

二 完整的唐律法条的辑录为研究唐代僧道法提供的信息

《唐律疏议》一书完整保存了唐律。唐律共502条，其中直接提到僧尼的有8条，和佛教有间接关系的有2条，加起来是10条，占总法条文数的2%。唐律一共十二篇，涉及佛教和僧尼的篇目共有四篇，占总篇目的33%。尽管法条数目不多，但是从不多的文字中可以发现许多问题。

（一）"称道士女官条"对僧尼法律身份的明确定位

"称道士女官条"出现在唐律的《名例》中，可以当作法律对僧尼这一独立法律主体的正式身份定位。它的内容告诉我们，僧尼是特殊的法律主体，他们犯罪时的量刑标准和庶民是有区别的。僧尼阶层的出现和他们所遵从的宗教价值观，使世俗礼法失去对他们的约束力，而"一准乎礼"的唐律却要用法律来约束这一群体，因此在量刑上做出了一些调整，显示出礼法和教法之间的调和。对僧尼犯"奸""盗"的处罚严于普通人，僧尼犯重罪不缘坐"止坐其身"，"自愿焚尸"不受刑罚，盗毁佛像"徒三年"，禁屠月日不得执行死刑，这些可以被视为唐律对佛教戒律、价值观、丧葬习俗的认同与让步；将僧团划分为"三纲""师主""弟子""奴婢"几个等级，把僧尼比附为"伯叔父母""兄弟之子""主之期亲"等亲属关系量罪定刑，则是礼法通过律法对佛教价值观的冲击和否定。

（二）"除免比徒条"说明唐代有专门适用于僧尼道士的格典

唐律有"诬告反坐"的法律原则，也就是凡诬告者，必须承担诬告成立时的刑罚。"除免比徒条"规定的诬告僧尼的"易刑"标准，透露了这样的信息：首先，唐代除了正律将僧尼列为独立法律主体加以约束之外，必然还有专门适用于僧道的宗教法典。这部宗教法典是以格典的形式存在的，因为"除免比徒条"的疏议引用了这样一句话，"依格：'道士等辄着俗服者，还俗'"①。其次，适用于僧尼、道士的专门法典的刑种设置和唐律的基本"五刑"不一致，有"苦使""还俗"等刑罚方式，所以才会有"苦使十日比笞十，百日杖一百"②的易刑规定。最后，这部专门格典对僧尼、道士的规约十分详细，"历门

---

① 刘俊文：《唐律疏议笺解》卷三，中华书局1996年版，第249页。
② 同上。

教化""着俗服"等行为都属于违法。

(三) 唐代约束僧尼的法律形式不仅限于律和格,还有令和式

唐令、唐式的佚失造成可以复原的唐令与能够筛选辨认的唐式数量极为有限,但是从这些不多的资料也可以反映一些问题。本章复原的唐令有 14 条,分别源于官品令、职员令、祠令、田令、狱官令、仪制令、衣服令、假宁令、杂令,以《唐六典》记载的唐令二十七篇为标准计算的话,复原出的令文种类已经占全部令文种类的三分之一还多。官品令、职员令属于行政法规,田令属于经济法规,狱官令属于刑法,由此可见,佛教在唐代,已经深入国家的经济、政治、法律、文化各方面。

唐式二十四篇,以尚书省二十四司命名,本章前面筛选的式文也并不全是祠部式,还有礼部式、户部式、屯田式、刑部式的相关式文。这说明唐代虽然以祠部为僧道事务的主管部门,但是实际上,僧尼、道士作为一个社会阶层,他们的生活内容不仅仅限于寺院的宗教活动,还和户籍管理、国家仪制、田地分配、法律制度、财政支出等息息相关,是必须多部门多渠道同抓共管的综合工作。

第二章

《道僧格》考证

格产生于皇帝随时发布的制敕的编集,因此唐格实际上具有修改、废除所有其他法律条文的最高法律效力。按照适用范围的不同,唐代格又被分为两种,一是留司格,也就是不普遍颁行而留存本司的格,相当于今天的特别法;二是散颁格,也就是公开颁行于天下的格,相当于今天的普通法。唐代法律从内容性质上可以分为两大类,一是惩罚性法律,如律;二是制度性法律,如令和式。唐格的内容和性质则稍微复杂一些,它既包含制度性法律,又包含惩罚性法律。这一点已经被敦煌残卷中的唐格残卷所证实①。

唐代格的颁修最为频繁,由于下文要对《道僧格》的制定和颁布时间做考证,因此唐代几次颁修格的时间、名称、卷数等列表如 2-1 所示。②

表 2-1 唐代颁行格汇总

格典名称	编纂时间	卷数	主持人
《武德新格》	武德元年六至十一月(618)	53 条	刘文静
《贞观格》	贞观元年三至十一月(627)	18 卷	房玄龄
《永徽散颁天下格》《永徽留本司行格》	永徽元年正月至永徽二年九月(650—651)	7 卷 18 卷	长孙无忌

---

① 参见刘俊文《敦煌吐鲁番唐代法制文书》,中华书局 1989 年版,第 246—301 页。
② 表 2-1 根据陈鹏生主编的《中国法制通史》(法律出版社 1999 年版,第 142—144 页)第四卷第六章"唐朝的立法"相关叙述编制。

续表

格典名称	编纂时间	卷数	主持人
《永徽散行天下格中本》《永徽留本司行格中本》	龙朔二年至乾封元年（662—666）	7卷 18卷	源直心
《永徽散行天下格后本》《永徽留本司行格后本》	仪凤元年十二月至二年三月（676—677）	7卷 11卷	刘仁轨
《垂拱格》《垂拱留司格》	垂拱元年（685）	2卷 6卷	裴居道
《神龙散颁格》《神龙留司格》	神龙元年（705）	7卷 卷数不明	唐修璟 苏瓌
《太极格》	景云元年初至太极元年二月（710—712）	10卷	岑羲
《开元格》	开元元年初至三年三月（713—715）	10卷	姚崇
《开元后格》	开元六年初至七年三月（718—719）	10卷	宋璟
《开元新格》	开元二十二年初至二十五年九月（734—737）	10卷	李林甫
《天宝格》	天宝四年（745）	卷数不明	肖昊
《贞元格》	建中二年至贞元七年（781—791）	卷数不明	刑部
《开成祥定格》	开成元年正月至开成四年九月（836—839）	10卷	狄兼暮

第一节 《道僧格》溯源

一 日本《僧尼令》与唐代《道僧格》的关系

我国现存的史料文献并没有关于编撰或颁布《道僧格》的记载，但是日本平安时期法典《养老令》的注书《令集解·僧尼令》却多处引用了自称来自唐代《道僧格》的法律条文。为了确认唐代确有《道僧格》这部法典，我们首先需要考察日本《僧尼令》的制定背景。

唐朝时日本和我国贸易频繁，使者往返不断。从舒明天皇二年（630）至宇多天皇宽平六年（894），日本向大唐派"遣唐使"19 次，其中不乏研究学习唐朝礼法者。这一时期是日本"大化革新时期"，也是日本法制史上第一次全面引进唐代政治、经济制度和"律令制"法律体系的时期。天智天皇七年（668）制定的《近江令》是日本历史上第一部成文法典，天武天皇八年（681）以此令为基础又制定《净御原令》，据说都是依据唐朝武德、贞观、永徽等时期颁布的律令而制定。

著名的《大宝律令》制定于文武天皇大宝元年（701）八月，依据的是《永徽律令》和武周时期的《垂拱格式》。《大宝律令》已经佚失，但根据明法博士惟宗直本所撰的《令集解》（868—902 年间成书）之注释"古记"可知其大略内容和篇目。

718 年略加修改而编制的《大宝律令》包括令文 10 卷 30 篇，《令集解》和清原夏野编撰的《令义解》（833 年成书）保存了其中大部分令文。《养老律令》编成后，空置了 39 年，一直到 757 年才实施。

由于《永徽令》也已佚失，其篇目也无法考证。唐令中仅有《开元令》的篇目名称在《唐六典》有记载，因此，现将《大宝令》和《开元令》的篇目列表对照如表 2-2 所示。[①]

[①] 《大宝令》的篇目参见《新订增补国史大系》卷二十三的《令集解》（第一），目次，吉川弘文馆 1965 年刊行，第 1—4 页。《开元令》篇目依据《唐六典》记载的二十七种，加上仁井田陞《唐令拾遗》中新增的六种。

表 2-2　　　　日本《大宝令》与其蓝本唐《开元令》对照

《大宝令》篇目	《开元令》篇目
官位令	官品令
职员令	三师三公台省职员令
	寺监职员令
家令职员令	卫府职员令
东宫职员令	东宫王府职员令
	州县镇戍岳渎关津职员令
后宫职员令	内外命妇职员令
神祇令	祠令
僧尼令	
户令	户令
选叙令	选举令
考课令	考课令
宫卫令	宫卫令
军防令	军防令
	卤簿令
公式令	公式令
田令	田令
赋役令	赋役令
仓库令	仓库令
厩牧令	厩牧令
关市令	关市令

续表

《大宝令》篇目	《开元令》篇目
仪制令	仪制令
医疾令	医疾令
狱令	狱官令
营缮令	营缮令
丧葬令	丧葬令
杂令	杂令
学令	学令
继嗣令	封爵令
衣服令	衣服令
假宁令	假宁令
捕亡令	捕亡令
禄令	禄令
	乐令

可以看出，《开元令》的"三师三公台省职员令""州县镇戍岳渎关津职员令""乐令"在《大宝令》中没有对照篇目；而"祠令"则可能与《大宝令》的"神祇令""僧尼令"两篇相对应。那么，701年日本《大宝令·僧尼令》的立法依据会不会是唐代的"祠令"呢？《养老令》的第二篇《僧尼令》一共二十七条，日本《令闻书》对《养老令·僧尼令》的立法来源有明确的注解："唐《开元令》中无《僧尼令》，乃据唐《道僧格》而创《僧尼令》。"[①] 也就是

---

① 日本后妙华寺殿：《令闻书》，续群书类丛本，第132页。

说，《养老令·僧尼令》的直接来源就是唐格，而不是唐令，这就排除了《养老令·僧尼令》的依据是唐代祠令的可能性。我们下面需要考察的是，《道僧格》究竟是唐代的哪一部法典。

二 《道僧格》与《祠部格》的关系

根据《唐六典》的记载，唐格以尚书省二十四司为篇名，分别是："吏部格、司封格、司勋格、考功格（以上属吏部）；户部格、度支格、金部格、仓部格（以上属户部）；礼部格、祠部格、膳部格、主客格（以上属礼部）；兵部格、职方格、贺部格、库格（以上属兵部）；刑部格、都官格、比部格、司门格（以上属刑部）；工部格、屯田格、虞部格、水部格（以上属工部）。"① 祠部的职能是"祠祀享祭、天文漏刻、国忌庙讳、卜筮医药、道佛之事"②，因此，唐代和佛道教有关的格文应该集中在《祠部格》中。

唐格绝大多数已散佚，现存的《祠部格》内容只有两条：一是《白氏六帖事类集》中引用的一条祠部格文："私家部曲、奴婢等，不得入道。如别敕许出家，后犯还俗者，追归旧主，各依本色。"③ 二是《白孔六帖》卷八十九引用《祠部格》"度人条"："王公已下薨，别敕许度人者，亲王二十，三品已上三人，并须亡者子孙及妻媵，并通取周亲，妻媵不须试业；若数不足，唯见在度，如有假冒，不在原首之限也。"④ 这两条格文的存在可以说明两个问题，一是唐代的确有《祠部格》，二是有关僧道的格文也的确收录在《祠部格》中。那么，《僧尼令》所依的《道僧格》是否就是《祠部格》呢？或者是《祠部格》中专门规范僧道事务的独立篇章？

《僧尼令》第二十四"出家条"云："凡家人奴婢等，若有出家，后犯还俗及自还俗者，并追归旧主，各依本色。其私度人，纵有经业，不在度限。"⑤ 和《白氏六帖事类集》中所引的"祠部格"内容如出一辙，由此可以确定，《僧尼

---

① （唐）李林甫等：《唐六典》卷六，陈仲夫点校，中华书局1992年版，第185页。
② （唐）李林甫等：《唐六典》卷四，陈仲夫点校，中华书局1992年版，第120页。
③ 《白氏六帖事类集》，杨家骆主编《中国法制史料》第一辑第三册，台湾鼎文书局印行，1982年，第2033页。
④ （唐）白居易、（宋）孔传：《白孔六帖》卷八十九，《四库全书》第892册，上海古籍出版社1989年版，第456页。
⑤ 《令集解》卷二：［日］《新订增补国史大系》卷二十三，吉川弘文馆刊行1965年版，第88页。

令》所依据的《道僧格》的这一条文和《祠部格》的条文有完全重合的部分。根据常识，假如《道僧格》是唐朝颁布的一部特别宗教法的话，那么它应该汇集了所有和佛道教有关的法规，《祠部格》中就不会有内容类似的条文，否则会造成法律依据的混乱。因此，可以肯定，《道僧格》就是《祠部格》的一部分，独立成篇。那么，两者的关系又是怎样的呢？笔者认为，《道僧格》比《祠部格》的级别要略低，两者的关系是"总格"与"分格"的关系。

首先，历史上虽然没有编撰《道僧格》的记载，但是却有一条编制"条制"的记载，唐太宗贞观九年（635），沙门玄琬在临终前上遗表请求沙门犯罪依僧律，不与百姓同科，唐太宗"嘉纳焉"，于贞观十年（636）命人"依附内律，参以金科"①，始创"条制"。《广弘明集》卷二十八的（唐太宗）"度僧天下诏"详细记述了此事：

> ……但戒行之本，唯尚无为，多有僧徒，溺于流俗。或假托神通，妄传妖怪；或谬称医莁，左道求财；或造诣官曹，嘱致赃贿；或钻肤焚指，骇俗惊愚；并自贻伊戚，动推刑纲；有一于此，大亏圣教。朕情深护持，必无宽舍。已令依附内律，参以金科，具为条制，务使法门清整。所在官司，宜加检察，其部内有违法僧不举发者，所司录状闻奏。庶善者必采，恶者必斥。伽蓝净土，咸知法味，菩提觉路，绝诸意垢。②

这里"依附内律，参以金科"而制的"条制"的执行机构是"所在官司"，而"内律、僧制"的特点却是"不许俗看"，因此，"条制"不是僧制，而是一般公开法。那么，"条制"这种法规又相当于"律、令、格、式"哪一类别呢？我们需要先来考察一下格的起源和演变。格最早源于汉晋的"故事"。格本是"度量"和"等级"的意思，又有"限制、禁止"的含义。西晋时刘颂曾上疏要求不要轻易议法，人主应遵循"格"以督责臣下，"立格为限，使主者守文，死生以之"③。由此可见格指必须遵守的规则。宋、齐、梁、陈诸朝的大赦

---

① （唐）释道宣：《广弘明集》卷二十八，《四库全书》第1048册，上海古籍出版社1989年版，第736页。

② 同上。

③ （唐）房玄龄等：《晋书》卷三十，中华书局1974年版，第937页。

诏文中常出现命令主管官司"详为条格"。"条格"又称为"条制""条例""条流"或者"科",在隋代被固定为"格"。也就是说,"条制"的性质就是格,是隋代"律令格式"法律体系确立之前"格"的俗称。虽然唐沿隋制,采取"律令格式"的法律系统,但"条制"一词依旧在皇帝诏书中多次被使用。如《旧唐书》卷四十九记载:"太宗曰:'既为百姓预作储贮,官为举掌,以备凶年,非朕所须,横生赋敛。利人之事,深是可嘉。宜下所司,议立条制。'"①

然而"条制"和"格"是否完全没有区别呢?笔者认为,到了唐代,"条制"和"格"是有细微区别的。"条制"是按照皇帝的诏令制定的一种综合性法规,它所规范的是某一类具体的事务,负责机构也是二十四司中的某一司。但是和唐代法律体系中的二十四格相比,"条制"的级别要略低于格,它的适用范围更有针对性。如果说二十四格是"总格",那么条制就是"分格"。祠部主管"祠祀享祭、天文漏刻、国忌庙讳、卜筮医药、道佛之事"②,《祠部格》是一部总格,里面应包含《道僧条制》《祠祀享祭条制》《天文漏刻条制》《国忌庙讳条制》《卜筮医药条制》等更具体的条制。如果一定说《道僧格》是俗称,它就应该是《祠部格·道僧条制》的俗称,而不是《祠部格》的俗称。

三 《道僧格》与《僧格》《道格》

关于这一点,学者郑显文和周奇持同样的观点,他们也认为《道僧格》是《祠部格》中独立成篇的一部分。但同时他们又认为,在唐代曾经有过《道格》和《僧格》两部宗教法规分别管理佛道事务。他们的论据之一是:敦煌文书写本 P2481 号《唐前期尚书省礼部报都省批复下行公文程序》中对道士和僧尼事务的批复是分开的③。其次,在日本宇多天皇宽平年间(885—897)编纂的《日本国见在书目录》一书还出现了"《僧格》一卷"的字样,据此可以说明唐代曾经有过《道格》和《僧格》法典。郑显文认为:"有唐一代,释、道的管理机构也屡经变迁……决定了关于僧尼、道士的法律规定是不可能完全相同

---

① (后晋)刘昫等:《旧唐书》卷四十九,中华书局 1975 年版,第 2123 页。
② (唐)李林甫等:《唐六典》卷四,陈仲夫点校,中华书局 1992 年版,第 120 页。
③ 周奇:《唐代宗教管理研究》,博士学位论文,厦门大学,2005 年,第 26—27 页。

的。"① 而"唐代《道僧格》之所以未出现在唐代官方修格的记述中"②，是因为"《道僧格》是类似于僧、道法规汇编性的文献"③。郑显文还进一步考证了《僧格》《道格》被混合编纂在一起成为《道僧格》之雏形的时间，应该是在开元二十五年编撰《格式律令事类》的时候，因为到了开元二十九年，已经有了《道僧格》的说法。《唐会要》卷五十有这样一段记载："开元二十九年正月，河南采访使汴州刺史齐澣奏：'伏以至道冲虚，生人宗抑，未免鞭挞，孰赡仪型。其道士、僧尼、女冠等有犯，望准《道格》处分。所由州县官，不得擅行决罚。如有违越，请依法科罪。'"④ 文中出现的"道格"，显然不是指专门管理道教的《道格》，联系前文所说的"其道士、僧尼、女冠等有犯"句推断，应是包括《僧格》条款在内的《道僧格》。所以，郑显文认为，首先，在唐玄宗开元以后，唐朝政府将《道格》《僧格》的规定汇集在一起，从此就出现了《道僧格》的名称，《道僧格》也正是《道格》和《僧格》合编的体例⑤。周奇不同意郑显文的"开元二十五年"合编《道格》《僧格》成为《道僧格》之说。他认为，日本《僧尼令》源于唐代《道僧格》，而《僧尼令》在701年颁布的《大宝令》中已经出现，唐代那时还处于武周时期，很明显郑显文的说法难以成立。

关于《道僧格》是否由《道格》和《僧格》合编而成，以及《道僧格》出现的时间问题，笔者有完全不同的见解。笔者认为，首先，虽然唐代佛教、道教曾经归属不同的管辖机构，但是唐初唐太宗下令制定"条制"时，佛道教却是同属鸿胪寺管辖。一直到武则天延载元年（694）五月才下诏"天下僧尼隶祠部，不须属司宾"⑥。而701年《大宝令·僧尼令》已经依据《道僧格》编撰颁布，因此，因为所属管辖机构不同而分别制定《僧格》《道格》，之后又重新合编为《道僧格》的可能性不大。其次，唐代无论是在"崇道抑佛"的李唐时期，还是在"崇佛抑道"的武周时期，所有关于佛道教的诏敕，除了任命僧

---

① 郑显文：《唐代律令制研究》，北京大学出版社2004年版，第297页。
② 同上。
③ 同上书，第298页。
④ （宋）王溥：《唐会要》卷五十，上海古籍出版社2006年版，第1013页。
⑤ 郑显文：《唐代律令制研究》，北京大学出版社2004年版，第298页。
⑥ （宋）王溥：《唐会要》卷四十九，上海古籍出版社2006年版，第1006页。

官、道官、赐紫、赐师号等外，几乎都冠以"凡道士、女官、僧尼等"的字样，对僧道平等对待，用一样标准管理，因此完全没有必要另立《道格》，将《僧格》的条款制度重复一遍。再次，唐朝帝室尽管因为和老子李耳攀上关系而大力扶植道教，可是从两教在民间的影响力度和信徒数量上看，整个有唐一代都处于"道轻佛重"的局面，所以唐政府的宗教管理其实一直是以管理佛教为主，是以佛教管理制度参考管理道教的。最后，永徽四年（653）十月颁行的《唐律疏议》中已经出现《道僧格》特有的刑种"苦使"和"还俗"也证明之前《道僧格》已经颁布。至于《日本国见在书目录》中出现"《僧格》一卷"的字样，也并不能证明唐代有《僧格》存在，这只是因为日本没有道教的缘故，在依据唐《道僧格》制定《僧尼令》时，才很自然地将《道僧格》简称为《僧格》。至于敦煌文书写本P2481号《唐前期尚书省礼部报都省批复下行公文程序》对佛教、道教的分别批复，笔者认为，既然批复的内容是佛教和道教两种不同宗教，受文对象不同，那么批文分开也是自然的事。文中"条制"就是《道僧格》，而且"条制"在制定后立即实施，成为共同约束僧道的宗教法典这一点，还可以被《大唐大慈恩寺三藏法师传》卷九的一段文字所证实：

> 永徽六年有敕："道士、僧等犯罪，情难知者，可同俗法推勘。"边远官人不闲敕意，事无大小，动行枷杖，亏辱为甚。法师每忧之，因疾委顿……至二十三日降敕曰："道教清虚，释典微妙。庶物藉其津梁，三界之所遵仰。比为法末人浇，多违制律，权依俗法，以申惩诫。冀在止恶劝善，非是以人轻法。但出家人等具有条制，更别推科，恐为劳扰。前令道士、女道士、僧尼有犯依俗法者，宜停。必有违犯，宜依条制……"沙门玄奘言："伏见敕旨僧尼等有过停依俗法之条，还依旧格。非分之泽，忽委缁徒。不訾之恩，复沾玄肆……"①（显庆元年）

这段文字是说《条制》施行后不久的永徽六年曾经一度被废弃，命令"道士、僧"等犯法依旧按照普通法定罪。玄奘因此上表请求高宗下旨依旧按照"条制"，也就是旧格为僧尼道士定罪，得到高宗应允。文中明确提到"条制"

---

① （唐）慧立、彦悰：《大慈恩寺三藏法师传》卷九，中华书局2000年版，第178页。

是共同约束僧道的法规,而且是"旧格",也就是唐太宗颁制的《道僧格》。

因此,笔者认为,《道僧格》作为规范佛教、道教的宗教法规,贞观十年(636)已经制定并且实施,它是《祠部格》的二级分格,共同适用于佛道二教。历史上并没有过《道格》或《僧格》的单独存在。

第二节 《道僧格》的形成

《道僧格》作为唐代宗教法典,它的产生和出现是中国佛教僧团管理制度发展到一定历史时期的产物。据《高僧传》记载,两汉时佛教初传时期,昙柯迦罗于嘉平二年来到洛阳,发现"于时魏境虽有佛法,而道风讹替,亦有众僧未禀归戒,正以剪落殊俗耳"[①]。当时的僧人出家只是剪掉头发,还算不上真正意义的沙门。从佛教初传时的戒律僧制的杂乱,到魏晋时期的戒律、僧制二元并行,再到南北朝僧团在政府"俗施僧制"的直接干预下自治,发展到隋唐时的宗教法典《众经法式》《道僧格》的诞生,进入依法治教的新时期。具体说来,佛教僧团从"悉以内典"到"全依国法",大致经历了以下几个历史时期的演变。

一 两汉初传时期戒律传译的滞后和僧团规制的杂乱

两汉时期的佛教,由于语言和文化传统的差异,只是被视为一种外来的鬼神方术或者被比附为黄老道术,其教义、教理体系还没有完全被汉地接受。僧团的构成以来华传教的外国僧人为主,真正的汉地出家僧众不但数量极少,而且形式上也仅仅是剪掉头发而已,还没有形成以寺院为中心的组织化僧团。《高僧传》中记载的汉朝僧人一共有17人,如摄摩腾、竺法兰、安世高、支娄迦谶、康僧会、维祇难、昙柯迦罗等,全是来自天竺、安息等国的外籍僧人。甚至有书云:"曩者晋人略无奉佛,沙门徒众皆是诸胡。"[②] 唯一有记载的汉僧是严佛调,按照郭朋的说法,当时"弟子均从师姓,则佛调之严,或许就是他的

[①] (南朝梁)释慧皎:《高僧传》卷一,《大正藏》50册,台湾新文礼出版公司1983年影印版,第324页。

[②] (南朝梁)僧佑:《弘明集》卷十二,《大正藏》52册,台湾新文礼出版公司1983年影印版,第81页。

剃度师之姓。但在汉代名僧中，却很少有严姓者，则严也可能就是佛调的在俗之姓"①。由此可以推断，严佛调也属于"剪落殊俗"者，并未受严格的戒律约束。此时佛教的信众主要是在家众，多集中在宫廷与社会上层，正处在由上层社会向下层民众传播的过渡阶段。

戒律传译的滞后，造成早期僧团规制的混乱。从《牟子理惑论》记载的"今沙门耽好酒浆，或蓄妻子，取贱卖贵，专行诈绐"②等状况看，当时的僧人完全没有戒律可依。笮融举行浴佛法会，斋供道俗，广以酒饭布施，也不符合优婆塞戒，显然是依照"设复斋忏，事法祠祀"③的本土祠祀礼仪进行的。然而笮融广设酒饭供僧这一记载又说明当时饭僧习俗已在内地流行，可见当时僧团在一定程度上还是承袭了印度佛教古制的，只是"译事未兴，多由口传。中国人士仅得其戒律禅法之大端，以及释迦行事之概略"④。这大约是印度佛教僧制传入中国后融合中土风俗，走向本土化的开端。总之，从这些记载可以看出，两汉时正式僧团没有建立，律部没有传译，更没有传授比丘戒者。

二 魏晋时期的僧团高度自治和僧制、戒律的二元并行

到了三国两晋时期，后赵国主石虎下诏"乐事佛者，悉听为道"⑤，正式允许汉人出家，佛教僧团从此合法化并逐渐发展成型，形成了佛图澄僧团、道安僧团、鸠摩罗什集团、慧远僧团等几个有影响力的佛教僧团。同时开始了戒律的传译和中国化僧制建构的探索。

"戒"是梵文 Sila 的意译，指自愿出家修行的僧尼个人的主观意愿，带有自律的意味；"律"，是为了维持僧团秩序和存续而设的所有成员必须遵守的行为规范，具有强制奉行的他律性质。佛教的戒律，因佛教徒身份及等级之差别，

---

① 郭朋：《汉魏两晋南北朝佛教》，齐鲁书社1986年版，第47页。
② （南朝梁）僧佑：《弘明集》卷一，《大正藏》第52册，台湾新文礼出版公司1983年影印版，第4页。
③ （南朝梁）释慧皎：《高僧传》卷一，《大正藏》50册，台湾新文礼出版公司1983年影印版，第325页。
④ 汤用彤：《汉魏两晋南北朝佛教史》，中华书局1983年版，第78页。
⑤ （南朝梁）释慧皎：《高僧传》卷九，《大正藏》第50册，台湾新文礼出版公司1983年影印版，第383页。

有"五戒""十戒""居士戒""出家戒""具足戒""菩萨戒"的区别，其中"杀、盗、淫、妄、酒"是最基础的五戒，也是一切佛戒的根本，故被称为"根本五戒"。戒律的传入，普遍的说法是嘉平二年（250），由昙柯迦罗在洛阳白马寺译出《僧祇戒心》和《四分羯磨》为起点，而实际上昙柯迦罗所传的戒律只是僧祇部的戒本和昙无德部的羯磨法，当时只是在洛阳一带实施，实施的效果也不尽如人意。魏晋时期几大僧团领袖都重视戒律的依持，如佛图澄"弃家入道一百九年，酒不逾齿，过中不食，非戒不履，无欲无求"①。道安主持译出《十诵比丘戒本》一卷、《比丘尼大戒》一卷、《教授比丘尼二岁坛文》一卷等，使汉地戒律进一步完备。慧远僧团严格依照戒律管理，其戒行精严，曾被后秦姚兴称为整顿僧尼的楷模。

在依原始印度佛制戒律治理僧团的同时，为了适应中原社会、政治、经济、文化的发展，为佛教争取更多的生存空间，僧团领袖们也早已开始创制本土化僧制的探索。据《高僧传》记载，"（道安）既德为物宗，学兼三藏，所制《僧尼轨范》《佛法宪章》，条为三例"②，被后世誉为"凿空开荒，则道安为僧制之始也"③。道安所制《僧尼轨范》的具体内容，在《高僧传》中也有记载："一曰行香定坐上经上讲之法，二曰常日六时行道饮食唱时法，三曰布萨差使悔过等法。"④ 在当时，佛教僧团迅速发展扩大，如何组织管理僧团成为当时必须解决的迫切问题，道安的《僧尼轨范》，是中国佛教僧团自创管理制度的开山之作。继道安之后，慧远于隆安四年（400）为庐山僧团制定的《外寺僧节度序》《节度序》《法社节度序》及《比丘尼节度序》和江南高僧支道林所著《众僧集议节度》，都是僧尼日常生活的行为轨范。

综上所述，魏晋时期中国化的佛教僧团已经出现，这一时期的僧团拥有高度的自治能力，其组织主要依靠僧团领袖的道德权威，管理上主要依据并不完

---

① （南朝梁）释慧皎：《高僧传》卷九，《大正藏》第50册，台湾新文礼出版公司1983年影印版，第387页。
② （南朝梁）释慧皎：《高僧传》卷五，《大正藏》第50册，台湾新文礼出版公司1983年影印版，第353页。
③ （宋）赞宁：《大宋僧史略》卷中，《大正藏》第54册，台湾新文礼出版公司1983年影印版，第241页。
④ （南朝梁）释慧皎：《高僧传》卷五，《大正藏》第50册，台湾新文礼出版公司1983年影印版，第353页。

备的戒律，同时融入本土思想以及宗教习俗，开始了中国化僧制的创制，这一时期是戒律和僧制二元并行的自治时期。

三 南北朝时期"俗施僧制"和内律僧制"不许俗看"

南北朝时期佛教受到封建统治者的大力扶植，僧团规模、寺院数量都空前膨胀。寺院除了拥有来自皇室、官贵们封赐、施舍的大量田地、财物外，国家还分配"佛图户""僧祇户"为寺院僧团役使，加上寺院私自蓄养的以"白徒""养女"等为名目的大量依附劳动力，寺院迅速积累了强大的物质基础。南北朝时期寺院经济在国家经济中占有相当大的比重，并且形成了一个特殊的社会阶层，僧侣地主阶层。佛教寺院经济的发展为佛教在中国走向繁荣鼎盛提供了充分的条件，但同时也带来了很多的问题。

首先是僧团管理的混乱、僧团纯洁性的破坏。南北朝时战乱频仍，官役繁多，寺院享有的免除赋税徭役等种种政治经济特权，使其成为乱世中民众的最佳庇护所，因此出家风气日盛，以避租逃役，追逐私利为目的而假托信仰剃度为僧的人数大量增加。他们不是真正的信徒，只是为了某种现实利益而出家的寺院的领民。僧团的滥冒，不仅使僧团的纯洁性和社会形象遭到严重破坏，还带来僧团管理的混乱和弊端。

其次是佛教僧团与国家政治经济之间的矛盾日益凸显。寺院经济急剧膨胀，出家僧徒日益增多，社会劳动力急剧流失，也使国家财政收入受到了极大的影响。正如任继愈先生所说：

> 寺院僧众尊奉释迦牟尼为最高教主，以"释"为姓，自称"方外""释子"，离弃父母家室，标榜"不敬王者"，但却居"王土"，食粮穿衣，万民与国争利。这样，在中国封建社会中形成了一种新的矛盾——朝廷与教团、名教与佛法、世俗地主与僧侣地主、僧侣地主与农民之间的矛盾。东晋时期佛寺空前增加，从此，伴随着佛教的发展，这些矛盾也日益暴露、激化了。[1]

---

[1] 任继愈主编：《中国佛教史》第二卷，中国社会科学出版社1985年版，第579—580页。

保持僧团的纯洁性，保证佛教在中国的健康发展，必须用严格的戒律僧制对僧团加以规范管理。面对当时律藏不全、戒律传译滞后的局面，僧众中的一些有识之士为了追本溯源，获得系统的经律论三藏典籍，开始了西行求法的历程。据《历代求法翻经录》记载，自魏至南北朝，西行求法者有朱士行、竺叔兰、竺法护、宝云、智猛、法显、惠生等。正是在道安、法显、鸠摩罗什等人的努力下，到了南北朝，戒律在中国的传译有了空前的发展。据记载，从412年至423年，《四分律》六十卷、《十诵律》六十一卷、《摩诃僧祇律》四十卷、《五分律》四十卷依次译出；489年上座部《善见律毗婆沙》十八卷译出；到568年，犊子部的《律二十二明了论》一卷也译出。在诸小乘戒律传译的同时，大乘戒律也开始广泛传播。在中国大乘戒律的传译方面，昙无谶（385—433）的贡献非常卓著，他先后译出《瑜伽师地论》《菩萨地持经》《优婆塞戒经》《菩萨戒优婆塞戒坛文》等一系列有关大乘戒的典籍。其中《菩萨戒本》《优婆塞戒经》在南北朝传播最为广泛。大小乘戒律的译出，使中国戒律典籍大体趋于完备，为中国僧团的规范化管理和健康发展奠定了坚实的基础。

　　同时我们也应该看到，大小乘戒律以这样大的规模和速度集中涌入，实际上还反映了南北朝时期佛教僧团内部关系的复杂化，以及僧团组织管理所据制度的欠缺。古印度佛教的三衣一钵、日中一食、雨季安居、云游乞食等制度与中国小农经济的生产生活方式不适应；寺院农耕、商业、工业、高利贷等生产经营职能的发达，使寺院僧团中各种关系日益复杂，单纯的戒律已不能适应僧团的发展。加上前面分析的寺院僧团与国家政治经济之间的矛盾日益凸显，使得肇始于道安的中国化僧制的创制，在律藏传译完备之后不仅没有停止，而且在封建政权的直接干预下得到进一步发展。

　　北朝，早在北魏立国之初即有僧制之立，孝文帝太和十七年（493）曾"诏立僧制四十七条"①，其后还有高肇请旨将违律都维那送昭玄依僧律处置，王澄奏请将擅造寺者依僧制科治的记载，② 可见僧制四十七条在一定范围内得到实施。永平元年（508），宣武帝诏曰："緇素既殊，法律亦异。故道教彰于互显，禁劝各有所宜。自今已后，众僧犯杀人已上罪者，仍依俗断，余悉付昭

---

① （北齐）魏收：《魏书》卷一百一十四，中华书局1975年版，第3042页。
② 同上书，第3039页。

玄，以内律僧制治之。"① 将僧众违法以内律治罪的适用范围缩小至杀人以下罪。翌年又"与经律法师群议立制"，禁止僧尼私蓄八不净物；藉三宝之出贷私财；敕命"不安寺舍、游止民间、乱道生祸"者，皆"脱服还民"②。从内容上看，这是一部以政府名义颁发的僧制，但僧制同时又明文规定"僧尼之法，不得为俗人所使"③，可见依旧属于"内律"的。孝明帝时，律学大师慧光曾依仁王般若波罗蜜经制仁王七诫、僧制十八条，今皆佚失不传。南朝梁武帝曾"晚于华光殿设会，众僧大集，后藏方至。帝曰：'比见僧尼多未调习，白衣僧正，不解科律，以俗法治之，伤于过重，弟子暇日，欲自为白衣僧正，亦依律立法。此虽是师之事，然佛亦付嘱国王。'"④ 也说明了当时僧团的组织管理混乱，急需依法整顿，但是俗法又不适用于僧尼，因此才有依戒律重新立法，也就是"依律立法"的必要性。因此梁武帝"以律部繁广，临事难究，听览余隙，遍寻戒检，附世结文，撰为一十四卷，号曰《出要律仪》。以少许之词，网罗众部，通下梁境，并依详用"⑤。此后还有《广弘明集》卷二十八记载的梁简文帝撰《八关斋制序》十条，用以规范僧俗斋戒期间的行为⑥，也是"俗施僧制"⑦ 的又一次尝试。

总之，南北朝时期，佛教律典渐次传译，佛教戒律成为僧团管理制度的主要宗范。封建统治者对佛教戒律和僧团的管理十分重视，开始用政权干涉僧团的自治，进入"依律立法""俗施僧制"的时期。这一时期僧团组织管理已经成为一种政府行为，由封建统治者本人或者任命僧官，参照佛教戒律制定具有法律效力的僧制，但僧制内律"不许俗看"。形式上僧团仍旧沿用"僧人用内律，非全依国法"的自治，但此时僧团自治程度与道安时期相比已经大大下降。

---

① （北齐）魏收：《魏书》卷一百一十四，中华书局 1975 年版，第 3040 页。
② 同上书，第 3040—3041 页。
③ 同上书，第 3041 页。
④ （唐）释道宣：《续高僧传》卷五，《大正藏》第 50 册，台湾新文礼出版公司 1983 年影印版，第 466 页。
⑤ （唐）释道宣：《续高僧传》卷二十一，《大正藏》第 50 册，台湾新文礼出版公司 1983 年影印版，第 607 页。
⑥ （唐）释道宣：《广弘明集》，《大正藏》第 52 册，台湾新文礼出版公司 1983 年影印版，第 2103 页。
⑦ （宋）赞宁：《宋僧史略》，《大正藏》第 54 册，台湾新文礼出版公司 1983 年影印版，第 241 页。

四　隋开皇十五年的《众经法式》与南北朝僧制的区别

589年，隋朝灭陈，建立起统一的中央集权封建制国家，结束了魏晋以来近三百年的分裂割据局面。隋文帝杨坚采取了一系列"休养生息"的政策，"二十年间，天下无事，人物殷阜，朝野欢娱"①，至隋炀帝大业五年（609）有"户八百九十万七千五百四十六，口四千六百一万九千九百五十六"②。这样的社会经济环境为佛教发展提供了良好契机，加上隋文帝幼年曾有过寄养佛寺的经历，使他较深刻地认识到佛教是有助王化的思想工具，更进一步为佛教发展提供了宽松的政治环境。

隋文帝在位期间，曾广建寺塔，据唐法琳《辩证论》卷三记载："自开皇之初（581），终于仁寿之末（604）……海内诸寺，三千七百九十二所。"③"开皇元年（581），高祖普诏天下，任听出家"④，对度僧完全不加限制。因此，隋朝僧团规模加速扩大。据《续高僧传》记载，"开皇十年（590）敕僚属等，有乐出家者，并听。时新度之僧乃有五十余万"⑤。至炀帝时，又新度"僧尼一万六千二百人"⑥，佛教僧团重新成为一股巨大的社会力量。隋朝寺院经济也相当发达，如《续高僧传》中记载的禅清寺"水陆庄田，仓廪碾硙，库藏盈满"，"京师殷有，无过此寺"。⑦

隋朝统治者在大力扶植佛教的同时，对佛教的寺院僧团管理也较南北朝时更加成熟和完备。具体而言，隋朝对佛教的管理体现在两方面，首先是通过完善僧官制度，加强对佛教僧团的全面治理。根据谢重光、白文固所著的《中国僧官制度史》，僧官体系在隋文帝时达到全盛，当时不仅机构完备，权力巨大，

---

① （唐）魏徵等：《隋书》卷二十三，《四库全书》第264册，上海古籍出版社1989年版，第48页。
② （唐）魏徵等：《隋书》卷二，中华书局1975年版，第808页。
③ （唐）法琳：《辩证论》卷三，《大正藏》第52册，台湾新文礼出版公司1983年影印版，第274页。
④ （唐）魏徵等：《隋书》卷三十五，中华书局1975年版，第1099页。
⑤ （唐）释道宣：《续高僧传》卷十，《大正藏》第50册，台湾新文礼出版公司1983年影印版，第501页。
⑥ （唐）法琳：《辩证论》卷三，《大正藏》第52册，台湾新文礼出版公司1983年影印版，第509页。
⑦ （唐）释道宣：《续高僧传》卷二十九，《大正藏》第50册，台湾新文礼出版公司1983年影印版，第679页。

而且僧官素质较高，责任明确，负责纯教学任务的僧官也应运而生，标志着中国僧官制度的定型。隋代之后，僧官制度基本以隋代僧官体系为范式，其间略有差异。僧官系统的最高机构是崇玄署，僧尼的僧籍、度僧、试僧、沙汰以及僧官的选拔和任免等一律由其负责，寺院僧团的行政、人事、经济、法务监督等权力被政府全部垄断。

其次，还有僧制的创新。开皇十五年，隋文帝因为"僧尼时有过失，内律佛制不许俗看"①，命人制《众经法式》十卷约束僧尼，这是我国历史上第一次依法治教的尝试，也是唐代宗教法典《道僧格》出现的前奏。南北朝时期的僧制虽然也多由统治者制定并且具有法律效力，但是它的适用对象是僧尼，监督实施者是寺院僧官。《众经法式》则超越了"内律佛制"的范畴，成为约束僧尼，并且由官府监督实施的一般法。遗憾的是《众经法式》早已佚失，其具体内容和实施情况都因为缺乏史料记载而无法考证。

五　唐《道僧格》的制定以及"权依俗法""宜依条制"的过渡

关于《道僧格》的制定和颁布实施，前文已有叙述。贞观九年（635），沙门玄琬上遗表奏请僧尼犯罪依僧律，不与百姓同科，得到唐太宗的许可，于贞观十年（636）命人"依附内律，参以金科"②，创制《道僧格》并且颁布实施。然而在《道僧格》颁布初期，大约实施效果并不理想，或者是因统治者自身也并不重视这部宗教法典，贞观十三年（639），唐太宗又下诏颁发《佛遗教经》予五品以上官宦及各州刺史各一部，以此为准则查勘僧尼戒行③。到了唐高宗永徽六年（655），曾一度废除《道僧格》，敕命"道士、僧等犯罪，情难知者，可同俗法推勘"④。显庆元年（656）五月，玄奘在病危之际上书请求恢复僧道法，得到允许，《道僧格》重新被启用。

日本《僧尼令》最早出现于701年的《大宝律令》中，这说明685年修订

---

① （元）释觉岸：《释氏稽古略》卷二，《大正藏》第49册，台湾新文礼出版公司1983年影印版，第809页。
② （唐）释道宣：《广弘明集》卷二十八，《四库全书》第1048册，上海古籍出版社1989年版，第736页。
③ （清）董诰等编：《全唐文》卷九，中华书局1983年影印版，第109页。
④ （唐）慧立、彦悰：《大唐大慈恩寺三藏法师传》卷九，《大正藏》第50册，台湾新文礼出版公司1983年影印版，第270页。

的《垂拱格》仍然包含《道僧格》。而《唐会要》卷五十记载："开元二十九年正月（741），河南采访使汴州刺史齐澣奏：'伏以至道冲虚，生人宗抑，未免鞭挞，孰赡仪型。其道士、僧尼、女冠等有犯，望准《道格》处分。所由州县官，不得擅行决罚。如有违越，请依法科罪。'"①从这一段记载来看，开元二十九年《道僧格》依旧存在，只是并没有被认真执行。玄宗朝的《开元新格》的修订时段是737—744年，正是河南刺史奏请僧尼有犯准《道僧格》处分的时间，可以推断出《开元新格》中也包含《道僧格》。之后天宝四年（745）颁布《天宝格》，虽然玄宗采取了一系列抑佛政策，但是既然《开元新格》没有废除《道僧格》，应该也不会在修订《天宝格》时废除《道僧格》。当然这一点目前还无史料可以佐证。总之，《道僧格》从贞观十年施行起一直延续到天宝三年（744）《天宝格》颁布。中间永徽六年一度停止施行，于显庆元年五月重新恢复。745年之后的唐格是否还保存了《道僧格》，目前无法确定。

从《道僧格》的制定和实施情况来看，《道僧格》作为唐代正式的宗教法典，在有唐一代虽然存续时间较长，但是其实施效果和被重视程度并不十分理想。唐太宗时曾颁发《佛遗教经》和《道僧格》共同作为勘察僧尼过失的依据，高宗甚至一度废止《道僧格》，下诏全依俗法管理僧道。但是从玄奘法师和河南刺史齐澣的奏文来看，《道僧格》被僧团和信徒广泛接受，并且开始致力于维护《道僧格》的法律权威，以维护僧尼在法律上享有的特权。

第三节　《众经法式》考证

郑显文在《唐代律令制研究》一书中说："《道僧格》是中国古代第一部由国家制定的具有强制约束力的宗教法典，是唐代国家法律与佛、道教戒律相结合的产物。"②那么，开皇十五年制定的《众经法式》又是什么性质的法规呢？唐代"律令格式"四者并行的法律体系源自隋，假如《众经法式》的"式"的含义就是"律令格式"四种法律形式之一的"式"，那么是否就证明中国第一

---

① （宋）王溥：《唐会要》卷五十，上海古籍出版社2006年版，第1013页。
② 郑显文：《唐代律令制研究》，北京大学出版社2004年版，第308页。

部宗教法典是《众经法式》，而并非《道僧格》呢？在这里，我们需要对《众经法式》做一些考证。

一 "式"的历史渊源

隋朝虽然只存续了短短37年，但受魏晋南北朝时期频繁立法的影响，隋文帝和隋炀帝都十分重视通过编撰颁布律法来维护自己统治的正统地位。隋朝颁布的律有《开皇律》和《大业律》，令有《开皇令》《大业令》。有关颁修格、式的记载极少，但是根据《隋书·经籍志》隋朝"律、令、格、式"并行的记载，隋朝曾经编撰过格和式。《隋书·炀帝纪》称，大业四年（608），炀帝颁新格于天下，可以推知大业年间曾多次颁修式，只是其内容和篇目都和隋朝其他形式的法律一样，已鲜有流传了。

式早在秦代便存在，从秦代的《封珍式》到汉代的"品式章程"，到西魏文帝的《大统式》，式的性质和特点是随着历史发展而有所变化的。秦式的适用范围十分广泛严密，《史记》曾评价秦代法网严密，"皆有法式"①，西魏文帝时的《大统式》则是作为法典存在。因此，式的内容和性质，很难有一个统一的确定界定，通常是与一定的历史环境和国情相联系的。学术界通常根据唐式的特点，将式的性质定义为行政法规，内容定义为办公细则和公文程式。如《新唐书·刑法志》所云"式者，其所常守之法也"②，就是就此而言。

二 "法式""众经""有司"

隋代《众经法式》的编撰，《历代三宝记》是这样记载的："至十五年，以诸僧尼时有过失，内律佛制不许俗看，遂敕有司依大小乘众经正文诸有禁约沙门语处，悉令录出，并各事别，题本经名，为此十卷奖导出家，遏恶弘善。"③《续高僧传》的记载略有不同："至开皇十五年，文皇下敕，令翻经诸僧撰众经

---

① 张大可：《史记新注》卷六，华文出版社2000年版，第116页。
② （宋）欧阳修、宋祁：《新唐书》卷五十六，中华书局1975年版，第1407页。
③ （隋）费长房：《历代三宝记》卷十二，《大正藏》第49册，台湾新文礼出版公司1983年影印版，第108页。

法式，时有沙门彦琮等，准的前录结而成之。一部十卷。奏呈入内。"①

从《史记》所云"皆有法式"来看，"法式"指的就是《封珍式》的"式"。"式"是"法式"的简称，意为法度、制度、标准格式。"法式"一词，更早出现在《管子·明法解》中："案法式而验得失，非法度不留意焉。"② 到了唐代，"法式"依旧和"式"并用，《旧唐书·突厥传下》云："卿早归阙庭，久参宿卫，深感恩义，甚知法式，所以册立卿等各为一部可汗。"③ 因此，笔者认为，《众经法式》的"法式"，即"律令格式"的"式"。

"众经"一词，多出自佛教经籍目录。也称"众经目录""内典录""释教录"等。佛教传入中国后，历朝历代都有编撰经录的记载。如西晋早期，法护撰《众经目录》，东晋道安撰《综理众经目录》，梁天监十四年（515）宝唱撰《梁世众经目录》（简称《宝唱录》），北魏李廓撰《魏世众经目录》，北齐沙门统法上撰《齐世众经目录》等。隋开皇十四年，法经等撰《大隋众经目录》7卷；仁寿二年（602），彦琮撰《众经目录》（简称《彦琮录》）5卷；唐贞观（627—649）初年，玄琬撰《众经目录》5卷。

按照《历代三宝记》的说法，隋文帝命"有司"依大小乘众经禁约沙门语处撰《众经法式》，那么这里的"有司"又是什么含义呢？《仪礼注疏》卷一对"有司"的注释是："群吏有事者，谓主人之吏，所自辟除，府史以下，今时卒吏及假吏是也。"④ 也就是主管一定事务的小官吏。这样的解释和《续高僧传》中的记载并不矛盾，当时沙门彦琮负责佛经翻译，就是主管佛经翻译的"有司"。由此可见，《众经法式》是从众经中辑录并分类禁约沙门之语而成的法式，《众经法式》是一部适用于僧尼的法律法规。

三 《众经法式》的性质

笔者判断《众经法式》是隋代适用于僧尼的宗教法典，主要有四个方面的

---

① （唐）释道宣：《续高僧传》卷二，《大正藏》第50册，台湾新文礼出版公司1983年影印版，第436页。
② 石一参：《管子今译》，中国书店1988年影印版，第351页。
③ （后晋）刘昫等：《旧唐书》卷一百九十四，中华书局1975年版，第5183页。
④ （汉）郑玄注，（唐）贾公彦疏：《仪礼注疏》卷一，《四库全书》第102册，上海古籍出版社1989年版，第107页。

依据。第一,《众经法式》像律一样,"法自君出",由隋文帝诏令编撰,符合古代立法的基本特征和先决条件;第二,《众经法式》同隋律一样具有普遍的法律约束效力。《众经法式》和南北朝时期的僧制最大的区别就是,僧制属于内律佛制,不许俗人所看所使,而隋文帝颁布《众经法式》的初衷就是为了改变这种"诸僧尼时有过失,内律佛制不许俗看"[①]的弊端,编撰《众经法式》为主管僧尼事务的机构和官吏提供了勘察僧尼过失的依据,它属于常规法、公开法,不再是僧制和内部法规;第三,法典必须是规范人们行为的准则,令行禁止,不得违越。《众经法式》就是强制规范性法规,适用对象是出家僧尼;第四,法典须是执法、司法的准则,如有违犯要受到司法的或行政的处罚,这是最难确定的一部分。从唐式的内容来看,唐式主要是办公细则和公文程式,不包含"定罪量刑"[②]的内容。这是否能说明《众经法式》也是细则性的法规和公文程式,而没有处罚性条文和内容呢?笔者认为不是。隋文帝颁布《众经法式》的目的在于"奖导出家,遏恶弘善",显然是既包括制度性法规,也包括量刑定罪的惩罚性法规,否则就不会用"法式"来命名。而且南北朝时期的僧制中已经有"还配本属""各罢还俗""移五百里外为僧""依僧律治罪"[③]等处罚性规定,《众经法式》作为官府勘察僧尼过失的依据,也必然包含惩罚性条文,只是由于史料缺失,我们无法得知其刑罚的方式以及量刑标准。

综上所述,笔者认为,《众经法式》是隋文帝时期颁布的适用于僧尼的一部一般法,它比唐代《道僧格》的出现时间更早,因此,《众经法式》才是我国历史上第一部宗教法典,从隋文帝开始,已经进入依宗教法治教的阶段。

四 《道僧格》与《众经法式》的联系

李唐建国之初,唐承隋制,隋代的行政体系、法律体系基本上都被唐所延续。那么适用于僧尼的宗教法典《众经法式》是否在《道僧格》出现前也被唐政府沿用了呢?从贞观九年(635)沙门玄琬临终上遗表请求沙门犯罪依僧律,不与百姓同科,唐太宗"嘉纳焉"而命人制《道僧格》一事看,此前僧道犯法

---

① (隋)费长房:《历代三宝记》卷十二,《大正藏》第49册,台湾新文礼出版公司1983年影印版,第108页。
② 钱大群:《唐律研究》,法律出版社2000年版,第15页。
③ (北齐)魏收:《魏书》卷一百一十四,中华书局1975年版,第3040—3043页。

似乎是完全依俗律治罪的。然而，从唐建国（618）到贞观十年《道僧格》颁布间，也有过关于制定僧道法的记载。唐高祖武德九年（626）五月曾下"沙汰佛道诏"云：

> 诸僧、尼、道士、女冠等，有精勤练行、守戒律者，并令大寺观居住，给衣食，勿令乏短。其不能精进、戒行有阙、不堪供养者，并令罢遣，各还桑梓。所司明为条式，务依法教，违制之事，悉宜停断。京城留寺三所，观二所。其余天下诸州，各留一所。余悉罢之。①

但是由于玄武门事件的波及，诏书中的"沙汰"和"明为条式"等都没有实施。分析"所司明为条式"这句话，可以得出这样的结论：隋朝《众经法式》在唐初依旧有一定影响力，因此唐高祖才会沿袭隋制，尝试立新"式"约束僧道。

《唐会要》对唐高祖沙汰僧尼事件的记载，还有这样一句话："至六月四日敕文：'其僧尼、道士、女冠，宜依旧定。'"② 这里所说的"旧定"指的又是什么呢？五月要求制定"条式"的诏书并没有实施，因此显然不是指"条式"。唐朝的立法以武德元年编撰的《武德新格》五十三条为开端，到武德九年这一敕文发布为止，已经制定并且颁行的法律只有《武德律》十二卷、《武德令》三十卷和《武德式》十四卷。根据有文献传世的《永徽律》内容和唐令篇目来分析，《武德律》和《武德令》中都不可能有专门禁约僧道的独立篇目。如果《武德式》中有类似《众经法式》的独立篇目的话，唐高祖则不会在"沙汰僧道诏"中要求"所司明为条式"，由此可以推知，《武德式》中也没有专门的约束僧道的篇目。

笔者认为，六月四日敕文"僧尼、道士、女冠，宜依旧定"提到的"旧定"应该就是隋朝的宗教法典《众经法式》，而此时由于改朝换代，《众经法式》从适用于僧尼的具有普通法性质的宗教法典变成了暂时适用于僧尼、道士、女冠的临时法规。从沙门玄琬的遗表内容看，《众经法式》在唐初虽然依旧存

---

① （后晋）刘昫等：《旧唐书》卷一，中华书局1975年版，第17页。
② （宋）王溥：《唐会要》卷四十七，上海古籍出版社2006年版，第979页。

在，但是不被重视，僧道犯法基本上还是用俗律治罪，直到《道僧格》制定颁布。

唐太宗贞观十年命人"依附内律，参以金科"而制《道僧格》，是在对《众经法式》的继承基础上的创新和超越。作为宗教法，《众经法式》一部十卷，内容繁杂细密的特点，使其在执行和法律效力上远不如内容清晰简练的《道僧格》。《道僧格》在刑种设置，审判权限界定，量刑标准方面，都具有很强的逻辑性和科学性，是宗教立法走向成熟和完善的标志。

第三章

《道僧格》复原

第二章考证了《道僧格》的存在、成文年代和存续时间等，从上一章的内容我们知道，《道僧格》是我国唐代的宗教法典，也是我国依法管理宗教走向成熟的标志。它对了解唐代宗教管理和唐代法律都有重要的意义。要想了解《道僧格》的面貌，首先必须对《道僧格》进行复原。

第一节 复原的依据

一 日本《养老令·僧尼令》条文及其注书《令集解》

日本律令最著名的注释书有两部，一是清原夏野奉天皇敕命为了统一令文而编撰的《令义解》，此书编撰于天长十年（833），施行于天长十一年（834）；二是惟宗直本集诸说而编撰的《令集解》四十卷，成书于868—902年之间。《令集解》引用了许多令文的注释书和学说，如《大宝令》的注释"古记"、养老令的注释"令释""迹记""穴记""义解""赞记""朱说"等。日本《养老令·僧尼令》（后简称《僧尼令》）及其注书《令集解·僧尼令》《令义解·僧尼令》中保存的原始《道僧格》的内容最为丰富，是复原唐代《道僧格》的主要依据。《令集解》共保存了二十七条《僧尼令》原文，其中关于寺院经济的有三条；关于僧尼管理的有十二条；关于违背僧制的处罚规则有七条；关于违反法律的处罚规则有五条。除此之外，《令集解》还记录了详细的刑罚执行细则。在唐代《道僧格》散佚的情况下，为我们复原和深入研究唐代的宗教法典提供了宝贵的依据。

二 戒律、僧制及唐代律、令、式中的相关条文

唐代《道僧格》的制定是"依附内律,参以金科"而成的,因此对《道僧格》的复原首先要对当时依据的"内律"和"金科"有大致的了解。"金科",也就是相关的律、令、格、式等法律条文,第二章已经对唐代律、令、式的相关条文做了辑录,可以直接作为复原《道僧格》的参考文献。"内律"指佛教的戒律和政府管理僧团的僧制。《魏书·释老志》云:"自今已后,众僧犯杀人已上罪者,仍依俗断,余犯悉付昭玄,以内律僧制治之。"① 在隋以前,僧尼违法犯罪,基本上是依照内律僧制而不是世俗法律进行处罚的。隋朝《众经法式》一部十卷,将大小乘戒律约束僧尼的内容都辑录分类作为法规,应该极为细密烦琐,这对保持僧团纯洁性无疑具有一定效力,但是作为一部法典,其条文烦琐必然为量刑定罪和司法执行带来不便。《道僧格》的条文相对简洁,而且作为佛教和道教共同的法典,所依据的戒律以佛道共同信奉的基本五戒为主,加上一部分和当时政治经济关系紧密、封建政府比较重视的大乘戒。僧制虽然历朝历代都有发展,但是多半已佚失,仅《魏书·释老志》中有一部分僧制的引文。郑显文在《唐代律令制研究》一书中将《僧尼令》与"僧制四十七条"内容做了列表对照,发现二者内容有很大重合,说明僧制的发展也有历史继承性,是各朝各代管理佛教的经验的积累。因此,散落在史料中的僧制也可以成为我们复原唐代《道僧格》的依据。

三 前人的复原成果

对《道僧格》进行过复原,有日本学者诸户立雄和国内学者郑显文、周奇等。他们的研究成果对本节的复原研究有重要的参考价值,现将他们的复原条文加以对比和分析,希望能在前人的基础上有所突破。

由于日本的《大宝律令》和《养老律令》都是以永徽律令为蓝本的,而我们前面辑录的唐代律、令、式中的佛教相关资料也多半出自永徽时期的律令,因此我们依据《僧尼令》和《唐律疏议》等史料复原的《道僧格》也只能是接近永徽时期的《道僧格》。《僧尼令》二十七条令文之间不存在逻辑性,但是由

---

① (北齐) 魏收:《魏书》卷一百一十四,中华书局1975年版,第3040页。

于《僧尼令》是我们复原道僧格的主要依据，依旧按照《僧尼令》条文的顺序逐条复原，然后再根据条文内容调整顺序，使其具有逻辑性。

第二节　复原条文

（1）观玄象条复原为：凡道士、女官、僧尼，上观玄象、假说灾祥、语及国家、妖惑百姓及习读兵书、杀人奸盗、诈称得圣道者，付官司依律科罪。狱成者，虽会赦，犹还俗。

【根据一】《僧尼令》"观玄象条"：

> 凡僧尼上观玄象；假说灾祥，语及国家；妖惑百姓；并习读兵书、杀人、奸、盗；及诈称得圣道，皆还俗。并依法律付官司科罪。①

【根据二】《令集解》卷七：

> 案《道僧格》："犯诈称得圣道等罪狱成者，虽会赦，犹还俗。"②
> 僧尼诈称得圣道等者，罪虽轻，尤还俗……若重者，仍依以告牒当之法也。③

【根据三】《唐律疏议》卷九"私有玄象器物条"：

> 诸玄象器物，天文、图书、谶书、兵书、七曜历、太一、雷公式，私家不得有。④

【根据四】《唐律疏议》卷十八"造妖书言条"：

---

① 《令集解》卷二，[日]《新订增补国史大系》卷二十三，吉川弘文馆刊行，1965年版，第81页。
② 《令集解》卷七，[日]《新订增补国史大系》卷二十三，吉川弘文馆刊行，1965年版，第211页。
③ 同上。
④ 刘俊文：《唐律疏议笺解》卷九，中华书局1996年版，第763页。

诸造妖书及妖言者，绞。①

【根据五】《唐律疏议》卷二十五：

诸诈为瑞应者，徒二年。若灾祥之类，而史官不以实对者，加二等。②

注：若诈言麟凤龟龙，无可案验者，从"上书诈不以实"，亦徒二年。"若灾祥之类"，灾谓祲沴，祥谓休徵。"史官不以实对者"，谓应凶言吉，应吉言凶，加二等，徒三年。③

【根据六】《唐大诏令集》卷一百一十三"禁僧道卜筮制"：

敕：左道疑众，王制无赦；妖言蠹时，国朝犹禁。且缁黄之教，本以少思寡欲也；阴阳者流，所以教授人时也。而有学非而辨，性狎于邪；辄窥天道之远，妄验国家之事。仍又托于卜筮、假说灾祥，岂直闾阎之内，恣其狂惑；兼亦衣冠之家，多有厌胜。将恐寝成其俗，以生祸乱之萌……宜令所司，举旧条处分。④

唐律对于私藏或者编造记述天象的天文书、预言吉凶的谶书、言怪力乱神之书等的处罚极重，这是由于在专制愚昧的封建社会，这一类书籍器物具有很大的神秘性和煽动性，容易被各种野心家、叛乱者乃至农民起义所利用，作为鼓动人心、颠覆政权的工具，因此被历朝历代统治者所深深忌讳。而从事宗教活动的僧尼道士又是专门和超自然的神佛打交道的，因此《道僧格》中有关禁止僧道观玄象、卜吉凶、预言祸福的条文所占比重较多。

(2) 卜相吉凶条复原为：凡道士、女冠、僧尼等卜相吉凶，及以巫术疗病者，皆还俗；依佛法道术符咒救疾者，不在禁限。

---

① 刘俊文：《唐律疏议笺解》卷十八，中华书局1996年版，第1329页。
② 刘俊文：《唐律疏议笺解》卷二十五，中华书局1996年版，第1741页。
③ 同上。
④ （宋）宋敏求编：《唐大诏令集》卷一百一十三，华东政法学院法律古籍整理研究所点校，学林出版社1992年版，第537页。

【根据一】《僧尼令》"卜相吉凶"条：

　　凡僧尼卜相吉凶，及小道、巫术、疗病者，皆还俗；其依佛法持咒救疾，不在禁限。①

【根据二】《唐六典》卷四"祠部郎中"条：

　　若服俗衣及绫罗、乘大马、酒醉、与人斗打、招引宾客、占相吉凶、以三宝物饷馈官僚、勾合朋党者，皆还俗。②

【根据三】《全唐文》卷九百六十六"太和四年祠部奏"：

　　其僧尼有不依典教，兴贩经纪，行船驾车擅离本寺于公衙论竞，及在俗家夜结戒坛、书符禁咒、阴阳术数、占相吉凶、妄陈祸福，既亏释教，与俗无殊。自今以后，切加禁断。③

【根据四】《唐会要》卷五十：

　　永徽四年四月敕："道士僧尼等，不得为人疗疾及卜相。"④

【根据五】郑显文复原条文：

　　凡道士、僧尼等卜相吉凶，及左道、巫术、疗疾者皆还俗；其依佛法持咒救疾，不在禁限。⑤

这一条文和"观玄象条"内容有所重合，"观玄象"更侧重于"假说灾祥""语及国家""妖惑百姓"的煽动社会动乱的政治事件，"卜相吉凶条"则侧重

---

① 《令集解》卷二，［日］《新订增补国史大系》卷二十三，吉川弘文馆刊行，1965年版，第81页。
② （唐）李林甫等：《唐六典》卷六，陈仲夫点校，中华书局1992年版，第126页。
③ （清）董诰等编：《全唐文》卷九百六十六，中华书局1983年影印版，第10032页。
④ （宋）王溥：《唐会要》卷五十，上海古籍出版社2006年版，第1028页。
⑤ 郑显文：《唐代律令制研究》，北京大学出版社2004年版，第300页。

"卜相吉凶""巫术疗病"等危及个人生命和健康的欺骗性行为。周奇认为"其依佛法持咒救疾，不在禁限"一句没有相关史料佐证，无法确定是否出自《道僧格》①。笔者认为，唐代密教大规模传入，各种密教真言在皇室和社会上流行，道教符咒也同样被各阶层信徒信奉，完全禁止僧道使用符咒是难以做到的，因此这一条文应该属于《道僧格》。

（3）自还俗条复原为：凡道士、女冠、僧尼自还俗者，听之。其告牒勒本寺纲维当日送祠部，其余诸州府勒本州申送，以凭注毁。若三纲及师主隐而不申者，三十日以上，五十日苦使；六十日以上，百日苦使。

【根据一】《僧尼令》"自还俗条"：

> 凡僧尼自还俗者，三纲录其贯属，京经僧纲目。自余经国司，并申省除附。若三纲及师主隐而不申，卅日以上，五十日苦使；六十日以上，百日苦使。②

【根据二】《全唐文》卷七十四"条流僧尼敕"：

> （文宗）且僧尼本律科戒甚严，苟有违犯，便勒还俗。若有自愿还俗者，官司不须立制。③

【根据三】《全唐文》卷九百六十六"太和四年祠部请申禁僧尼奏"：

> 僧尼身死及还俗者，其告牒勒本寺纲维当日封送祠部。其余诸州府勒本州申送，以凭注毁。④

【根据四】周奇复原本条为：

---

① 周奇：《唐代宗教管理研究》，博士学位论文，厦门大学，2005年，第31页。
② 《令集解》卷二，[日]《新订增补国史大系》卷二十三，吉川弘文馆刊行，1965年版，第81—82页。
③ （清）董诰等编：《全唐文》卷七十四，中华书局1983年影印版，第778页。
④ （清）董诰等编：《全唐文》卷九百六十六，中华书局1983年影印版，第10032页。

诸道士女冠僧尼还俗者，其告牒勒本寺纲维，当日封送祠部。其余诸州府勒本州申送，以凭注毁。（后不详）①

本条是关于出家后自愿还俗的审批和手续规定，郑显文将此条和《僧尼令》第二十四"出家条"融合在一起做了复原。笔者认为，强制还俗是《道僧格》的特殊刑罚之一，适用于违法僧尼，因此，自愿还俗不应该与"还俗条"或者"出家条"相合并。自愿还俗，牵涉的问题只有告牒注毁，以及户籍还配原籍的手续，因资料不全，无法完整复原该条。

（4）三宝物条复原为：凡道士、女冠、僧尼以三宝物饷馈官僚，扰乱徒众，勾合朋党者，皆还俗；毁骂三纲、凌突长宿者，皆苦使。

【根据一】《僧尼令》"三宝物条"：

凡僧尼将三宝物饷馈官人、若合构朋党、扰乱徒众及辱骂三纲、凌突长宿者、百日苦使。若集论事、辞状正直、以理陈谏者、不在此列。②

【根据二】《唐六典》卷四"祠部郎中员外郎"条：

凡道士、女道士以三宝物饷馈官僚、勾合朋党者，皆还俗；若毁骂三纲、凌突长宿者，皆苦役也。③

【根据三】诸户立雄复原为：

诸道士、女冠、僧尼以三宝物饷遗官人、勾合朋党者，皆还俗。及辱骂三纲、凌突长宿者，苦使。④

《僧尼令》的"三宝物条"和《唐六典》卷四"祠部郎中员外郎"的内容极为接近，因此可以断定"三宝物条"源自《道僧格》，此条文复原的主要依

---

① 周奇：《唐代宗教管理研究》，博士学位论文，厦门大学，2005年，第31页。
② 《令集解》卷二，[日]《新订增补国史大系》卷二十三，吉川弘文馆刊行，1965年版，第82页。
③ （唐）李林甫等：《唐六典》卷四，陈仲夫点校，中华书局1992年版，第126页。
④ [日]诸户立雄：《中国佛教制度史研究》，平河出版社1990年版，第49页。

据就是《唐六典》的"祠部郎中员外郎"条。后半句"若集论事，以理陈谏者，不在此限"找不到相关史料佐证，无法确定是否源自《道僧格》，因此笔者复原时将此句删除。

（5）非寺院条复原为：诸道士、女冠、僧尼擅离寺观、别立道场、聚众教化及妄说罪福、殴击长宿者，皆还俗。所由官司知而不禁者，依律科罪。其乞余物者，百日苦使。

【根据一】《僧尼令》"非寺院条"：

> 凡僧尼非在寺院，别立道场，聚众教化，并妄说罪福，及殴击长宿者，皆还俗。国郡官司知而不禁止者，依律科罪。其有乞食者，三纲、连署、经国、郡司勘知精进练行者，判许。京内仍经玄蕃知，并须午以前捧钵告乞。不得因此更乞余物。①

《令集解》引唐《道僧格》："乞余物，准僧教化论。"②

【根据二】《魏书·释老志》：

> ……有不安寺舍，游止民间，乱道生祸，皆由此等。若有犯者，脱服还民。③

【根据三】《唐大诏令集》卷一百一十三"诫励僧尼敕"：

> 或出入州县，假托威权；或巡历乡村，恣行教化；因其聚会，便有宿宵……六时礼忏，须依律议，午夜不行，宜守俗制。④

【根据四】《全唐文》卷二十一"禁百官与僧道往还制"：

---

① 《令集解》卷二，［日］《新订增补国史大系》卷二十三，吉川弘文馆刊行，1965年版，第82—83页。
② 《令集解》卷八，［日］《新订增补国史大系》卷二十三，吉川弘文馆刊行，1965年版，第221页。
③ （北齐）魏收：《魏书》卷一百一十四，中华书局1975年版，第3041页。
④ （宋）宋敏求编：《唐大诏令集》卷一百一十三，华东政法学院法律古籍整理研究所点校，学林出版社1992年版，第542页。

如闻百官家多以僧尼、道士等为门徒往还，妻子等无所避忌。或诡迁禅观，妄陈祸福；事涉左道，深教大猷。自今以后，百官家不得辄容僧尼、道士等至家。缘吉凶要须设斋，皆于州县陈牒寺观，然后依数听去。仍令御史、金吾明加捉搦。①

【根据五】《册府元龟》卷六十三"捉搦僧尼道士与百姓家往还诏"：

僧尼道士等，先有处分，不许与百姓家还往。闻近日仍有犯者，宜令州县捉搦，勿使更然。②

僧尼擅离寺院，游止民间，妄陈吉凶，聚众教化，是造成社会不安定的一大隐患，从《魏书·释老志》的记载看，历朝历代统治者对此都有禁约。唐代更是多次诏令禁断，因此《道僧格》中必然有相关条文和规约。

唐代法律曾详细规定了一些有关僧侣迁徙的特别条款："道士、女官、僧、尼，见天子必拜，凡止民家，不过三夜。出逾宿者，立案连署，不过七日，路远者州县给程。"③

（6）取童子条复原为：凡道士、女冠、僧尼等取童子，须祖父母、父母听许书。若无祖父母、父母、亲长者，须所属州县官司听许书。男年至二十，女年至十五，各还本色。

【根据一】《僧尼令》"取童子条"：

凡僧听近乡里，取信心童子供待。年至十七，各还本色。其尼取妇女情愿者。④

【根据二】《庆元条法事类》卷五十"道释令"：

诸男年十九、女年十四以下，或曾经还俗，或身有文刺，或犯笞刑，

---

① （清）董诰等编：《全唐文》卷二十一，中华书局1983年影印版，第243页。
② （宋）王钦若：《册府元龟》卷六十三，中华书局1960年版，第710页。
③ （宋）欧阳修、宋祁：《新唐书》卷四十八，中华书局1975年版，第1252页。
④ 《令集解》卷二，[日]《新订增补国史大系》卷二十三，吉川弘文馆刊行，1965年版，第83页。

或避罪逃亡，或无祖父母、父母听许文书，或男有祖父母、父母而无子孙成丁，若主户不满三丁，并不得为童行。即经系帐后有文刺，或犯笞刑，或犯逾滥及私罪徒，虽各遇恩原免，亦准此。诸僧、道，不得受缌麻以上尊长拜及收为童行。①

【根据三】《唐律疏议》户婚"私入道"条：

> 诸私入道及度之者，杖一百（若由家长，家长当罪）。已除贯者，徒一年。本贯主司及观寺三纲知情者，与同罪。②

这里所说的童子，也叫童行，是指未剃度成为沙弥前留长发居住在寺院修行的人。中国汉地出现童行的时间，据湛如考证是晋代。③ 隋文帝时僧昙延"以寺宇未广，教法方隆，奏请度僧以应千二百五十比丘，五百童子之数"④，可见当时寺院已经有大量童行存在，并且被列为僧团的一分子。到了唐代，童行制度已经十分完备和流行，《高僧传》中记录的僧人多数都有自幼入寺为童行的经历，如律宗初祖道宣就是"十五厌俗，诵习诸经，依智顗律师受业，洎十六落发"⑤ 的。

在唐代的僧尼户籍中，只有僧、尼、沙弥、沙弥尼等，不包括未正式出家的童行，但是到了宋代，不仅建立起严格的童行籍账，并且对入寺做童行的条件也有严格限制。《庆元条法事类》"道释令"规定不符合做童行的条件有："男年十九、女年十四以下""曾还俗""身有文刺""犯笞刑""避罪逃亡""无祖父母父母听许文书""男有祖父母父母而无子孙成丁""主户不满三丁"八条。那么唐代对于童行难道就完全没有规约吗？唐代为了防止农业人口大量流入寺院、脱户漏户、逃避赋役、危及国家经济，对私度为僧的处罚极其严厉，

---

① （宋）谢深甫：《庆元条法事类》卷五十一，杨一凡、田涛《中国珍稀法律典籍续编》，黑龙江人出版社2002年版，第650页。
② 刘俊文：《唐律疏议笺解》卷十二，中华书局1996年版，第931页。
③ 湛如：《汉地佛教度僧制度辨析》，《法音》1998年第12期，第5页。
④ （唐）释道宣：《续高僧传》卷八，《大正藏》第50册，台湾新文礼出版公司1983年影印版，第489页。
⑤ （宋）赞宁：《宋高僧传》卷十四《道宣传》，中华书局1987年版，第327页。

已经正式写入唐律。童行是入寺为沙弥的预备阶段，也是"私度"的高发群体，唐政府不可能对这一群体的人数和发展完全不加约束。笔者推断，唐代对童行入寺的规定，相对宋代来讲要宽松，应该只有"父母、祖父母听许"一条。但对于童行可以羁留寺院的年龄，会有一定限制。因为唐代用法律强制推行早婚，对于过时未婚者，按规定由所在州县官府主持嫁娶，辖区内居民是否及时婚嫁，还是考核官吏的标准之一。具体婚嫁年龄，不同时期有不同标准。唐玄宗时是男十五，女十三。唐太宗时是"男年二十，女年十五以上无夫家者，州县以礼聘嫁。贫不能自行者，乡里富人及亲戚资送之"①。《道僧格》的成文年限是贞观十年，因此笔者以唐太宗时的结婚年龄为准，将童行离寺院的年龄定位在男二十、女十五，试将"取童子条"复原。

（7）饮酒条复原为：凡道士、女冠、僧尼，若饮酒、食肉、食五辛者，皆苦使也。若酒醉、与人斗打，皆还俗。

【根据一】《僧尼令》"饮酒条"：

> 凡僧尼饮酒、肉食、服五辛者，三十日苦使。若为疾病药分所须，三纲给其日限。若饮酒醉乱及与人斗打者，各还俗。②

【根据二】《唐六典》卷四"祠部郎中员外郎条"：

> 僧尼酒醉与人斗打，皆还俗。……饮酒、食肉，设食五辛，皆苦役也。③

【根据三】《庆元条法事类》卷五十一：

> 诸僧道饮酒至醉者，还俗。④

---

① （宋）欧阳修、宋祁：《新唐书》卷二，中华书局1975年版，第58页。
② 《令集解》卷二，[日]《新订增补国史大系》卷二十三，吉川弘文馆刊行，1965年版，第83页。
③ （唐）李林甫等：《唐六典》卷四，陈仲夫点校，中华书局1992年版，第126页。
④ （宋）谢深甫：《庆元条法事类》卷五十一，杨一凡、田涛《中国珍稀法律典籍续编》，黑龙江人民出版社2002年版，第725页。

【根据四】《佛说优婆塞五戒相经》：

> 佛言：圣人饮酒尚如是失，何况凡夫如是过罪。若过是罪皆有饮酒故。从今日若言我是佛弟子者，不得饮酒。①

饮酒是僧尼必须遵守的五戒之一，《唐律疏议》已经将五戒的"淫、盗"写入唐律，使之成为僧尼必须遵守的法律义务，因此，"杀、酒、妄语"必然都会在《道僧格》条文中出现。

(8) 有事可论条复原为：凡道士、女冠、僧尼等有事须论，不缘所司，辄上表启，扰乱官家，妄相嘱请者，五十日苦使。再犯者，百日苦使。若官司及僧纲断决不平须申论者，不在此限。

【根据一】《僧尼令》"有事可论条"：

> 凡僧尼有事须论，不缘所司，辄上表启；并扰乱官家，妄相嘱请者，五十日苦使。再犯者，百日苦使。若有官司及僧纲断决不平，理有屈滞，须申论者，不在此列。②

【根据二】《广弘明集》卷二十八引唐贞观十年"条制"：

> （禁止僧尼）造诣官府，嘱致赃贿……③

【根据三】《庆元条法事类》卷五十"道释令"：

> 诸僧道争讼寺观内事者，许诣主守，主守不可理者，申送官司。④

这一规定是古代法律中的"息讼"原则的体现，唐律对诉讼主体资格、起

---

① 《佛说优婆塞五戒相经》，《大正藏》第24册，台湾新文礼出版公司1983年影印版，第1476页。
② 《令集解》卷二，[日]《新订增补国史大系》卷二十三，吉川弘文馆刊行，1965年版，第83页。
③ （唐）释道宣：《广弘明集》卷二十八，《四库全书》第1048册，上海古籍出版社1989年版，第1048—736页。
④ （宋）谢深甫：《庆元条法事类》卷五十，杨一凡、田涛《中国珍稀法律典籍续编》，黑龙江人民出版社2002年版，第687页。

诉范围等有严格限定，严禁越级诉讼。

（9）作音乐条复原为：凡道士、女冠、僧尼作音乐及博戏者，皆苦使。碁琴不在此限。

【根据一】《僧尼令》"作音乐条"：

> 凡僧尼作音乐及博戏者，百日苦使。碁琴不在限制。①

【根据二】《唐六典》卷四"祠部郎中员外郎条"：

> 凡道士、女道士、僧尼作音乐、博戏，皆苦使也。其相取财物者，还俗。道士、女冠、碁琴不在限制。②

《僧尼令》"作音乐条"和《唐六典》卷四"祠部郎中员外郎条"内容几乎一致，因此可以断定是《道僧格》原文的直接引用。

（10）听著木兰条复原为：凡道士、女冠、僧尼衣服，皆以木兰、青碧、皂、荆黄、缁环等色。若著俗服及绫罗、乘大马者，皆还俗。

【根据一】《僧尼令》"听木兰条"：

> 凡僧尼听著木兰、青碧、皂、荆黄及环色等衣。余色，及绞罗、锦绮并不得服用。违者各十日苦使。辄著俗衣者，百日苦使。③

【根据二】《唐六典》卷四"祠部郎中员外郎条"：

> 凡道士、女道士衣服皆以木兰、青碧、皂、荆黄、缁环之色。若服俗衣及绞罗，乘大马，皆还俗。④

---

① 《令集解》卷二，[日]《新订增补国史大系》卷二十三，吉川弘文馆刊行，1965年版，第84页。
② （唐）李林甫等：《唐六典》卷四，陈仲夫点校，中华书局1992年版，第126页。
③ 《令集解》卷二，[日]《新订增补国史大系》卷二十三，吉川弘文馆刊行，1965年版，第84页。
④ （唐）李林甫等：《唐六典》卷四，陈仲夫点校，中华书局1992年版，第126页。

【根据三】《唐律疏议》名例律二十三"除免比徒条"：

　　依格：道士等辄着俗服者，还俗。①

【根据四】《正一威仪经》：

　　正一法服威仪：法服不得用五色绫锦罗绮，当以缯布，制度如法，常须清净，勿过三通。②

【根据五】《唐会要》卷三一《杂录》：

　　师僧道士，除纲维及两街大德，余并不得乘马，请依所司条流处分。③

《僧尼令》"听木兰条"只单纯规定僧尼服饰颜色，严禁僧尼穿着俗服。但对照《唐六典》"祠部郎中员外郎条"和《唐会要》相关文献，笔者认为《道僧格》此条文应该更接近于"祠部郎中员外郎条"，还有禁止僧人"骑大马"的内容。《僧尼令》借鉴此条文可能是根据本国情况删掉了这一项禁约。

(11) 停妇女条复原为：凡寺观道士、僧房停妇女，女冠、尼房停男夫，经一宿以上者，十日苦使；五日以上，三十日苦使；十日以上，百日苦使。若三纲知而听者，与所由人同罪。

【根据一】《僧尼令》"停妇女条"：

　　凡寺僧房停妇女、尼房停男夫，经一宿以上，其所由人，十日苦使。五日以上，三十日苦使；十日以上，百日苦使。三纲知而听者，同所由人罪。④

---

① 刘俊文：《唐律疏议笺解》卷三，中华书局1996年版，第249页。
② 《正一威仪经》，《正统道藏》第30册，台北艺文印书馆1977年版，第24287页。
③ （宋）王溥：《唐会要》卷三十一，上海古籍出版社2006年版，第673页。
④ 《令集解》卷二，[日]《新订增补国史大系》卷二十三，吉川弘文馆刊行，1965年版，第84页。

【根据二】《续高僧传》卷九《灵裕传》：

> 非律所许。寺法不停女人尼众。及所住房由来禁约不令蹉践。①

【根据三】《唐律疏议》卷二十六：

> 若道士、女官，僧尼同。奸者，各又加监临奸一等，即加凡奸罪二等。

（12）不得辄入尼寺条复原为：凡道士、女冠、僧尼，非本师教主及斋会、礼谒、病死看问，不得妄托事故、辄有往来、非时聚会。有所犯者，准法处分。

【根据一】《僧尼令》"不得辄入尼寺条"：

> 凡僧不得辄入尼寺，尼不得辄入僧寺。其有勤省师主，及死病看问、斋戒、功德、听学者，听。②

【根据二】《唐大诏令集》卷一百一十三《条贯僧尼敕》：

> ……其僧尼道士，非本师教主及斋会礼谒，不得妄托事故、辄有往来、非时聚会。并委所由长官勾当，所有犯者，准法处分。③

【根据三】《庆元条法事类》卷五十一《道释门》：

> 诸僧道与尼、女冠不得相交往来。④

【根据四】宋开宝五年正月乙卯"禁尼与僧司统摄诏"：

---

① （唐）释道宣：《续高僧传》卷九，《大正藏》第50册，台湾新文礼出版公司1983年影印版，第497页。
② 《令集解》卷二，[日]《新订增补国史大系》卷二十三，吉川弘文馆刊行，1965年版，第84页。
③ （宋）宋敏求编：《唐大诏令集》卷一百一十三，华东政法学院法律古籍整理研究所点校，学林出版社1992年版，第537页。
④ （宋）谢深甫：《庆元条法事类》卷五十一，杨一凡、田涛《中国珍稀法律典籍续编》，黑龙江人民出版社2002年版，第721页。

僧寺戒坛，尼受戒混淆其中，因以为奸。太祖皇帝尤恶之，开宝五年二月丁丑，诏曰："僧尼无间，实紊教法，应尼合度者，只许于本寺起坛受戒，令尼大德主之，如违，重置其罪。许人告。"则是尼受戒，不须入戒坛，各就其本寺也。近世僧戒坛中，公然招诱新尼受戒，其不至者，反诬以违法。尼亦不知法令本以禁僧也，亦信以为然。官司宜申明禁止之。①

（13）禅行条复原为：凡道士、女冠、僧尼，有欲求山居服饵、禅行修道，意乐寂静，不交于俗者，三纲连署，在京者经鸿胪寺，在外者经所由官司，勘实并录申官。僧尼有能行头陀者，到州县寺舍，任安置将理，不得所由恐动也。

【根据一】《僧尼令》"禅行条"：

凡僧尼，有禅行修道，意乐寂静，不交于俗，欲求山居服饵者，三纲连署。在京者，僧纲经玄署；在外者，三纲经国郡，勘实并录申官。判下，山居所隶国郡，每知在山，不得别向他处。②

【根据二】《入唐求法巡礼行记》卷二"开成四年九月十二日条"：

谨检格："僧尼有能行头陀者，到州县寺舍，任安置将理，不得所由恐动。"③

（14）任僧纲条复原为：凡天下寺观三纲，及京都大德，皆取其道德高妙、为众所推、纲维法务者补充。所举徒众，连署牒官，上书祠部。若有阿党朋扇、滥举无德者，百日苦使。若取非人，刺史为首，以违旨论。县令、纲维，节级连坐。

【根据一】《僧尼令》"任僧纲条"：

---

① （宋）王栐：《燕翼诒谋录》卷二，《唐宋史料笔记丛刊　燕翼诒谋录》，中华书局1981年版，第20页。
② 《令集解》卷二，[日]《新订增补国史大系》卷二十三，吉川弘文馆刊行，1965年版，第84—85页。
③ [日]圆仁：《入唐求法巡礼行记》卷二，上海古籍出版社1986年版，第70页。

凡任僧纲（谓律师以上），必须用德行能伏徒众、道俗钦仰、纲维法务者。所举徒众，连署牒官。若有阿党朋扇、浪举无德者，百日苦使。一任以后，不得辄换。若有过罚，及老病不任者，即依上法简换。①

【根据二】《唐六典》卷四"祠部郎中条"：

凡道士、女道士、僧尼……以三宝物饷馈官寮，勾合朋党者，皆还俗。②

【根据三】《唐六典》卷十八"鸿胪寺条"：

凡天下寺观三纲，及京都大德，皆取其道德高妙，为众所推者补充，上尚书祠部。③

【根据四】《魏书·释老志》：

（灵太后）州统、维那与官及精炼简取充数，若无精行，不得滥采。若取非人，刺史为首，以违旨论，太守、县令、刚像节级连坐，统及维那移五百里外异州为僧。④

关于僧官的任免，《魏书》中已有规定，《僧尼令》"人僧纲条"的前半段内容和《唐六典》"祠部郎中条"以及"鸿胪寺条"接近，可以证明是源自《道僧格》的内容。后面"一任以后，不得辄换。若有过罚，及老病不任者，即依上法简换"⑤，没有可以佐证的史料，无法确定是否源自《道僧格》。

（15）"修营条"复原为：若道士、女冠、僧尼有犯苦使者，三纲立案锁闭。放一空院内，令其写经。日课五纸，日满检纸，数足放出。若不解书者，遣执土木，作营修功德等使。其老少临时量耳，不合赎也。

---

① 《令集解》卷二，[日]《新订增补国史大系》卷二十三，吉川弘文馆刊行，1965 年版，第 85 页。
② （唐）李林甫等：《唐六典》卷四，陈仲夫点校，中华书局 1992 年版，第 126 页。
③ （唐）李林甫等：《唐六典》卷十八，陈仲夫点校，中华书局 1992 年版，第 505 页。
④ （北齐）魏收：《魏书》卷一百一十四，中华书局 1975 年版，第 3043 页。
⑤ 《令集解》卷二：[日]《新订增补国史大系》卷二十三，吉川弘文馆刊行，1965 年版，第 85 页。

【根据一】《僧尼令》"修营条"：

> 凡僧尼有犯苦使者，修营功德、料理佛殿及洒扫等使，须有功程。若三纲颜面不使者，即准所纵日罚苦使。其有事故，须听许者，并须审其事情知实，然后依请。如有意故无状辄许者，辄许之人与妄请人同罪。①

【根据二】《令集解》卷八转引唐《道僧格》：

> 有犯苦使者，三纲立案锁闭。放一空院内，令其写经。日课五纸，日满检纸，数足放出。若不解书者，遣执土木，作修营功德等使也。其老小临时量耳，不合赎也。②

《道僧格》一个显著的特征就是，僧道违法的处罚取消了唐律中的"笞刑"和"杖刑"，而设立特有的"苦使""还俗"两大刑种。《唐律疏议》的"除免比徒条"有这样的规定：凡是诬告道士、女官，罪应使其还俗的，徒一年；罪应使其苦使者，苦使十日折合笞十下；审理案件的官吏判决失误的，也按照失误的判决处罚官吏。按照唐格，道士、僧尼等穿着俗服的，应判还俗。如果有人告发道士、僧尼等穿俗服，如果查证了是事实，就使其还俗；如果是诬告，就反坐诬告者，判诬告者徒刑一年。诬告的罪责如果是使其苦使，则苦使十日折合笞十下。按照唐格，道士、僧尼等如果有历门教化者，应判苦使百日。如果是诬告，诬告者则应被反坐，苦使十日折合笞十下，苦使百日折合杖一百下。③"按照唐格"指的就是按照《道僧格》的规定，"若诬告道士、女官应还俗者，比徒一年；其应苦使者，十日比笞十"，是因为《道僧格》的刑种只有"苦使"和"还俗"两种，诬告者并非僧尼，按照诬告反坐原则受惩罚不能用"苦使"和"还俗"，因此才做了"还俗"折合"徒一年"，"苦使十日"折合"笞十"的规定。

从《僧尼令》"修营条"可以知道，"修营条"其实就是"苦使"的执行

---

① 《令集解》卷二，[日]《新订增补国史大系》卷二十三，吉川弘文馆刊行，1965年版，第85页。
② 《令集解》卷八，[日]《新订增补国史大系》卷二十三，吉川弘文馆刊行，1965年版，第234页。
③ 刘俊文：《唐律疏议笺解》卷三，中华书局1996年版，第249页。

细则，因此笔者复原为"苦使条。"

（16）诈为方便条复原为：凡道士、女冠、僧尼诈为方便，将己之公验移名他人者，皆还俗，依律科断。其所由人同罪。

【根据一】《僧尼令》"诈为方便条"：

> 凡僧尼诈为方便，移名他者，还俗。依律科罪，其所由人与同罪。①

【根据二】《令集解》"诈为方便条"注释：

> 谓僧尼以己之公验授与俗人，令其为僧尼；其本僧尼，或犹为僧尼，或还俗成白衣，皆同。《释》云："移名他者，己之公验，卖与俗人，彼此共为僧，是唐格移名，与此殊异。"《古记》云："不得移名，谓己身还俗，而名与他人为僧是。"《迹》云："移名他，谓以己度缘公验与他人，若除贯者，移名之僧还俗，合徒一年。"唐格移名，与此殊异。②

【根据三】《唐律疏议》卷十二"私入道条"：

> 道士、女官、僧尼等，非是官度而私入道，及度之者，各杖一百。③

【根据四】《唐律疏议》卷十二"诈为官文书条"：

> 诸诈为官文书及增减者，杖一百；准所规避，徒罪以上，各加本罪二等；未施行，各减一等。④

《僧尼令》"诈为方便条"内容没有十分相近的史料可以对照，但是从《唐律疏议》的"私入道条"和"诈为官文书条"的内容看，将自己的度牒转让他人的行为属于违反律法的罪行，而《令集解》的注释有明确说明："唐格移名，

---

① 《令集解》卷二，[日]《新订增补国史大系》卷二十三，吉川弘文馆刊行，1965年版，第86页。
② 《令集解》卷八，[日]《新订增补国史大系》卷二十三，吉川弘文馆刊行，1965年版，第236页。
③ 刘俊文：《唐律疏议笺解》卷十二，中华书局1996年版，第931页。
④ 刘俊文：《唐律疏议笺解》卷二十五，中华书局1996年版，第1708页。

与此殊异",说明《道僧格》中也有相似条文,只是日本的"移名"指自身还俗,却将度牒卖给别人,而《道僧格》的"移名"是自己和他人共用一个度牒,一起为僧。

(17)有私事条复原为:凡道士、女冠、僧尼等,有事需诉讼,来诣官司者,准依俗形参事。须向三纲说去甚处,某时即归,不得独行。若三纲为众事须诣官司者,并设床席。

【根据一】《僧尼令》"有私事条":

> 凡僧尼有私事诉讼,来诣官司者,权依俗形参事。其佐官以上及三纲为众事,若功德,须诣官司者,并设床席。①

【根据二】《玄门十事威仪》"出入品第三":

> 凡行住,有难处、置疑处,皆须要伴,不得独行,以自明白故……远近出入,皆须辞徒弟众,或同院窗。无人,须向童行说去甚处,某时即归……若往男女非类之处,或因吉凶斋会,暂时停止,解脱出入,群徒共住一处,不得独因亲故,港隐幽僻之处,来须逐伴,去则随众。②

郑显文复原的《道僧格》中无此条。周奇认为此条没有"相应的史料互证,不能确知是否存在此条"③。笔者认为此条和前面"有事可论"条相呼应,在禁止越级诉讼的基础上,也允许僧尼个人和寺院三纲代表寺院为了自身权益进行正常的诉讼。

(18)不得私蓄条复原为:凡道士、女冠、僧尼,不得私蓄奴婢、田宅、财物及兴贩出息,违者还俗。许人纠告,物赏纠告人。

【根据一】《僧尼令》"不得私蓄条":

---

① 《令集解》卷二,[日]《新订增补国史大系》卷二十三,吉川弘文馆刊行,1965年版,第86页。
② 《玄门十事威仪》,《正统道藏》第30册,台北艺文印书馆1977年版,第24297页。
③ 周奇:《唐代宗教管理研究》,博士学位论文,厦门大学,2005年,第35页。

凡僧、尼不得私蓄园宅、财物及兴贩出息。①

《令集解》卷八注引《道僧格》:"物赏纠告人。"②

【根据二】《通典》卷十一"至德二年七月郑叔清奏":

道士、女冠、僧尼不合蓄奴婢、田宅、资财。③

【根据三】《全唐文》卷三十"禁僧徒敛财诏":

(玄宗)……若再有僧尼借机敛财,为害百姓者,先断还俗,仍依法科罪。④

【根据四】《全唐文》卷九百六十六"太和四年祠部请申禁僧尼奏":

其僧尼有不依典教,兴贩经纪……既亏释教,与俗无殊。……委所在长吏量情科决,使勒还俗。⑤

【根据五】《摩诃僧祇律》卷十:

佛言:沙门释子不应蓄金银。若有人言应蓄金银,是诽谤我非实非法非随顺,于现法中是为逆论。⑥

唐代寺院经济发展迅速,寺院不仅拥有大量的土地、庄园、奴婢,"膏腴美业,倍取其多,水碾庄园,亦非少数"⑦,"公私田宅,多为僧有"⑧,其势力过

---

① 《令集解》卷二,[日]《新订增补国史大系》卷二十三,吉川弘文馆刊行,1965年版,第86页。
② 《令集解》卷八,[日]《新订增补国史大系》卷二十三,吉川弘文馆刊行,1965年版,第239页。
③ (唐)杜佑:《通典》卷十一,中华书局1988年版,第244页。
④ (清)董诰等编:《全唐文》卷三十,中华书局1983年影印版,第339页。
⑤ (清)董诰等编:《全唐文》卷九百六十六,中华书局1983年影印版,第10032页。
⑥ 《摩诃僧祇律》卷十,《大正藏》第22卷,台湾新文礼出版公司1983年影印版,第310页。
⑦ (清)董诰等编:《全唐文》卷一百六十九,中华书局1983年影印版,第1727页。
⑧ (宋)司马光等:《资治通鉴》卷二百零五,中华书局1976年版,第6498页。

度扩张,会危及皇权统治和国家经济,因此,唐政府在扶持宗教的同时,也会采取一定手段对寺院经济的过度膨胀加以限制。《僧尼令》的"不得私蓄条"和"布施条",就是这样的规约。

(19) 遇三位以上条复原为:凡道士、女冠、僧尼出入若逢官长,须隐避,勿令露现。苟无隐处,宜向僻处立,仍须敛容恭敬。遇凡人三位以上者,隐;五位以上者,敛马相揖而过;若步者,隐。

【根据一】《僧尼令》"遇三位以上条":

> 凡僧尼于道路,遇三位以上者隐;五位以上者,敛马相揖而过;若步者,隐。①

【根据二】《玄门十事威仪》"出入品第三":

> 出入若逢官长,预须隐避,勿令露现。苟无隐处,宜向僻处,或人影树影中立,仍须敛容恭敬。出入忽逢尊贵车马辇舆,并须避道,低身偎形。②

郑显文依据《唐六典》中:"诸官人在路相遇者,四品已下遇正一品,东宫官四品已下遇三师,诸司郎中遇丞相,皆下马。凡行路之间,贱避贵,少避老,轻避重,去避来。"③将此条复原为"行路相隐条":"凡道士、女道士、僧尼于道路遇五品以上官者,隐。"④而周奇认为在唐代仅玄宗朝实行过僧尼拜君王的政策,僧尼回避官员的可能性很小,所以这条可能是日本独创,《道僧格》没有此条。笔者认为,这一条文并不是日本独创,对于僧尼出行回避路人虽然没有史料印证,但是道教的《正一威仪经》中有相似规定。

(20) 身死条复原为:诸道士、女冠、僧尼身死、还俗及逃亡者,其度牒勒本寺纲维当日封送祠部;其余诸州府勒本州申送,以凭注毁。

---

① 《令集解》卷二,[日]《新订增补国史大系》卷二十三,吉川弘文馆刊行,1965年版,第86页。
② 《玄门十事威仪》,《正统道藏》第30册,台北艺文印书馆1977年版,第24297页。
③ (唐) 李林甫等:《唐六典》卷四,陈仲夫点校,中华书局1992年版,第115—116页。
④ 郑显文:《唐代律令制研究》,北京大学出版社2004年版,第305页。

【根据一】《僧尼令》"身死条"：

　　凡僧尼等身死，三纲月别经国司，国司每年附朝集使申官。其京内，僧纲季别经玄蕃，亦年终申官。①

【根据二】《全唐文》卷九百六十六"太和四年祠部请申禁僧尼奏"：

　　僧尼身死及还俗者，其告牒勒本寺纲维当日封送祠部。其余诸州府勒本州县申送，以凭注毁。②

【根据三】《五代会要》卷十六"后周显德二年五月"条：

　　（道士、女冠、僧尼）如有身死、还俗、逃亡者，旋申报逐处州县，次年帐内开脱。③

【根据四】《佛祖统记》卷四十一：

　　敕僧尼有事故者，仰三纲申州纳符告注毁，在京于祠部纳告。④

【根据五】《庆元条法事类》卷五十一"道释门"：

　　诸僧道身死，若还俗及避罪逃亡，其度牒、戒牒、六念，若紫衣、师号牒在寺观，而主首过十日不纳者，杖六十还俗，仍许人告；州县不即毁抹，及过限不行缴申所属，杖一百。⑤

---

① 《令集解》卷二，[日]《新订增补国史大系》卷二十三，吉川弘文馆刊行，1965 年版，第 87 页。
② （清）董诰等编：《全唐文》卷九百六十六，中华书局 1983 年影印版，第 10032 页。
③ （宋）王溥：《五代会要》卷十六，上海古籍出版社 2006 年版，第 256 页。
④ （宋）志磐：《佛祖统纪》卷四十一，《大正藏》第 49 册，台湾新文礼出版公司 1983 年影印版，第 2035 页。
⑤ （宋）谢深甫：《庆元条法事类》卷五十一，杨一凡、田涛《中国珍稀法律典籍续编》，黑龙江人民出版社 2002 年版，第 722 页。

（21）准格律条复原为：道士、女冠、僧尼，犯大逆、谋叛、奸、盗、诈、脱法服及徒以上者，依律科断。徒年以上者皆还俗，许以告牒当徒一年。若会赦，亦还俗。

徒以下者依僧道法，三纲科断，所由州县官，不得擅行决罚。如有违越，依法科罪。

犯百杖以下者，每杖十，折苦使十日；若罪不至还俗，并散禁。如苦使后复犯，罪不至还俗者，三纲依佛法量罪科罚。还俗、被罚者，不得告本寺三纲及徒众事故。

【根据一】《僧尼令》"准格律条"：

> 凡僧尼有犯，准格律合徒年以上者，还俗。许以告牒当徒一年。若有除罪，自依律科断。如犯百杖以下，每杖十令苦使十日；若罪不至还俗，及虽应还俗未判讫者，并散禁；如苦使条制外复犯，罪不至还俗者，令三纲依佛法量事科罚。其还俗并被罚之人不得纠告本寺三纲及众事。若谋大逆、谋叛及妖言惑众者不在此例。①

【根据二】《天圣令》狱官令之"唐11"条：

> 诸道士、女冠、僧、尼犯罪徒以上及奸、盗、诈脱法服，依律科断，余犯依僧道法。②

"准格律条"是《道僧格》中十分重要的一条条文，它界定了僧尼犯法，哪些依照俗律，由官府审判定罪，哪些依照《道僧格》，由寺院僧官审理定罪。《天圣令》中的狱官令为我们提供了可靠的佐证，说明唐代僧道犯"徒"以下罪时，依照《道僧格》量刑定罪。

（22）私度条复原为：凡私入道者，杖一百；已除贯者，徒一年。所属官司及观寺三维知情者同罪。若犯法还俗仍不还俗者，及断后陈诉仍被法服者，

---

① 《令集解》卷二，[日]《新订增补国史大系》卷二十三，吉川弘文馆刊行，1965年版，第87页。
② 天一阁博物馆、中国社会科学院历史研究所《天圣令》整理课题组：《天一阁藏明钞本天圣令校证》，中华书局2006年版，第342页。

依私度法。师主三纲及同房知情者，皆还俗。非同房知情者，容止经一宿以上，百日苦使。

【根据一】《僧尼令》"私度条"：

> 凡有私度及冒名相代并已判还俗仍被法服者，依律科断。师主三纲及同房人、知情者各还俗。非同房，知情容止经一宿以上，皆百日苦使。即僧尼知情，居止浮逃人经一宿以上者，亦百日苦使。罪重者依律论。①

【根据二】《唐律疏议》卷十二"私入道条"：

> 诸私入道及度之者，杖一百；若由家长，家长当罪；已除贯者，徒一年。本贯主司及观寺三纲知情者，与同罪。若犯法合出观寺，经断不还俗者，从私度法。即监临之官，私辄度人者，一人杖一百，二人加一等。②

【根据三】《全唐文》卷九百六十六"太和四年祠部请申禁僧尼奏"：

> 其僧尼童子……不得令私度。如有此色，勒当寺纲维申报本管长吏。其与剃头师长及专擅出家者，当便科决，勒还俗；其纲维不申报十日以上，勒停解，便令出寺；其所在长吏不为纠举者，具名衔奏，听进止。③

【根据四】《唐会要》卷四十九《杂录》：

> 天宝五载（746），京兆尹萧昊奏："私度僧尼，自今以后有犯，请委臣府司，男夫并一房家口，移隶碛西。"④

【根据五】《庆元条法事类》卷五十一"违法剃度"：

---

① 《令集解》卷二，[日]《新订增补国史大系》卷二十三，吉川弘文馆刊行，1965年版，第88页。
② 刘俊文：《唐律疏议笺解》卷十二，中华书局1996年版，第931页。
③ （清）董诰等编：《全唐文》卷九百六十六，中华书局1983年影印本，第10032页。
④ （宋）王溥：《唐会要》卷四十九，上海古籍出版社2006年版，第1008页。

诸私自剃披及私度人为僧、道若伪冒者,各徒三年;本师知情,徒二年;主首知情,杖一百,并还俗……诸童行应度未受牒而辄披剃者,杖一百;本师知情,减二等;主首知情,又减二等……诸违令为童行者,杖一百。由同居尊长者,止坐所由,仍改正;本师知情,与同罪;主首知情,杖六十;已度者,并本师并还俗。事发日于令无违者,各勿论。①

关于"私度"的刑罚,在唐律中已有明确"私入道条"规定"诸私入道及度之者,杖一百"。在《道僧格》中出现"杖一百"刑罚的,只有这一条条文,其余或者是"依律科断",或者是"苦使""还俗"。因为"私度者"不被官方承认,因此不具备合法的僧人身份,可以适用唐律的"杖刑"。"私度条"也是《道僧格》中唯一一条处罚俗人的条款。《唐律疏议》对"度之者"也"杖一百",和《道僧格》的仅有"苦使""还俗"两刑种的特征似有矛盾。而《僧尼令》的"私度条"中却只有"苦使""还俗"的处罚规定,这说明《道僧格》对于为私度者剃度的僧尼、道士也不会处以杖刑,因此笔者复原此条文时不采用唐律中"度人者"亦杖一百的刑罚规定。

(23) 教化条复原为:凡道士、女冠、僧尼历门教化者,百日苦使。其俗人者,依律科断。

【根据一】《僧尼令》"教化条":

凡僧尼等令俗人付其经像,历门教化者,百日苦使。因此乞财物过多者,以诈欺取财论。其俗人者,依律论。②

【根据二】《唐律疏议》卷三"除比免徒"条注疏:

依格:"道士等有历门教化者,百日苦使。"③

---

① (宋)谢深甫:《庆元条法事类》卷五十,杨一凡、田涛《中国珍稀法律典籍续编》,黑龙江人民出版社2002年版,第700页。
② 《令集解》卷二,[日]《新订增补国史大系》卷二十三,吉川弘文馆刊行,1965年版,第88页。
③ 刘俊文:《唐律疏议笺解》卷三,中华书局1996年版,第249页。

【根据三】《唐六典》卷四"祠部郎中员外郎"条：

> 凡道士女道士……若巡门教化……皆苦役也。①

根据《唐律疏议》引用的《道僧格》条文可以知道，《僧尼令》"教化条"第一句"凡僧尼等令俗人付其经像，历门教化者，百日苦使"②源自《道僧格》。后"因此乞财物过多者，以诈欺取财论"③和"其俗人者，依律论"无相关史料可以佐证，笔者认为是《僧尼令》依本国国情修改新增的内容。

（24）出家条复原为：凡身有文刺，或曾还俗，或犯笞刑，或避罪逃亡；或无祖父母、父母听许文书；或男家不满三丁，并不得出家。……私家部曲、奴婢等不得入道，如别敕许出家，后犯还俗及自还俗者，追归旧主，各依本色。私度者不在此限。

【根据一】《僧尼令》"出家条"：

> 凡家人奴婢等，若有出家，后犯还俗，及自还俗者，并追归旧主，各依本色。其私度人，纵有经业，不在度限。④

【根据二】《白氏六帖》卷二十六"祠部格"：

> 私家部曲奴婢等不得不入道，如别敕许出家后犯还俗者，追归旧主。各依本色。⑤

【根据三】《庆元条法事类》"道释令"：

> 诸男年十九、女年十四以下，或曾经还俗，或身有文刺，或犯笞刑，

---

① （唐）李林甫等：《唐六典》卷四，陈仲夫点校，中华书局1992年版，第125页。
② 《令集解》卷二，[日]《新订增补国史大系》卷二十三，吉川弘文馆刊行，1965年版，第88页。
③ 同上。
④ 同上。
⑤ 《白氏六帖事类集》，杨家骆主编：《中国法制史料》第一辑第三册，鼎文书局印行1982年版，第2033页。

或避罪逃亡，或无祖父母、父母听许文书，或男有祖父母、父母而无子孙成丁，若主户不满三丁，并不得为童行。即经系帐后有文刺，或犯笞刑，或犯逾滥及私罪徒，虽各遇恩原免，亦准此。①

【根据四】后周显德二年五月六日敕：

　　曾有犯遭官司刑责之人；及弃背祖父母、父母逃亡，如奴婢、奸人、细作、恶逆徒党、山林亡命未获贼徒、负罪潜窜人等，并不得出家剃头。如有寺院辄容受者，其本人及师主、三纲知事僧尼、邻房同住僧，仰收提禁勘，申奏取裁。其地方巡司官吏不能觉察，仰概申奏。②

关于出家条件，不同时期有不同规定，如宋《庆元条法事类》对度僧的年龄、试经程序、合格比例等都规定得十分详尽。唐初《道僧格》颁布时，试经度僧制还没有开始实行，因此普通人出家的条件不应包括试经。《道僧格》的"出家条"，不应只限私家部曲、奴婢的入道条件和还俗去向，笔者认为前面还应有一段关于普通人出家的条件限制。

（25）外国寺条复原为：凡道士、女冠、僧尼有犯百日苦使，经三度者，改配异州寺。

【根据一】《道僧格》"外国寺"条：

　　凡僧尼、有犯百日苦使、经三度、改配外国寺。仍不得配入畿内。③

【根据二】《旧唐书》卷一"高祖纪"：

　　诸僧尼、道士、女冠等，有精勤炼行，遵戒律者，并令就大寺院居住，给衣食，勿令乏短。④

---

① （宋）谢深甫：《庆元条法事类》卷五十一，杨一凡、田涛《中国珍稀法律典籍续编》，黑龙江人民出版社2002年版，第650页。
② （宋）王溥：《五代会要》卷十二，上海古籍出版社2006年版，第202页。
③ 《令集解》卷二，[日]《新订增补国史大系》卷二十三，吉川弘文馆刊行，1965年版，第89页。
④ （后晋）刘昫等：《旧唐书》卷一，中华书局1975年版，第17页。

【根据三】《魏书·释老志》：

其有造寺者，限僧五十以上，启闻听造。若有辄造者，处以违敕之罪，其寺僧众摈出外州。①

【根据四】《魏书·释老志》引熙平二年诏：

州统、维那与官精炼简取充数。若无精行，不得滥采。若取非人，刺史为首，以违旨论。太守、县令、纲缭节级连坐。统及维那移五百里外异州为僧。②

【根据五】《庆元条法事类》卷五十一《道释门》：

诸僧道辄娶妻并嫁之者，各以奸论加一等，僧道送五百里编管。③

郑显文和周奇都认为此条文是日本《僧尼令》独有，无唐代史料可以印证。理由是"唐代未有'外国寺'这一说法，很显然是日本令所创"④。笔者认为，郑显文显然对"外国寺"一词理解有误，《僧尼令》中的"外国寺"并非指外国寺院，而是指日本京城以外地区的寺院。在唐朝，日本不仅学习和引入唐代律令制度，还引入了唐代的行政制度、行政区域划分法以及一部分汉文字。如"京畿"一词，据考证也出现于中国唐代，当时唐长安所辖的县称为"京县"，长安的旁邑叫"畿县"，统称"京畿"，意指国都及其附近的地区。而《僧尼令》中出现"畿内"一词，可以证明"外国寺条"必然源自唐《道僧格》。日本的行政区划有"畿内、七道"这样的大范围划分，再往下有"国"和各自的"郡""里"等行政单位。在诸国之中，距离西海道较近的"西国"

---

① （北齐）魏收：《魏书》卷一百一十四，中华书局1975年版，第3041页。
② 同上书，第3043页。
③ （宋）谢深甫：《庆元条法事类》卷五十一，杨一凡、田涛《中国珍稀法律典籍续编》，黑龙江人民出版社2002年版，第725页。
④ 郑显文：《日本〈令集解·僧尼令〉与唐代宗教法比较研究》，赵相林主编《政法评论》，中国政法大学出版社2001年版，第80页。

在政治、经济上占有最重要的地位，也称"中国"。当时的"国"，相当于我国古汉语中的"州"。

"外国寺"一词虽然从未在我国古代文献中出现过，但是，《魏书·释老志》中的两条记录："（永平二年）若有辄造者，处以违敕之罪，其寺僧众摈出外州。"① "（熙平二年）统及维那移五百里外异州为僧。"② 显然证明，《僧尼令》中的"外国寺"，和《魏书》中的"外州"寺、"异州"寺同义，都是指地处边远、级别较低的寺院。

关于佛教寺院的等级区分，学者张弓从造寺者的名分和寺院所处政区两个角度将寺院分为反映身份贵贱的名分本位和反映地属高下的政区本位："魏、梁至唐末数百年间，寺等分化的历史演进显示，以唐初武德贞观为分界，此前划分寺等，名分本位是主导，此后，政区本位是主导。"③ 唐高祖武德九年（626）五月的"沙汰佛道诏"云："诸僧、尼、道士、女冠等，有精勤练行、守戒律者，并令大寺观居住，给衣食，勿令乏短。其不能精进、戒行有阙、不堪供养者，并令罢遣，各还桑梓。所司明为条式，务依法教，违制之事，悉宜停断。京城留寺三所，观二所。其余天下诸州，各留一所。余悉罢之。"④ 从"京城留寺三所，观二所，其余天下诸州，各留一所，余悉罢之"⑤ 句就可看出唐代依照行政区划"州"分配置寺立观的原则，以及"京寺"和"诸州寺"的等级差别。不同级别的寺观，其规模和容纳僧尼道士的数量也不同，如唐代宗大历八年敕："天下寺观，僧尼道士不满七人者，宜度满七人，三七以上者更度一人，二七以下者更度三人。"⑥ 由此可知当时的寺观分别为七人以上，十四人以上和二十一人以上三个等级。会昌五年（845）时，寺观被明文分为"上等""中等""下等"三个级别："上都、东都两街各留二寺，每寺留僧二十人，天下节度观察使治所及同、华、商、汝州，各留一寺，分为三等：上等留僧二十人，中等留十人，下等五人。"⑦ 学者宿白在《试论唐代长安佛教寺院的等级问题》

---

① （北齐）魏收：《魏书》卷一百一十四，中华书局1975年版，第3041页。
② 同上书，第3043页。
③ 张弓：《汉唐佛寺文化史》，中国社会科学出版社1997年版，第221页。
④ （后晋）刘昫等：《旧唐书》卷一，中华书局1975年版，第17页。
⑤ 同上。
⑥ （宋）王钦若：《册府元龟》卷五十四，中华书局1960年影印版，第606页。
⑦ （宋）司马光等：《资治通鉴》卷十七，中华书局1976年版，第8015—8016页。

一文中依据《两京新记》和《长安志》的相关记载，考证出唐代长安的知名寺院，至少有大小悬殊的四到五个等级。①

唐高祖诏令"诸僧尼、道士、女冠等，有精勤炼行，遵戒律者，并令就大寺院居住"②；《唐会要》卷四十九也有云："三年一试，落者还俗，不得以坐禅对策义试。诸寺三纲统，宜入大寺院。"③ 这两条记录说明当时对入住京都大寺院的僧尼资历是有较高要求的。而犯法僧尼移隶偏远地区中小寺院，是一种类似"贬官""降级"的惩罚性措施。宋"道释门"规定"诸僧道辄娶妻并嫁之者，各以奸论加一等，僧道送五百里编管"④，显然是继承了唐代《道僧格》这一规定。因此，笔者依据相关史料，将"外国寺条"复原为"外州寺条"。

（26）布施条复原为：凡斋会诸官百姓不得以奴婢、田地、房宅充布施，其僧尼不得辄受。违者在京并令司农即收，外州给下课户。

【根据一】《僧尼令》"布施条"：

> 凡斋会不得以奴婢、牛马及兵器充布施，其僧尼不得辄受。⑤

【根据二】《天圣令》田令"宋3"条：

> 诸官百姓不得将田宅舍施及卖易于寺观。违者，钱物及田宅并没官。⑥

【根据三】《全唐文》卷十九：

> 依令式以为官人百姓将田宅舍布施者，在京并令司农即收，外州给下课户。⑦（睿宗）

---

① 宿白：《试论唐代长安佛教寺院的等级问题》，《文物》2009年第1期，第27页。
② （后晋）刘昫等：《旧唐书》卷一，中华书局1975年版，第17页。
③ （宋）王溥：《唐会要》卷四十九，上海古籍出版社2006年版，第1008页。
④ （宋）谢深甫：《庆元条法事类》卷五十一，杨一凡、田涛《中国珍稀法律典籍续编》，黑龙江人民出版社2002年版，第725页。
⑤ 《令集解》卷二，[日]《新订增补国史大系》卷二十三，吉川弘文馆刊行，1965年版，第89页。
⑥ 天一阁博物馆、中国社会科学院历史研究所《天圣令》整理课题组：《天一阁藏明钞本天圣令校证（附唐令复原研究）》，中华书局2006年版，第431页。
⑦ （清）董诰等编：《全唐文》卷十九，中华书局1983年影印版，第223页。

【根据四】《全唐文》卷二十八"禁士女施钱佛寺诏":

闻化度寺及福先寺三阶僧创无尽藏,每年正月四日,天下士女施钱,名为护法,称济贫弱;多肆奸欺,事非真正。即宜禁断。其藏钱付御史台京兆河南府勾会知数,明为文簿,待后处分。①(玄宗)

【根据五】《唐会要》卷五十"杂记":

先天二年五月十四日,敕王公以下,不得辄奏请将庄宅置寺院。②

郑显文认为此条文是经过日本政府修改后颁布的,因此未做复原研究。他的依据是《唐律疏议》"私有禁兵器"条:"诸私有禁兵器者,徒一年半;私造者,各加一等"③,既然唐代法律禁止私藏兵器,《道僧格》当然不会出现"兵器充布施"的情况。笔者同意这一观点,但是这并不能说明《道僧格》中没有相类似的条文,关于布施寺院财物的规约,唐代文献中有许多。

首先,天一阁藏明钞本《天圣令》中含有大量废弃的唐令,为我们的研究提供了线索。其中《田令》"宋3"条据考证就是一条废弃的唐令,禁止布施寺院的有田地和宅舍。其次,《唐会要》《全唐文》也有关于禁止布施田地宅舍的规约。《白氏六帖》卷二十六的"祠部格"规定:"私家部曲奴婢等不得不入道,如别敕许出家后犯还俗者,追归旧主,各依本色。"④ 和《僧尼令》的"出家条"的内容"凡家人奴婢等,若有出家,后犯还俗,及自还俗者,并追归旧主,各依本色。其私度人,纵有经业,不在度限"如出一辙,可以推知唐代禁止奴婢出家。因此笔者认为,《僧尼令》"斋会布施条"中禁止布施"奴婢",是《道僧格》原有的内容,而"牛马"和"兵器"是日本新增的内容,《道僧格》原始的"布施条"禁止布施寺院的应该包括奴婢、田地、宅舍三种,唐玄宗时颁发"禁士女施钱佛寺诏",不太可能成为永格。

---

① (清)董诰等编:《全唐文》卷二十八,中华书局1983年影印版,第321页。
② (宋)王溥:《唐会要》卷五十,上海古籍出版社2006年版,第1028页。
③ 刘俊文:《唐律疏议笺解》卷十六,中华书局1996年版,第1217页。
④ 《白氏六帖事类集》,杨家骆主编:《中国法制史料》第一辑第三册,鼎文书局印行,1982年版,第2033页。

（27）焚身舍身条复原为：凡道士、女冠、僧尼等，有舍身、烧臂、炼指、钉截手足、带铃燃灯，诸般坏肢体、戏弄道具符禁、左道妖惑、骇俗惊愚者，皆勒还俗，依律科断。

【根据一】《僧尼令》"焚身舍身条"：

> 凡僧尼不得焚身舍身，若违反所由者，并依律科断。①

【根据二】《唐律疏议》卷二十五"诈疾病及故伤残"条：

> "若故自伤残者，徒一年半。"② 注："诈疾病，以避使役、求假之类，杖一百；若故自伤残，徒一年半。但伤残者，有避、无避，得罪皆同。"③

【根据三】《广弘明集》卷二十八"度僧天下诏"：

> 多有僧徒，溺于流俗，或假托神通……或钻肤焚指，骇俗惊愚。并自贻伊戚，动挂刑纲。有一于此，大亏圣教。朕情深持护，必无宽舍。已令依附内律，参以金科，具陈条制，务使法门清整。所在官司宜加检察。④

【根据四】《入唐求法巡礼行记》卷三引会昌二年九月敕：

> 天下所有僧尼解烧炼咒术、禁气、背军、身上杖痕、鸟文、杂工巧、曾犯淫养妻、不修戒行者，并勒还俗。⑤

【根据五】后周显德二年五月六日敕：

> 应有僧尼俗士，自前多有舍身、烧臂、炼指、钉截手足、带铃燃灯，

---

① 《令集解》卷二，[日]《新订增补国史大系》卷二十三，吉川弘文馆刊行，1965年版，第89页。
② 刘俊文：《唐律疏议笺解》卷二十五，中华书局1996年版，第1751页。
③ 同上。
④ （唐）释道宣：《广弘明集》卷二十八，《四库全书》第1048册，上海古籍出版社1989年版，第736页。
⑤ [日]圆仁：《入唐求法巡礼行记》卷二，上海古籍出版社1986年版，第158页。

诸般坏肢体、戏弄道具、符禁左道、妄称变现还魂坐化、圣水圣灯妖幻之类，皆是眩惑流俗，今后一切止绝。如此色人，仰所在严断，递配边远，仍勒归俗。其所犯罪重者，准格律处分。所在居停寺院知事僧尼，地方厢镇职员所由公然容纵者，重行科断。①

《令集解》"焚身舍身条"的注释云："检《道僧格》，无有此条"②，但郑显文认为唐太宗贞观十年命人"依附内律，参以金科"而制的《道僧格》有此条文，只是在后来屡经修订时被删除③。因此郑显文根据《广弘明集》的"度僧天下诏"和《入唐求法巡礼行记》会昌二年九月敕对此条做了复原。周奇认为仅依据这两条史料复原有些牵强④，又新增了后周显德二年五月六日敕文做补充。笔者同意郑显文先生的观点，认为贞观十年的《道僧格》有这一条文。并且从《唐律疏议》找到新的补充证据"诈疾病及故伤残条"。

第三节　郑显文复原的《道僧格》新条文辨析

郑显文认为，从北魏孝文帝太和十七年制定《僧制》四十七条到唐代《道僧格》的出现，这期间历经一百多年，政府对于佛道教的立法也在不断完善中。所以唐代《道僧格》的内容应比北魏《僧制》更加丰富和详尽，条文数也应远远超过复原得到的。因此郑显文复原《道僧格》时将"有私事条""外国寺条"和"布施条"废弃不用之余，又依据史料增加了"禁毁谤条""和合婚姻条"和"度人条"三条，使复原条文和《僧尼令》一样达到二十七条。

一　"禁毁谤条"

郑显文复原的"禁毁谤条"内容是："凡道士、僧尼等，如有道士诽谤佛法僧尼排斥老君，更相訾毁者，先决杖，即令还俗。"⑤ 这一条文的复原根据只

---

① （宋）薛居正等：《旧五代史》卷一百一十五，中华书局1976年版，第1530页。
② 《令集解》卷二，[日]《新订增补国史大系》卷二十三，吉川弘文馆刊行，1965年版，第89页。
③ 郑显文：《唐代道僧格研究》，《历史研究》2004年第4期，第53页。
④ 周奇：《唐代宗教管理研究》，博士学位论文，厦门大学，2005年，第38页。
⑤ 郑显文：《唐代律令制研究》，北京大学出版社2004年版，第307页。

有《唐大诏令集》卷一百一十三武则天圣历元年的"条流佛道二教制":

> 佛道二教,同归于善;无为究竟,皆是一宗。比有浅识之徒,竞于物我;或因忿怨,各出丑言。僧既排斥老君,道士乃诽谤佛法,更相訾毁,务在加诸。人而无知,一至于此。且出家之人,须崇业行,非犯圣义,岂是法门?自今僧及道士敢毁谤佛道者,先决杖,即令还俗。①

武则天的这一条禁止不同宗教间争端的制敕,对于违犯者的惩处是"决杖"和"还俗"。笔者认为,《道僧格》最显著的一个特征就是,僧道违法的处罚取消了唐律中的"笞""杖"刑。《唐律疏议》的"除免比徒条"有这样的规定:

> 若诬告道士、女官应还俗者,比徒一年;其应苦使者,十日比笞十;官司出入者,罪亦如之。疏议曰:依格:"道士等辄着俗服者,还俗。"假有人告道士等辄着俗服,若实,并须还俗;既虚,反坐比徒一年。"其应苦使者,十日比笞十",依格:"道士等有历门教化者,百日苦使。"若实不教化,枉被诬告,反坐者诬告苦使十日比笞十,百日杖一百。"官司出入者",谓应断还俗及苦使,官司判放;或不应还俗及苦使,官司枉入:各依此反坐徒、杖之法,故云"亦如之"。失者,各从本法。②

文中的"依格"指的就是《道僧格》,而之所以有"若诬告道士、女官应还俗者,比徒一年;其应苦使者,十日比笞十"的规定,是因为《道僧格》的刑种只有"苦使"和"还俗"两种,诬告者非僧尼,反坐受惩罚不能用"苦使"和"还俗",因此才有"还俗"折合"徒一年","苦使十日"折合"笞十"的规定。因此,郑显文的复原条文中出现"决杖",显然是不合理的。

唐朝皇帝的临时性的制敕要成为相对固定的永格,是要经过省部的增删、组合、汇编的过程。而省部定格的一个重要步骤就是对制敕前后矛盾的地方加

---

① (宋)宋敏求编:《唐大诏令集》卷一百一十三,华东政法学院法律古籍整理研究所点校,学林出版社1992年版,第538页。
② 刘俊文:《唐律疏议笺解》卷三,中华书局1996年版,第249页。

以修改、增删。因此,笔者认为,武则天的这一制敕明显和《道僧格》的刑种设置相互矛盾,即使省部最终将禁止佛教、道教相互訾毁排斥的条文录入《道僧格》,其刑罚也不会是"决杖"。现试将此条重新复原如下:

(28)禁相訾毁条:凡道士、女冠有诽谤佛法,僧尼有訾毁道教者,皆还俗。

二 "和合婚姻条"

郑显文复原的"和合婚姻条"的内容是:"凡道士、女道士、僧、尼等和合婚姻,皆苦使也。"① 他复原的根据有两个,一是《唐六典》卷四的"祠部郎中"条:"凡道士、女道士……若巡门教化、和合婚姻……皆苦使也。"② 二是《庆元条法事类》卷五十一《道释门》中的:"诸僧道辄娶妻并嫁之者,各以奸论加一等,僧道送五百里编管。"③周奇认为"和合婚姻条"在《僧尼令》中没有相应的条文,仅凭《唐六典》和《庆元条法事类》规定就认为是《道僧格》条文,在逻辑上是不能成立。

在这里,郑显文和周奇对"和合婚姻"这一概念有明显的理解错误。笔者认为,所谓"和合婚姻",是指为他人做媒撮合婚姻,并不是指僧尼、道士自己的嫁娶。因此,郑显文的第一条根据是指僧道为人做媒撮合婚姻,和第二条僧道嫁娶之间没有关联,第二条依据是无法成立的。而且笔者认为,《僧尼令》中条文多数是一条数罪,很少单一一项行构成一条罪名的。如"饮酒条"云:"凡僧尼饮酒、肉食、服五辛者,三十日苦使。若为疾病药分所须,三纲给其日限。若饮酒醉乱及与人斗打者,各还俗"④,其中包含"饮酒""肉食""服五辛""与人打斗"等几项罪名,而且《道僧格》中凡是处以"苦使"的条文,都明确规定了"苦使"多少日。因此,笔者认为,郑显文复原的"和合婚姻条"依据不足。

宋代《庆元条法事类》中有禁止僧道嫁娶的规定,是否就能推知唐代的

---

① 郑显文:《唐代律令制研究》,北京大学出版社2004年版,第302页。
② (唐)李林甫等:《唐六典》卷四,陈仲夫点校,中华书局1992年版,第126页。
③ (宋)谢深甫:《庆元条法事类》卷五十一,杨一凡、田涛《中国珍稀法律典籍续编》,黑龙江人民出版社2002年版,第725页。
④ 《令集解》卷二,[日]《新订增补国史大系》卷二十三,吉川弘文馆刊行,1965年版,第83页。

《道僧格》中也有类似条文呢？笔者认为是有的。首先，唐律中明文规定，僧道犯奸定罪也比常人加二等；其次，《新唐书》第一百四十七卷记载，唐德宗时，李书明上书请求禁道佛，刑部员外郎裴伯说："男女者，继祖之重也。而二教悉禁；国家著令，又从而助之。是以夷狄不经法，反制中夏礼义之俗也。"①由此可以推知，当时的唐令中必然有禁止僧道结婚的条文。圆仁所著《入唐求法巡礼行记》卷三也提到，会昌三年（843）十月，武宗敕令天下所有僧尼"曾犯淫养妻，不修戒行者，并勒还俗"②。宋代《庆元条法事类》中对于僧道娶妻的处罚是"各以奸论加一等，僧道送五百里编管"③，似较唐代量刑要轻。《唐律疏议》的《杂律》"奸条"云："诸奸者，徒一年半；有夫者，徒二年。"④《名例》"称道士女官"条的疏议云："道士女官奸者，加凡人二等……还俗后事发，亦依犯时加罪，仍同白丁配徒，不得以告牒当之。"⑤ 因此，笔者认为，《道僧格》中如有禁止僧尼、道士结婚的条文的话，应该至少比凡奸罪加二等量刑。现将此条文复原如下：

（29）禁僧道嫁娶条：诸道士、女冠、僧尼有娶妻并嫁之者，皆还俗，以奸罪论，加凡人二等，不许以度牒当之。

三 "度人条"

郑显文复原的《道僧格》"度人条"内容是："王公已下薨，别敕许度人者，亲王二十，三品已上三人。并须亡者子孙及妻媵，并通取周亲，妻媵不须试业。若数不足，唯见在度；如有假冒，不在原首之限也。"⑥ 复原的依据是《白孔六帖》卷八十九所引的唐《祠部格》中的"度人条"，内容也完全不变。笔者认为，此条格文的订立日期应是在试经度僧制实施后，特赦已故王公、亲王亲眷免去试经直接出家。此条文中提到"不需试业"，也就是免去试经等官度程序，直接获得出家资格。

---

① （宋）欧阳修、宋祁：《新唐书》卷一百四十七，中华书局1975年版，第4758页。
② ［日］圆仁：《入唐求法巡礼行记》卷三，上海古籍出版社1986年版，第843页。
③ （宋）谢深甫：《庆元条法事类》卷五十一，杨一凡、田涛《中国珍稀法律典籍续编》，黑龙江人民出版社2002年版，第725页。
④ 钱大群：《唐律译注》，江苏古籍出版社1988年版，第331页。
⑤ 刘俊文：《唐律疏议笺解》卷六，中华书局1996年版，第527页。
⑥ 郑显文：《唐代律令制研究》，北京大学出版社2004年版，第308页。

根据白文固的研究，试经度僧成为一种制度性的政策，最早实行于唐高宗时，到唐中宗时已臻于完备。①而实际上，试经度僧制度形成的确切年代，有三种不同的文献记载和说法。第一种是显庆三年（658）说，依据是《大唐大慈恩寺三藏法师传》卷十的一段记载："（显庆三年）敕先委所司简大德五十人，侍者各一人，后更令诠试业行童子一百五十人拟度。至其月十三日，于寺建斋度僧，命法师看度。"②第二种是神龙元年（705）说，根据是《佛祖统纪》卷四十的记载："（神龙元年）诏天下试经度人。山阴灵隐僧童大义，年十二，诵《法华经》，试中第一。"③又有《宋高僧传》卷十五《唐越州称心寺大义传》记载："释大义，年十二，请诣山阴灵隐寺求师，因习内法，开卷必通，人咸叹之。属中宗正位，恩制度人，都督胡元礼考试经义，格中第一，削染，配昭玄寺。"④第三种是神龙二年（706）说，《释氏稽古略》卷三记载："（神龙二年）八月，诏天下试童行经义，挑通无滞者度之为僧。试经度僧从此而始。"⑤尽管这些记载有分歧，但基本可以证明白文固的观点，试经度僧制最早出现于高宗时期，到唐中宗时已发展成熟，之后各朝都沿袭了这一制度。

贞观十年始创《道僧格》时，试经度僧制度尚未形成，应该不会有"不需试业"这样的条文。当然，唐代的格是动态的，每隔一段时间就会重新修订。因此笔者认为，"度人条"虽然不属于贞观十年始创的《道僧格》，但是到了唐中宗时期，也就是试经度僧制度发展成熟，成为定式之后，《道僧格》就可能包含该条文。不同时期特赦贵族成员恩度的人数也有波动，也不仅仅限于王公贵族去世时。例如《唐六典》卷四的"祠部郎中"条就提到："五品已上女及孙女出家者，官斋、行道，皆听不预。"⑥因此，笔者认为郑显文复原的"度人

---

① 参见白文固、赵春娥《中国古代僧尼名籍制度》，青海人民出版社2002年版，第68页。
② （唐）慧立、彦悰：《大唐大慈恩寺三藏法师传》卷十，《大正藏》第50卷，台湾新文礼出版公司1983年影印版，第275页。
③ （宋）志磐：《佛祖统纪》卷四十，《大正藏》第49卷，台湾新文礼出版公司1983年影印版，第371页。
④ （宋）赞宁：《宋高僧传》卷十五，《大正藏》第50卷，台湾新文礼出版公司1983年影印版，第800页。
⑤ （元）释觉岸：《释氏稽古略》卷三，《大正藏》第49卷，台湾新文礼出版公司1983年影印版，第822页。
⑥ （唐）李林甫等：《唐六典》卷四，陈仲夫点校，中华书局1992年版，第127页。

条"虽也属于《道僧格》条文,只是时间上较接近唐中期的《道僧格》。因此,笔者复原《道僧格》也将此条义保存:

(30)度人条:"王公已下薨,别敕许度人者,亲王二十,三品已上三人。并须亡者子孙及妻媵,并通取周亲,妻媵不须试业。若数不足,唯见在度;如有假冒,不在原首之限也。"①

第四节 《道僧格》未复原条文可能涉及的内容

根据《天圣令》"狱官令"的规定:"诸道士、女冠、僧、尼犯罪徒以上及奸、盗、诈、脱法服,依律科断,余犯依僧道法。"② 前面梳理出的唐律、令、式中除了和奸、盗、诈、脱法服之外需要依僧道法的还有五类。

一 关于"还俗"的刑罚执行

从前面《唐律疏议》的相关内容分析可以知道,《道僧格》的刑种有两种:一是"苦使";二是"还俗"。另外,对于累犯"苦使"的僧道有改配边远寺院的"外国寺条"。关于"苦使"的执行细则,《令集解》卷八转引的唐《道僧格》条文中有详细描述:"有犯苦使者,三纲立案锁闭。放一空院内,令其写经。日课五纸,日满检纸,数足放出。若不解书者,遣执土木,作修营功德等使。其老小临时量耳。不合赎也。"③ 而对于"还俗"的执行,《僧尼令》却没有相应条文,作为《道僧格》的两大基本刑种之一,笔者认为,《道僧格》中应有关于"还俗"的执行细则的条文。《唐律疏议》"私入道条"规定:

诸私入道及度之者,杖一百(若由家长,家长当罪);已除贯者,徒一年。本贯主司及观寺三纲知情者,与同罪。若犯法合出观寺,经断不还俗者,从私度法。即监临之官,私辄度人者,一人杖一百,二人加一

---

① (唐)白居易、(宋)孔传:《白孔六帖》卷八十九,《四库全书》第892册,上海古籍出版社1989年版,第892—456页。
② 天一阁博物馆、中国社会科学院历史研究所《天圣令》整理课题组:《天一阁藏明钞本天圣令校证》,中华书局2006年版,第342页。
③ 《令集解》卷八,[日]《新订增补国史大系》卷二十三,吉川弘文馆刊行,1965年版,第234页。

等。……疏议曰：若犯法还俗，合出观寺，官人断讫，牒观寺知，仍不还俗者，从"私度"法。断后陈诉，须着俗衣，仍披法服者，从"私度"法，科杖一百。①

而《僧尼令》的"私度条"云："凡有私度及冒名相代，并已判还俗仍被法服者，依律科断。师主三纲、及同房人知情者各还俗。非同房，知情容止经一宿以上，皆百日苦使；即僧尼知情，居止浮逃人经一宿以上者，亦百日苦使。罪重者依律论。"②和《唐律疏议》的"私入道条"十分相似，因此可以推知《道僧格》中关于"还俗"的执行也有类似内容。《僧尼令》"自还俗条"云："凡僧尼自还俗者，三纲录其贯属，京经僧纲目。自余经国司，并申省除附。若三纲及师主隐而不申，卅日以上，五十日苦使；六十日以上、百日苦使。"③根据这几条文献，现将《道僧格》"还俗条"复原如下：

（31）还俗条：若道士、女冠、僧尼有犯判还俗者，须脱法服，当日离寺，追归本业。其告牒勒本寺纲维当日送祠部，其余诸州府勒本州申送，以凭注毁。若判还俗仍不还俗者，及断后陈诉仍被法服者，依私度法。

二 关于僧道的丧葬

《唐律疏议·贼盗律》"残害死尸"条规定："诸残害死尸（谓焚烧、支解之类）及弃尸水中者，各减斗杀罪一等；缌麻以上尊长不减。"④按照疏议的注解，"残害死尸"指的是"支解形骸，割绝骨体及焚烧"等行为。"残害死尸"和"弃尸水中"，依照《斗杀律》情节最重者可以处死。但是，"若愿自焚尸，或遗言水葬及远道尸柩，将骨还乡之类，并不坐"⑤。

我国古代受儒家"入土为安"丧葬观的影响，把"慎护先人发肤""事死如事生"⑥视为"孝"的表现。丧葬的礼仪和规格也是"别尊卑，异贵贱"的

---

① 刘俊文：《唐律疏议笺解》卷十二，中华书局1996年版，第931页。
② 《令集解》卷二，[日]《新订增补国史大系》卷二十三，吉川弘文馆刊行，1965年版，第88页。
③ 同上书，第81—82页。
④ 刘俊文：《唐律疏议笺解》卷十八，中华书局1996年版，第1322页。
⑤ 同上。
⑥ 王宇：《佛教对宋朝火葬盛行的影响》，《佛学研究》2008年第2期，第29页。

体现。唐律对侵犯死者坟墓、尸体的刑罚极其严峻。如"盗耕人墓田"条规定:"诸盗耕人墓田,杖一百;伤坟者,徒一年。"①"穿地得死人"条规定:

> 诸穿地得死人不更埋,及于冢墓燻狐狸而烧棺椁者,徒二年;烧尸者,徒三年。缌麻以上尊长,各递加一等;卑幼,各依凡人递减一等。②
>
> 若子孙于祖父母、父母,部曲、奴婢于主冢墓燻狐狸者,徒二年;烧棺椁者,流三千里;烧尸者,绞。③
>
> "发冢"条:"《礼》云:'葬者,藏也,欲人不得见。'古之葬者,厚衣之以薪,后代圣人易之以棺椁。有发冢者,加役流。"④

唐律中将"自愿焚尸""遗言水葬"设为免受刑事追究的特例,显然和佛教传播火葬、水葬在僧侣群体中流行有关,是专门为僧尼而定的特赦。考察《僧尼令》的条文内容,几乎涉及僧尼的衣食住行各个方面,因此,笔者认为,《道僧格》关于僧尼的丧葬,也会有相关条文规范。

三 关于僧道免囚禁、刑讯的规定

僧尼出家后的身份不仅仅代表个人,还一定程度上代表了佛教。僧人被尊为"三宝"之一,受到信徒的崇拜礼敬,因此僧尼犯罪被刑讯、囚禁是对佛教形象的伤害,因此唐代宗时,"僧之徒侣,虽有赃奸蓄乱,败戮相继,而代宗信心不易,乃诏令天下不得棰曳僧尼"⑤。僧尼在监禁、刑讯方面享有一定特权,还可以从《大唐大慈恩寺三藏法师传》中找到根据:

> 永徽六年有敕:"道士、僧等犯罪,情难知者,可同俗法推勘。"边远官人不闲敕意,事无大小,动行枷杖,亏辱为甚。法师每忧之……但出家人等,具有制条。更别推科,恐为劳扰。前令道士女道士僧尼有犯依俗法

---

① 刘俊文:《唐律疏议笺解》卷十三,中华书局1996年版,第981页。
② 刘俊文:《唐律疏议笺解》卷十八,中华书局1996年版,第1326页。
③ 同上。
④ 刘俊文:《唐律疏议笺解》卷十九,中华书局1996年版,第1364页。
⑤ (后晋)刘昫等:《旧唐书》卷一百一十八,中华书局1975年版,第3417页。

者宜停，必有违犯宜依条制……①

《条制》毫无疑问指的就是《道僧格》。从"动行枷杖"这句话分析，首先，《道僧格》中刑种没有"杖刑"和"笞刑"。而"枷"是囚具的一种，从文义可以推测，如果严格执行《道僧格》的话，僧人就不会受到枷杖的待遇。再有《唐会要》卷五十云：

> 开元二十九年正月，河南采访使汴州刺史齐瀚奏："伏以至道冲虚，生人宗抑，未免鞭挞，孰赡仪型。其道士、僧尼、女冠等有犯，望准《道格》处分。所由州县官，不得擅行决罚。如有违越，请依法科罪。"②

这段记载中提到的"鞭挞"，也不属于唐律"五刑"之一，而是刑讯的一种手段。由此可以推知，《道僧格》条文中还应有关于僧尼犯法可以免受刑讯、囚具的内容。

四　关于外籍僧人管理

唐代是我国古代对外交往最为频繁活跃的历史时期，作为当时东亚乃至世界政治、经济、文化的中心，每年都有大量的外国人入唐学习、生活、经商和旅游。对于外国人，也就是"化外人"的管理已经写入法律，唐律《名例律》的"化外人相犯条"规定了量刑原则："诸化外人，同类自相犯者，各依本俗法；异类相犯者，以法律论。"③唐代法律体系中对涉外贸易、经商、婚姻、财产继承等都有具体的法律规定。

对于来华外籍僧人的管理，早在魏晋时就有了规定。《魏书·释老志》云："其外国僧尼来归化者，求精检有德行合三藏者听住；若无德行，遣还本国；若其不去，依此僧制治罪。"④隋朝时外国僧人来华渐多，隋政府的僧官系统还专门设置了"外国僧主"一职，由担任过北齐昭玄沙门统的名僧那连提黎耶舍担

---

① （唐）慧立、彦悰：《大唐大慈恩寺三藏法师传》卷九，中华书局2000年版，第178页。
② （宋）王溥：《唐会要》卷五十，上海古籍出版社2006年版，第1013页。
③ 刘俊文：《唐律疏议笺解》卷六，中华书局1996年版，第478页。
④ （北齐）魏收：《魏书》卷一百一十四，中华书局1975年版，第3041页。

任这一职务。唐代大量外籍僧人来华，已经成为一个引人注目的群体，如何管理外籍僧人，是唐政府必须面对的课题。《唐会要》卷四十九"僧籍"条规定："新罗、日本僧入朝学问，九年不还者，编诸籍。"① 因此可见唐代对外国僧人加入中国僧籍是有具体条文规定的。笔者认为，《道僧格》中应该有关于外籍僧众来华违反唐律的处罚措施，以及外籍僧人加入中国僧籍等内容的规定。

五 关于僧尼违反杀人以外杀戒的处罚

《唐律疏议》规定，"道士、女官、僧尼犯奸、盗，于法最重"②，而杀人者无论是斗杀、谋杀还是过失杀，其刑罚都在徒刑以上，因此，僧尼犯奸、盗、杀都依照唐律处置，复原的《道僧格》中只有"诈为方便条""饮酒条""做音乐条"三条条款相当于对违反五戒的"不妄语""不饮酒"两条戒律所定的惩罚措施。然而，佛教的"不杀生"戒不仅严禁杀人，还禁止杀害一切有生命的东西。第一章辑录的十九条唐式中，禁止在十斋日屠宰牲畜禽鱼的"断屠钓"式文就有五条之多。可见在唐代，十斋日屠宰牲畜、渔猎禽鸟都属于违法行为，要受到法律制裁。作为以遵守五戒为法律义务的出家僧尼，更应该恪守不杀生的戒律，一切杀生的行为都应该受到法律的惩罚。因此笔者认为，《道僧格》中还应该有关于僧尼违反杀人以外杀戒的处罚性条文。

在唐代，关于僧尼授田、僧尼免赋税、寺院经济等方面的规约都有可能被写入不同时期的《道僧格》中。由于史料有限，以上格文具体内容无法准确复原者，只能留待有志之士做进一步深入研究。

---

① （宋）王溥：《唐会要》卷四十九，上海古籍出版社2006年版，第1011页。
② 刘俊文：《唐律疏议笺解》卷六，中华书局1996年版，第528—529页。

第四章

《道僧格》内容剖析

佛教传入中国之后，除了初传时期僧团享有高度自治权之外，自南北朝始，各朝政府都通过行政的或法律的手段对僧团和寺院加以严格的管理和规范，使其成为有助于"王化"的封建统治工具之一。僧尼、道士出家离俗，形成封建社会传统的士农工商几大阶层之外的一个特殊群体，需要政府对其施以不同于常人的行政和法律措施加以约束控制。古代政府对僧尼违反法律的刑罚形式，大体上讲有四种：一是梁武帝时期的"依佛律刑罚"，也就是将戒律僧制凌驾于国家法律之上，僧尼不受世俗法律制约，只受戒律僧制的约束，但僧制由政府直接参与制定并且"不许俗看"；二是北魏宣武帝时期的"众僧犯杀人以上罪者，仍依俗断，余犯悉付昭玄，以内律僧制治之"[①]，也就是僧尼犯法，重罪依国法治罪，轻罪依戒律和僧制刑罚，在法律的适用范围上为僧尼划出一块特区，僧尼同时受国法和僧制的约束，在法律上享有很大程度的特权；以《众经法式》的编撰为标志的第三个时期，是将僧制和戒律转化为适用于僧道的特别宗教法，僧尼犯法，重罪依照普通法刑罚，轻罪依照宗教法刑罚，进入全面"依法治教"的历史新时期。然而由于隋朝存续时间短暂，加上《众经法式》内容的细密烦琐，其实施效果和对后世的影响都不尽如人意。相比之下，第四个阶段的唐代《道僧格》产生于我国封建社会的鼎盛时期，是唐政府综合治理佛教和道教两大宗教的正式宗教法典，不仅对后世宗教法的制定起了决定性作用，还成为日本《僧尼令》的直接法源和依据，因此，《道僧格》的形成和实施在我国宗教管理史和法制史上具有划时代的意义。

---

① （北齐）魏收：《魏书》卷一百一十四，中华书局1975年版，第3040页。

第一节 《道僧格》的内容和法源

一 《道僧格》的内容

我们把《道僧格》称为唐代的宗教法典，是依据现代法律部门法的定义，即按照一定的标准和根据把同类法律规范组合在一起。这里的划分标准和根据是法律调整对象，也就是以僧尼、道士这一特殊法律主体为法律调整对象的法律法规的组合。《道僧格》作为唐代的宗教法典，既具有唐律普遍的"民刑不分，诸法合体"[1]特征，又具有适用特别群体的特别法独有的特征。《道僧格》的条文中既包含制度性的法规，又包含惩罚性的法规。前面第三章《道僧格》复原，基本是按照日本《僧尼令》的法条顺序逐条考证和复原的，条款之间没有逻辑性。为了更好地考察《道僧格》内容、来源、特征以及它的特殊性，我们首先要将已复原的31条条文按照其性质和内容做一个归类和排序。

（一）审判权限归属的界定

就像《唐律疏议》的《名例》是整部唐律的总则一样，《道僧格》的总则部分，应该包括《道僧格》中界定僧道犯罪管辖权限归属的三个条款："观玄象条""焚身舍身条"和"准格律条"。"观玄象条"与"焚身舍身条"列举了僧尼犯哪些罪应依俗法量刑判罪，由地方官负责审判执行；"准格律条"规定了依《道僧格》量刑判罪，由三纲负责审判和执行的罪行。僧官和俗官分工明确，各司其职，"如有违越，依法科罪"[2]。僧尼犯罪管辖权的划分，为僧尼道士这个特殊的法律群体设置了一个法律上依法治教的"自治区"。

（二）刑种的设置和执行细则

《道僧格》作为适用于僧道的特别法规，其最特别之处在于它的刑种设置。唐代的基本刑有五种，即：笞、杖、徒、流、死。而《道僧格》的基本刑种只有"苦使"和"还俗"两种，"苦使"源自对五刑中的"笞、杖"的易刑，根

---

[1] 郝铁川：《中华法系研究》，复旦大学出版社1997年版，第10页。
[2] （宋）王溥：《唐会要》卷五十，上海古籍出版社2006年版，第1013页。

据《唐律疏议》"除免比徒条","笞刑"易刑标准是"其应苦使者,十日比笞十"①;"准格律条"规定"杖刑"的易刑标准是"犯百杖以下者,每杖十,折苦使十日"。至于"还俗",《唐律疏议》规定"若诬告道士、女官应还俗者,比徒一年"②;《道僧格》"准格律条"也有"许以告牒当徒一年"的规定。因此,"还俗"实际上是"徒一年"的变易刑。《道僧格》除了"苦使"和"还俗"两条是关于刑罚种类和刑罚执行的内容之外,"外州寺条"还规定"凡道士、女冠、僧尼有犯百日苦使,经三度者,改配异州寺",相似于《唐律疏议》中的累犯附加刑,因此笔者将"外州寺条"和"苦使条""还俗条"一起归类于《道僧格》的第二部分:刑种设置。

（三）僧尼犯法刑罚细则

《道僧格》的第三部分是刑罚细则,已复原的共二十四条,内容涉及行政、经济、社会交往、宗教修行等方面。大致可分为五个方面。

1. 僧道资格的任免

《道僧格》中有关僧尼资格管理的条文一共有七条,"任僧纲条"规定了担任寺院三纲者的任职资格和审批程序;"出家条""度人条""私度条"分别是关于获得僧道身份的三条途径:正度、恩度、私度的规约条文。唐政府严禁私度,通过私度途径成为僧道者不具备法律认可的出家人身份,因此《道僧格》中只有"私度条"出现了"杖一百""徒一年"这样唐律的正规五刑刑罚;"自还俗条""身死条"也是关于僧尼丧失资格的条文,凡是还俗、死亡、逃亡者都由祠部收回度牒,取消僧籍;成为童子才能获得僧尼预备资格,因此"取童子条"也可以被列为僧道资格任免这一部分。《道僧格》中这一部分内容,涉及僧官制、僧尼户籍制,以及度僧权等实质性内容,意在严格控制佛教僧团的发展规模,避免农业人口过度流入寺院,危及国家赋役和经济发展。

2. 僧道日常行为规则

《道僧格》约束僧尼日常行为的条文一共有六条,可以归纳为衣、食、住、行四个方面,"听著木兰条"规定僧尼的服装取"缁环等色",和俗人相区别;"饮酒条"规定僧尼不得"饮酒、食肉、食五辛";"非寺院条"将僧尼的活动

---

① 刘俊文:《唐律疏议笺解》卷三,中华书局1996年版,第249页。

② 同上。

范围限定于居住的寺院,"擅离寺观、别立道场、聚众教化"等全被视为违法;对于僧尼的出行规定更为严格,"禅行条"规定僧尼山居禅修者须"三纲联署"并交官署备案勘实才可放行;"有私事条"规定僧尼即使是因为诉讼需要造诣官署也不得独行,需要向三纲说明离寺去向和时间。"遇三位以上条"甚至还规定僧道走在路上遇到行人时都应该主动回避。《道僧格》的这些规定几乎是将僧尼完全束缚在寺院内,与外界隔绝。

3. 限制僧道敛财的法规

《道僧格》关于经济方面的法规有两条,一是限制僧尼的"不得私蓄条",禁止僧尼"私蓄奴婢、田宅、财物及兴贩出息";二是限制"诸官百姓"的"布施条",禁止布施"奴婢、田地、房宅"等,同时禁止僧尼接受这样的布施。《道僧格》限制僧尼寺院经济来源的目的也是抑制寺院经济的过度膨胀而危及国家经济。

4. 限制社会交往的法规

《道僧格》中限制僧尼道士的社会交往主要是为了社会安定,防止僧尼"扰乱徒众,勾合朋党""扰乱官家,妄相嘱请",体现了《道僧格》和唐律一致的"安人宁国"原则。"三宝物条""有事可论条""教化条"的内容都体现了这一宗旨。

5. 关于戒律和修行

《道僧格》中将戒律,也就是僧尼的宗教义务转化为法律义务的条文一共有八条。佛教最根本的五戒是杀、盗、淫、妄、酒,《唐律疏议》云"道士、女官、僧尼犯奸盗,于法最重"[1],僧尼道士犯奸、盗的刑罚已经写入唐律。除此以外《道僧格》还有"禁僧道嫁娶条"将僧道娶妻(嫁人)也列为依律科断的范围;又有"停妇女条""不得辄入尼寺条",其目的也是防止僧尼犯淫戒。至于杀戒,《道僧格》"观玄象条"有规定,"杀人、奸、盗……依法律付官司科罪",凡是杀人罪、盗窃罪都归官府审理判决,因此《道僧格》没有相关条文。"诈为方便条""卜相吉凶条""相訾毁条"的共同点都在于禁止僧尼妄语和欺骗,可以视为五戒中的"不妄语"戒的法律延伸。五戒中的酒戒不仅仅包括酒,《俱舍论》云"诸饮酒者,心多纵逸,不能守护诸余律仪。故为护余,

---

[1] 刘俊文:《唐律疏议笺解》卷六,中华书局1996年版,第527页。

令离饮酒"①，广义上说还应包括一切刺激感官，影响修行者内心清净的东西。因此，"作音乐条"禁止僧道"作音乐及博戏"的出发点也和戒酒一样，为了防止僧尼心生"纵逸"。

二 《道僧格》的法源

关于《道僧格》的法源，《广弘明集》的《度僧天下诏》的记述是："依附内律，参以金科，具为条制"②，也就是说包括戒律、僧制在内的内律和国家律法。

（一）源自唐代律、令、式

得益于《唐律疏议》的完整传世，我们可以看到永徽律的全貌并且从中辑录出与佛教相关的内容。从第二章辑录结果我们可以看出，唐律中直接以僧道为法律主体的条文其实只有三条，一是《名例》中的"称道士女官条"，详细规定了僧尼道士犯"奸""盗""殴伤""杀"四种罪的刑罚；二是《户婚》的"私入道条"，规定了私度为僧道的刑罚；三是《贼盗》的"盗毁天尊佛像条"，将天尊佛像列入法律保护对象。其余涉及佛教的条文，"除免比徒条"是对诬告僧尼、道士者反坐的易刑标准；"缘坐非同居条"是"缘坐"适用对象和范围的界定；"会赦应改正征收条"仅提到大赦时可以赦免的罪行包括"私入道"；《杂律》"和奸无妇女罪名条"和"监主于监守内奸条"分别规定了僧道犯"奸"罪的刑罚和僧道作为"奸"罪的被侵犯对象时的刑罚标准，是"称道士女官条"中"奸"罪的延伸。

《唐律疏议》曰"道士、女官、僧尼犯奸、盗，于法最重"③，唐律将五戒中的"不邪淫""不偷盗"上升为僧尼道士必须遵守的法律义务，并对违背者严加惩处。和宣武帝时期的"众僧犯杀人已上罪者，仍依俗断，余悉付昭玄，以内律僧制治之"④的僧尼犯法审判权限的划分比较，到了唐代，依俗律审判的范围增加了许多，依内律僧制审判的范围越发有限，"不许俗看"的内律僧

---

① 《阿毗达磨俱舍论》卷十四，《大正藏》第29册，台湾新文礼出版公司1983年影印版，第77页。
② （唐）释道宣：《广弘明集》卷二十八，《四库全书》第1048册，上海古籍出版社1989年版，第736页。
③ 刘俊文：《唐律疏议笺解》卷六，中华书局1996年版，第528—529页。
④ （北齐）魏收：《魏书》卷一百一十四，中华书局1975年版，第3040页。

制也演变为公开颁布实施的宗教法《道僧格》。已复原的三十一条《道僧格》条文中,"准格律条"明确界定了僧尼道士"犯大逆、谋叛、奸、盗、诈、脱法服及徒以上者,依律科断";还有"观玄象条"规定"上观玄象、假说灾祥、语及国家、妖惑百姓及习读兵书、杀人、奸、盗、诈称得圣道者,付官司依律科罪";"焚身舍身条"规定"舍身、烧臂、炼指、钉截手足、带铃燃灯,诸般坏肢体、戏弄道具符禁、左道妖惑、骇俗惊愚者,皆勒还俗,依律科断。"从这三条内容可以大致推断出,其实真正起到《道僧格》总则作用的是"准格律条",因为"准格律条""徒以上者"概括的内容最广泛,可以包含所有"观玄象条"和"焚身舍身条"中列举的违背唐律的罪行,并且将《道僧格》的审判范围明确界定在"徒以下罪"。

《道僧格》对于唐律已有明文规定的"奸""盗""殴伤""杀""盗毁天尊佛像"几种罪行很少重复规定,但"私入道"虽然在唐律中已有单独罪名和刑罚,《道僧格》却设有"私度条",可见唐政府对私度为僧道这一行为的重视远远超过其声称"于法最重"的"奸""盗"。现将源自唐律的《道僧格》条文和唐律相关条文列表做一个对比。

表 4–1　　《道僧格》复原条文与《唐律疏议》相近条文对比

《道僧格》复原条文	《唐律疏议》条文
观玄象条:凡道士、女官、僧尼,上观玄象、假说灾祥、语及国家、妖惑百姓及习读兵书、杀人、奸、盗、诈称得圣道者,付官司依律科罪。狱成者,虽会赦,犹还俗。	私有玄像器物条:诸玄象器物,天文、图书、谶书、兵书、七曜历、太一、雷公式,私家不得有。① 造妖书妖言条:诸造妖书及妖言者,绞。② 诈为瑞应条:诸诈为瑞应者,徒二年。若灾祥之类,而史官不以实对者,加二等。③

---

① 刘俊文:《唐律疏议笺解》卷九,中华书局1996年版,第763页。
② 刘俊文:《唐律疏议笺解》卷十八,中华书局1996年版,第1329页。
③ 刘俊文:《唐律疏议笺解》卷二十五,中华书局1996年版,第1740页。

续表

《道僧格》复原条文	《唐律疏议》条文
焚身舍身条：凡道士、女冠、僧尼等，有舍身、烧臂、炼指、钉截手足、带铃燃灯、诸般坏肢体、戏弄道具符禁、左道妖惑、骇俗惊愚者，皆勒还俗，依律科断。	诈疾病及故伤残条：……若故自伤残者，徒一年半。① 注：诈疾病，以避使役，求假之类，杖一百；若故自伤残，徒一年半。但伤残者，有避、无避，得罪皆同。即无所避而故自伤，不成残疾以上者，从"不应为重"。其受雇请，为人伤残者，与同罪；以故致死者，减斗杀罪一等。②
私度条：凡私入道者，杖一百；已除贯者，徒一年。所属官司及观寺三纲知情者同罪。若犯法还俗仍不还俗者，及断后陈诉仍被法服者，依私度法。帅主二纲及同房，知情者，皆还俗。非同房知情者，容止经一宿以上，百日苦使。	私入道条：诸私入道及度之者，杖一百；若由家长，家长当罪；已除贯者，徒一年。本贯主司及观寺三纲知情者，与同罪。若犯法合出观寺，经断不还俗者，从私度法。即监临之官，私辄度人者，一人杖一百，二人加一等。③
诈为方便条：凡道士、女冠、僧尼诈为方便，将己之公验移名他人者，皆还俗，依律科断。其所由人同罪。	诈为官文书：诸诈为官文书及增减者，杖一百；准所规避，徒罪以上，各加本罪二等；未施行，各减一等。④

唐代的格是对皇帝因时之需而颁发的敕令的增删、分类、汇编。因此《道僧格》中的条文应该有更多源自唐令的。然而由于唐令的佚失，无法进行仔细的对照。第二章辑录和复原的有关佛教的唐令一共14条，其中官品令2条，职员令2条，祠令1条，田令2条，狱官令1条，仪制令3条，衣服令1条，假宁令1条，杂令1条。官品令和职员令是关于管理佛道教的机构祠部和鸿胪寺官

---

① 刘俊文：《唐律疏议笺解》卷二十五，中华书局1996年版，第1751页。
② 同上。
③ 刘俊文：《唐律疏议笺解》卷十二，中华书局1996年版，第931页。
④ 刘俊文：《唐律疏议笺解》卷二十四，中华书局1996年版，第1708页。

员的官品俸禄的令文，属于世俗行政事务，在《道僧格》中无相关内容体现。田令中关于僧尼授田的令文颁布年限不详，无法确定是在《道僧格》形成之前还是之后。但是唐代掌管田地的是户部，祠部无权决定僧尼授田问题，因此这一令文在《道僧格》中也无对应条文。仪制令关于僧道出席斋会、法会、庆典等公共场合的先后次序的规定多次变更，没有被固定为格。假宁令规定佛诞日休假属于全国性节日，不专门属于僧尼道士，因此也没有被收入《道僧格》。其余令文则都有相对应的格文。

表4-2　　　　　　　　《道僧格》复原条文与唐令相关条文对比

《道僧格》复原条文	第二章复原唐令条文
任僧纲条：凡天下寺观三纲，及京都大德，皆取其道德高妙、为众所推、纲维法务者补充。所举徒众，连署牒官，上书祠部。若有阿党朋扇、浪举无德者，百日苦使。若取非人，刺史为首，以违旨论。县令、纲维、节级连坐。	祠令：凡天下寺，每寺上座一人，寺主一人，都维那一人，共纲统众事。三纲及京都大德，皆取其道德高妙、为众所推者，上书祠部。
布施条：凡斋会诸官百姓不得以奴婢、田地、房宅及充布施，其僧尼不得辄受。违者在京并令司农即收，外州给下课户。	田令：诸官、仕女及百姓不得将田宅舍布施及卖易于寺观。违者，钱物及田宅并没官。
准格律条：道士、女冠、僧尼，犯大逆、谋叛、奸、盗、诈、脱法服及徒以上者，依律科断。徒年以上者皆还俗，许以告牒当徒一年。若会赦，亦还俗。	狱官令：诸道士、女冠、僧、尼犯罪徒以上及奸、盗、诈、脱法服者，依律科断；余犯依僧道法。所由州县官，不得擅行决罚。如有违越，依法科罪。
听著木兰条：凡道士、女冠、僧尼衣服，皆以木兰、青碧、皂、荆黄、缁环等色。若著俗服及绫罗、乘大马者，皆还俗。	衣服令：凡道士、女冠、僧尼，皆以木兰、青碧、皂、荆黄、缁环之色为衣服。

续表

《道僧格》复原条文	第二章复原唐令条文
身死条:诸道士、女冠、僧尼身死、还俗及逃亡者,其度牒勒本寺纲维当日封送祠部;其余诸州府勒本州申送,以凭注毁。 自还俗条:凡道士、女冠、僧尼自还俗者,听之。其告牒勒本寺纲维当日送祠部,其余诸州府勒本州申送,以凭注毁。若三纲及师主隐而不申者,三十日以上,五十日苦使;六十日以上,百日苦使。	杂令:诸僧尼道士之簿籍三年一造,具言出家年月、夏腊、学业,随处印署。一本送祠部,一本送鸿胪,一本留州县。其身死及数有增减者,年录名及增减因由,状申祠部,具入账。

和规定重大典章制度的令相比,式的内容表现为时间、人数、数量等的实施细则。从第二章整理辑录出的相关式文可以看出,式绝大多数是正面的制度性立法,而不是定罪判刑的刑法条文。《道僧格》作为约束规范僧道的法典,其格文有制度性的,也有量刑定罪性的,以定罪判刑的条文居多。因此,直接源于唐式的内容不多。然而,式文虽无刑罚规定,但是式依旧是四种法律形式之一,违背式文规定,一样会按照相关律法进行刑事处罚,如《唐会要》卷四十一记载的式文"自今以后,每年正月九日,及每月十斋日,并不得行刑,所在公私宜断屠钓"[①]颁布于武德二年正月二十四日,永徽律中已经有"立春后秋分前不决死刑"条出现:"诸立春以后、秋分以前决死刑者,徒一年。其所犯虽不待时,若于断屠月及禁杀日而决者,各杖六十。待时而违者,加二等。"[②]

因此,唐式也一样可能成为《道僧格》的法源,如《唐会要》卷四十九记载的式文:

---

① (宋)王溥:《唐会要》卷四十一,上海古籍出版社2006年版,第857页。
② 刘俊文:《唐律疏议笺解》卷三十,中华书局1996年版,第2101页。

十二年六月二十六日，敕有司，试天下僧尼年六十已下者，限诵二百纸经，每一年限诵七十三纸。三年一试，落者还俗。不得以坐禅对策义试。诸寺三纲统，宜入大寺院。①

已经取得僧道资格的，三年一试经，未通过者还俗，在唐中后期试经度僧成为制度后的《道僧格》就很可能收录这样的条文。

(二) 源自历朝历代《僧制》

中国化僧制肇始于道安，并在历代封建政府的直接干预下不断发展和完善。根据史书记载，最早出现"俗施僧制"是在北魏建国之初，孝文帝太和十七年（493）"诏立僧制四十七条"②，其后永平元年（508），宣武帝诏命："自今已后，众僧犯杀人已上罪者，仍依俗断，余悉付昭玄，以内律僧制治之。"③ 说明北魏僧制是一部政府颁发的强制执行的法规，但由于同时还规定"僧尼之法，不得为俗人所使"④，又使北魏僧制既不同于道安时期的僧制，又不同于一般法律。这一时期制定僧制是一种政府行为，依据的是佛教戒律和国家律法诏令，已经具有法律效力，但形式上仍沿用"僧人用内律，非全依国法"的形式，是《道僧格》的前身。

历朝僧制虽然不尽相同，但是却有一定的继承性，根据《魏书·释老志》的记载，永平二年冬沙门统惠上书请"与经律法师群议立制"⑤ 得到允许，奏文中所引用的部分僧制内容被称为"永平二年僧制"。又有熙平二年春灵太后下令整顿僧团，制定了一系列法规，诏书之中所引用的僧制条文被称为"熙平二年僧制"。郑显文在《唐代律令制研究》一书中将北魏僧制相关内容和《僧尼令》列表做了对照，发现二者之间有很深的渊源⑥，也进一步证实了历朝僧制与《道僧格》之间的历史继承性。笔者在郑显文先生所作表格基础上，结合新收集的相关史料，和已经复原的《道僧格》条文做一个对照。

---

① （宋）王溥：《唐会要》卷四十九，上海古籍出版社2006年版，第1008页。
② （北齐）魏收：《魏书》卷一百一十四，中华书局1975年版，第3042页。
③ 同上书，第3040页。
④ 同上书，第3041页。
⑤ 同上。
⑥ 郑显文：《唐代律令制研究》，北京大学出版社2004年版，第297页。

表 4-3　　　　《道僧格》复原条文与历代僧制相近条文对比

资料来源	内　容	《道僧格》复原条文	内　容
《魏书·释老志》延兴二年诏令	比丘不在寺舍,游涉村落,交通奸猾,经历年岁。令民间五五相保,不得容止。①	非寺院条	诸道士、女冠、僧尼擅离寺观、别立道场、聚众教化及妄说罪福、殴击长宿者,皆还俗。所由官司知而不禁者,依律科罪。其乞余物者,百日苦使。
《魏书·释老志》延兴二年诏令	若为三宝巡民教化者,在外赍州镇维那文移,在台者赍都维那等印牒,然后听行。违者加罪。②	禅行条	凡道士、女冠、僧尼,有欲求山居服饵、禅行修道,意乐寂静,不交于俗者,三纲连署,在京者经鸿胪寺,在外者经所由官司,勘实并录申官。僧尼有能行头陀者,到州县寺舍,任安置将理,不得所由恐动也。
《魏书·释老志》永平元年诏令	自今已后,众僧犯杀人已上罪者,仍依俗断,余悉付昭玄,以内律僧制治之。③	准格律条	道士、女冠、僧尼,犯大逆、谋叛、奸、盗、诈、脱法服及徒以上者,依律科断。徒年以上者皆还俗,许以告牒当徒一年。若会赦,亦还俗。
《魏书·释老志》引永平二年僧制	出家之人不应犯法,积八不净物……又,比来僧尼,或因三宝,出贷私财,缘州外。④	不得私蓄条	凡道士、女冠、僧尼,不得私蓄奴婢、田宅、财物及兴贩出息,违者还俗。许人纠告,物赏纠告人。

① (北齐)魏收:《魏书》卷一百一十四,中华书局 1975 年版,第 3038 页。
② 同上书,第 3038 页。
③ 同上书,第 3040 页。
④ 同上书,第 3041 页。

续表

资料来源	内　容	《道僧格》复原条文	内　容
《魏书·释老志》引永平二年僧制	或有不安寺舍,游止民间,乱道生过,皆由此等。若有犯者,脱服还民。①	教化条	凡道士、女冠、僧尼历门教化者,百日苦使。其俗人者,依律科论。
《魏书·释老志》引熙平二年僧制	州统、维那与官及精练简取充数。若无精行,不得滥采。若取非人,刺史为首,以违旨论。②	任僧纲条	凡天下寺观三纲,及京都大德,皆取其道德高妙、为众所推、纲维法务者补充。所举徒众,连署牒官,上书祠部。若有阿党朋扇、浪举无德者,百日苦使。若取非人,刺史为首,以违旨论。县令、纲维,节级连坐。
《魏书·释老志》引熙平二年僧制	自今奴婢悉不听出家,诸王及亲贵,亦不得辄启请。有犯者,以违旨论……有犯还俗,被养者归本等。③	出家条	私家部曲、奴婢等不得入道,如别敕许出家,后犯还俗及自还俗者,追归旧主,各依本色。私度者不在此限。
《魏书·释老志》引熙平二年僧制	若取非人,刺史为首,以违旨论,太守、县令、纲僚节级连坐,统及维那移五百里外异州为僧。④ 其僧尼辄度他人奴婢者,亦移五百里外为僧。⑤	外州寺条	凡道士、女冠、僧尼有犯百日苦使,经三度者,改配异州寺。

---

① （北齐）魏收：《魏书》卷一百一十四,中华书局 1975 年版,第 3041 页。
② 同上书,第 3043 页。
③ 同上。
④ 同上。
⑤ 同上。

续表

资料来源	内　容	《道僧格》复原条文	内　容
《魏书·释老志》引熙平二年僧制	私度之僧，由三长罪不及已，容多隐滥。自今有一人私度，皆以违旨论。邻长为首，里、党各相降一等。县满十五人，郡满三十人，州镇满三十人，免官，僚吏节级连坐。私度之身，配当州下役。①	私度条	凡私入道者，杖一百；已除贯者，徒一年。所属官司及观寺三纲知情者同罪。若犯法还俗仍不还俗者，及断后陈诉仍被法服者，依私度法。师主三纲及同房知情者，皆还俗。非同房知情者，容止经一宿以上，百日苦使。
《魏书·释老志》引元象元年诏令	如闻诸人，多以二处得地，或舍旧城所借之宅，擅立为寺。知非己有，假此一名。终恐因习滋甚，有亏恒式。宜付有司，精加隐括。②	布施条	凡斋会诸官百姓不得以奴婢、田地、房宅充布施，其僧尼不得辄受。违者在京并令司农即收，外州给下课户。

（三）来自佛教道教戒律

《唐律疏议》云："道士、女官、僧、尼犯奸盗，于法最重。"③ 僧道犯"奸""盗"时要比俗人加重刑罚，其依据就是佛教和道教的戒律，将戒律转化为僧尼道士必须履行的法律义务。

相传在释迦牟尼在世时，看到弟子中有人犯错，便"随机设教"，为僧团制定戒律，以"防非止恶"。戒条从最初的五戒、八戒、十戒发展到二百五十戒，又根据信徒身份制定沙弥戒、学法女戒、比丘戒、比丘尼戒……释迦牟尼涅槃后至阿育王时代，原始佛教分裂为十八部派，"时有五大罗汉，各领徒众弘

---

① （北齐）魏收：《魏书》卷一百一十四，中华书局1975年版，第3043页。
② 同上书，第3047页。
③ 刘俊文：《唐律疏议笺解》卷六，中华书局1996年版，第528页。

通佛法，见解不同，或执开随制，共相传习，遂有五部出焉"①，即为小乘五部律，其中传到中国的有四部：《摩诃僧祇律》《十颂律》《五分律》《四分律》。严耀中总结小乘律的特点时说："上述诸律，皆烦琐而面面俱到。"② 稍后流行的大乘菩萨戒则简而不烦，前者的重心在禁止纵欲行恶的禁行，后者重心在于行善救世的戒心。无论是大乘戒律还是小乘戒律，五戒是佛教的根本戒律。所谓五戒，即不杀生、不偷盗、不邪淫、不妄语和不饮酒。

和佛教一样，道教也有用来约束道士、女冠思想言行，防止"恶心邪欲""乖言戾行"的戒律。初期的道教戒律十分简约，以戒贪欲、守清静为主旨。到了魏晋南北朝时期，上清派、灵宝派、新天师道等教派借鉴佛教戒律，同时汲取儒家名教纲常观念制定了道教的"五戒""八戒""十戒"和其他戒律。因此，道教的"五戒""八戒"和佛教"五戒""八戒"基本相同。除了"五戒""八戒""十戒"外，道教的主要戒律还有想尔九戒、碧玉真宫大戒规、孚佑帝君十戒、智慧上品大戒、智慧闭塞六情上品戒、智慧度生上品大戒、三洞众戒文、三坛大戒等。这些戒律的内容大同小异，其目的也一致，只是创制的时代不同，一些高道大德对戒律的观点不同而已。五戒，又称老君五戒，据说是太上老君演说之戒，第一戒杀，第二戒盗，第三戒淫，第四戒妄语，第五戒酒。

佛教、道教的基本戒律内容几乎完全一致，但对于违戒者的惩处，则有很大差异。佛教戒律，虽然是自我约束和外在规范的统一，但是在执行时更注重其自律性。僧尼违背戒律的处罚往往是"轻则众命诃责，次又众不与语，重乃众不共住。不共住者，斥摈不齿，出一住处，措身无所，羁旅艰辛，或返初服"③。尽管佛教戒律看起来名目繁多，比丘要受二百五十戒，比丘尼要受五百戒，但实际上佛教戒律往往罪罚不分，条文混杂。佛教戒律的处罚中，除了犯"波罗夷"罪要逐出僧团外，其余的犯戒只需通过"羯磨、布萨、自恣"等方式进行忏悔即可"出罪"，实质上只是纯粹的道德性制裁。

相比之下道教的戒律处罚要严厉得多，王谋寅在其博士论文《道教与中国

---

① （南朝梁）释僧祐：《出三藏记集》卷三，《大正藏》第55册，台湾新文礼出版公司1983年影印版，第19页。
② 严耀中：《佛教戒律与中国社会》，上海古籍出版社2007年版，第23页。
③ （唐）玄奘：《大唐西域记》卷二，《大正藏》第51册，台湾新文礼出版公司1983年影印版，第877页。

传统法律文化》中列表辑录了《全真清规》对违戒道士的具体惩罚措施。从其列表中可以看出，道教清规的处罚方式很多，包括"罚跪香""拐责四十迁单""拐则四十逐出""遣出""毁衣钵逐出""罚油""罚茶""罚斋""抽单""笞""鞭""杖责""炙眉烧单""罚打斋""摈出""摘衣巾"等，最严重的是"凡奸盗邪淫者，顶清规上柴笼，火化示众"①。不难看出，这些处罚手段全是实质性的。

《道僧格》作为规范佛道二教的宗教法，沿袭了唐律的精神，也将佛教和道教共同依止的基本五戒上升为法律条文，使之成为僧尼道士必须遵守和履行的法律义务，违者将受到法律制裁。唐律已将僧尼道士的"奸""盗"罪单独列出，加重刑罚，《道僧格》"准格律条"也将僧尼道士犯"杀"罪划归依俗律刑罚，因此《道僧格》中没有关于"盗窃""杀人"罪的刑罚条文，仅有"停妇女条"和"不得辄入尼寺条"是为了防范僧尼犯奸而设的"防非止恶"性条文。"诈为方便条""卜相吉凶条"和"禁相訾毁条"可以看作"不妄语"戒的体现，"饮酒条"和"做音乐"条源自"不饮酒"戒。

这里有两点值得注意，第一，佛教五戒中，"不杀生"戒包括不杀一切有生命的东西，其中杀人或者自杀是五戒中最严的罪业。杀人的含义包括自杀、杀人、教唆杀、赞叹杀等一切促成杀业的行为。僧尼、道士杀人罪者依唐律刑罚，但是杀其他有生命之物也同样违背五戒的根本戒，《道僧格》中却没有明确处罚规定，这是一个奇怪的现象。由于史料有限，笔者无法确定原始的《道僧格》中是否有关于违背杀人之外的杀戒的处罚条文。第二，佛教五戒的第一戒是不杀戒，其次才是不偷盗、不邪淫、不妄语、不饮酒。而《唐律疏议》"称道士女官条"却规定"道士、女官、僧尼犯奸盗，于法最重"②，强调"不邪淫""不偷盗"两大戒的重要性，刑罚最重的是"奸"罪，要"加凡人二等"。对于盗窃，是"同凡盗之法"③；杀人者只是"依律科断"而已，并不加重刑罚。

《唐律疏议》"谋杀人条"规定："谋诸杀人者，徒三年；已伤者，绞；已杀者，斩。"④是不是因为"谋杀人"的刑罚是"斩"，无法再加重刑的缘故

---

① 王谋寅：《道教与中国传统法律文化》，博士学位论文，中国政法大学，2009年，第13—14页。
② 刘俊文：《唐律疏议笺解》卷六，中华书局1996年版，第529页。
③ 同上书，第527页。
④ 刘俊文：《唐律疏议笺解》卷十七，中华书局1996年版，第1272页。

呢？笔者认为不是这样。唐律中的杀人罪分许多种，刑罚标准也不同。如"主杀奴婢条"规定："诸奴婢有罪，其主不请官司而杀者，杖一百。无罪而杀者，徒一年（期亲及外祖父母杀者，与主同。下条部曲准此）"①；"过失杀伤人条"规定："诸过失杀伤人者，各依其状，以赎论"②；"戏杀伤人条"规定："诸戏杀伤人者，减斗杀伤二等。"③ 可见杀人罪的刑罚不一定是死刑，过失杀人罪甚至可以用金钱赎罪，免受刑事处罚。《唐律疏议》"称道士女官条"规定，僧尼道士殴杀弟子，"同俗人兄弟之子法。依《斗讼律》：'殴杀兄弟之子，徒三年。'"④ 僧尼道士，并没有因为违反五戒之首戒重罪而加重刑罚。由此可以看出唐律并不将杀戒视为首戒，而是将淫戒视为僧尼道士应恪守的第一大戒。

三 《道僧格》复原条文列表

基于以上分析，笔者将唐代《道僧格》复原条文按照其内容和逻辑归类列表如下：

表 4-4　　　　　　　　《道僧格》复原条文分类

总则 僧道犯罪审判执行权界定	准格律条	道士、女冠、僧尼，犯大逆、谋叛、奸、盗、诈、脱法服及徒以上者，依律科断。徒年以上者皆还俗，许以告牒当徒一年。若会赦，亦还俗。 徒以下者依僧道法，三纲科断，所由州县官，不得擅行决罚。如有违越，依法科罪。 犯百杖以下者，每杖十，折苦使十日；若罪不至还俗，并散禁。如苦使后复犯，罪不至还俗者，三纲依佛法量罪科罚。还俗、被罚者，不得告本寺三纲及徒众事故。
	观玄象条	凡道士、女官、僧尼，上观玄象，假说灾祥，语及国家、妖惑百姓及习读兵书、杀人、奸、盗、诈称得圣道者，付官司依律科罪。狱成者，虽会赦，犹还俗。
	焚身舍身条	凡道士、女冠、僧尼等，有舍身、烧臂、炼指、钉截手足、带铃燃灯，诸般坏肢体、戏弄道具符禁，左道妖惑，骇俗惊愚者，皆勒还俗，依律科断。

---

① 刘俊文：《唐律疏议笺解》卷二十二，中华书局 1996 年版，第 1534 页。
② 刘俊文：《唐律疏议笺解》卷二十三，中华书局 1996 年版，第 1602 页。
③ 同上书，第 1597 页。
④ 刘俊文：《唐律疏议笺解》卷六，中华书局 1996 年版，第 528 页。

续表

刑种		
僧道犯法刑罚方式	苦使条	若道士、女冠、僧尼有犯苦使者,三纲立案锁闭。放一空院内,令其写经。日课五纸,日满检纸,数足放出。若不解书者,遣执土木,作营修功德等使。其老少临时量耳,不合赎也。
	还俗条	若道士、女冠、僧尼有犯判还俗者,须脱法服,当日离寺,追归本业。其告牒勒本寺纲维当日送祠部,其余诸州府勒本州申送,以凭注毁。若判还俗仍不还俗者,及断后陈诉仍被法服者,依私度法。
	外州寺条	凡道士、女冠、僧尼有犯百日苦使,经三度者,改配异州寺。
关于僧尼资格的法规	任僧纲条（僧官任免）	凡天下寺观三纲,及京都大德,皆取其道德高妙、为众所推、纲维法务者补充。所举徒众,连署牒官,上书祠部。若有阿党朋扇、滥举无德者,百日苦使。若取非人,刺史为首,以违旨论。县令、纲维,节级连坐。
	出家条（正度）	凡身有文刺,或曾还俗,或犯笞刑,或避罪逃亡;或无祖父母、父母听许文书;或男家不满三丁,并不得出家。……私家部曲、奴婢等不得入道,如别敕许出家,后犯还俗及自还俗者,追归旧主,各依本色。私度者不在此限。
	度人条（恩度）	王公已下薨,别敕许度人者,亲王二十,三品已上三人。并须亡者子孙及妻媵,并通取周亲,妻媵不须试业。若数不足,唯见在度;如有假冒,不在原首之限也。①
	私度条（私度）	凡私入道者,杖一百;已除贯者,徒一年。所属官司及观寺三维知情者同罪。若犯法还俗仍不还俗者,及断后陈诉仍被法服者,依私度法。师主三纲及同房,知情者,皆还俗。非同房知情者,容止经一宿以上,百日苦使。

---

① （唐）白居易、（宋）孔传：《白孔六帖》卷八十九,《四库全书》第892册,上海古籍出版社1989年版,第456页。

续表

关于僧尼资格的法规	身死条		诸道士、女冠、僧尼身死、还俗及逃亡者,其度牒勒本寺纲维当日封送祠部;其余诸州府勒本州申送,以凭注毁。
	自还俗条		凡道士、女冠、僧尼自还俗者,听之。其告牒勒本寺纲维当日送祠部,其余诸州府勒本州申送,以凭注毁。若三纲及师主隐而不申者,三十日以上,五十日苦使;六十日以上,百日苦使。
	取童子条		凡道士、女冠、僧尼等取童子,须祖父母、父母听许书。若无祖父母、父母、亲长者,须所属州县官司听许书。男年至二十,女年至十五,各还本色。
僧道行为规范法则	衣	听著木兰条	凡道士、女冠、僧尼衣服,皆以木兰、青碧、皂、荆黄、缁环等色。若著俗服及绫罗、乘大马者,皆还俗。
	食	饮酒条	凡道士、女冠、僧尼,若饮酒、食肉、食五辛者,皆苦使也。若酒醉、与人斗打,皆还俗。
	住	非寺院条	诸道士、女冠、僧尼擅离寺观、别立道场、聚众教化及妄说罪福、殴击长宿者,皆还俗。所由官司知而不禁者,依律科罪。其乞余物者,百日苦使。
	行	禅行条	凡道士、女冠、僧尼,有欲求山居服饵、禅行修道,意乐寂静,不交于俗者,三纲连署,在京者经鸿胪寺,在外者经所由官司,勘实并录申官。僧尼有能行头陀者,到州县寺舍,任安置将理,不得所由恐动也。
		遇三位以上条	凡道士、女冠、僧尼出入若逢官长,须隐避,勿令露现。苟无隐处,宜向僻处立,仍须敛容恭敬。遇凡人三位以上者,隐;五位以上者,敛马相揖而过;若步者,隐。
		有私事条	凡道士、女冠、僧尼等,有事需诉讼,来诣官司者,准依俗形参事。须向三纲说去甚处,某时即归,不得独行。若三纲为众事须诣官司者,并设床席。

续表

禁止僧道敛财的法规	限制寺观	布施条	凡斋会诸官百姓不得以奴婢、田地、房宅充布施,其僧尼不得辄受。违者在京并令司农即收,外州给下课户。
	限制僧道	不得私蓄条	凡道士、女冠、僧尼,不得私蓄奴婢、田宅、财物及兴贩出息,违者还俗。许人纠告,物赏纠告人。
限制僧道社交的法规		三宝物条	凡道士、女冠、僧尼以三宝物饷馈官僚,扰乱徒众,勾合朋党者,皆还俗;毁骂三纲、凌突长宿者,皆苦使。
		有事可论条	凡道士、女冠、僧尼等有事须论,不缘所司,辄上表启,扰乱官家,妄相嘱请者,五十日苦使。再犯者,百日苦使。若官司及僧纲断决不平须申论者,不在此限。
		教化条	凡道士、女冠、僧尼历门教化者,百日苦使。其俗人者,依律科论。
僧道守戒修行的法规	戒淫	依《唐律疏议》	《名例律》"称道士女官条"律疏:"道士女官奸者,加凡人二等……还俗后事发,亦依犯时加罪,仍同白丁配徒,不得以告牒当之。"①
		禁僧道嫁娶条	诸道士、女冠、僧尼有娶妻并嫁之者,皆还俗,以奸罪论,加凡人二等,不许以度牒当之。
		停妇女条	凡寺观道士、僧房停妇女,女冠、尼房停男夫,经一宿以上者,十日苦使;五日以上,三十日苦使;十日以上,百日苦使。若三纲知而听者,与所由人同罪。
		不得辄入尼寺条	凡道士、女冠、僧尼,非本师教主及斋会、礼谒、病死看问,不得妄托事故,辄有往来,非时聚会。有所犯者,准法处分。
	戒妄语	诈为方便条	凡道士、女冠、僧尼诈为方便,将己之公验移名他人者,皆还俗,依律科断。其所由人同罪。
		卜相吉凶条	凡道士、女冠、僧尼等卜相吉凶,及以巫术疗病者,皆还俗;依佛法道术符咒救疾者,不在禁限。
		禁相訾毁条	凡道士、女冠有诽谤佛法,僧尼有訾毁道教者,皆还俗。

---

① 刘俊文:《唐律疏议笺解》卷六,中华书局1996年版,第527页。

续表

僧道守戒修行的法规	戒杀	依《唐律疏议》	师主于其弟子有犯,同俗人兄弟之子法。观寺部曲、奴婢于三纲,与主之期亲同。① 即是观寺部曲,殴当观寺余道士、女官、僧尼等,各合徒一年。伤重,各加凡人一等;若殴道士等折一齿,即徒二年。奴婢殴,又加一等,徒二年半。是名"于余道士,与主之缌麻同。"②
	戒盗	依《唐律疏议》	议曰:道士、女官、僧、尼犯奸、盗,于法最重,故虽犯当观寺部曲、奴婢,奸、盗即同凡人。谓三纲以下犯奸、盗,得罪无别。其奴婢奸、盗,一准凡人得罪。弟子若盗师主物及师主盗弟子物等,亦同凡盗之法。其有同财,弟子私取用者,即同"同居卑幼私辄用财"者,十匹笞十,十匹加一等,罪止杖一百。若不满十匹者,不坐。③
	戒酒	饮酒条	凡道士、女冠、僧尼,若饮酒、食肉、食五辛者,皆苦使也。若酒醉、与人斗打,皆还俗。
		作音乐条	凡道士、女冠、僧尼作音乐及博戏者,皆苦使。碁琴不在此限。

第二节 《道僧格》的法律原则

如果说唐律中和佛教有关的内容集中反映了佛教思想、习俗对唐代法律的渗透与影响,那么《道僧格》的内容则充分体现了唐代法律的"礼法结合""一准乎礼"的特点、等级特权原则和宗法原则等基本法律原则。

---

① 刘俊文:《唐律疏议笺解》卷六,中华书局1996年版,第527—528页。
② 同上书,第528页。
③ 同上书,第528—529页。

一 皇权高于教权

在古代，皇帝身居社会金字塔的顶端，"上祗宝命，下临率土"①，享有立法、行政、司法审判和军事方面的各项权力。因此，严密维护皇帝的权力、尊严和人身安全，是唐代法律的中心任务。

首先，"特标篇首，以为明诫"②。十恶大罪中，直接涉及皇帝的就有四条。如"谋反"罪，律疏注文说是"谓谋危社稷"③，实际是指危害皇帝人身及统治权两方面的犯罪；"大逆"，注文说是"谓谋毁宗庙、山陵及宫阙"④，即指预谋毁坏皇家的宗庙、祖坟及宫殿，侵犯皇帝世袭统治基业的犯罪；"叛"罪是指"谓谋背国从伪"⑤，包括背叛朝廷投奔外国、将所守国土送给敌人占领，还包括"亡命山泽，不听追唤"⑥的犯罪，也就是破坏皇帝的军事统治权和政治稳定的行为；"大不敬"罪惩罚的是影响皇帝尊严及生活安全的犯罪，包括的罪名更多，有"盗大祀神御之物、乘舆服御物"⑦"盗及伪造御宝""合和御药有误"⑧"造御膳有误"⑨"御幸舟船有误"⑩"指斥乘舆"⑪ 等。其次，唐律五百条，涉及维护专制政权及君主人身安全的就有九十多条，达近五分之一，可见唐代法律维护皇帝至高无上地位不受任何侵犯的严密和严格。

《道僧格》和其他唐律一样，以皇帝的名义颁发，立法权由以皇帝为代表的唐政府所垄断。尽管它是"依附内律，参以金科"而制定的宗教特别法，在许多方面给予僧道一定的法律特权，然而对于危及皇权和国家安全的重大犯罪同样严惩不贷。"观玄象条""准格律条"列举的"上观玄象、假说灾祥、语及国家、妖惑百姓、习读兵书"，"大逆、谋叛"等就属于这样的罪名，僧道只要

---

① 刘俊文：《唐律疏议笺解》卷十七，中华书局1996年版，第1237页。
② 刘俊文：《唐律疏议笺解》卷一，中华书局1996年版，第56页。
③ 刘俊文：《唐律疏议笺解》卷十六，中华书局1996年版，第1237页。
④ 刘俊文：《唐律疏议笺解》卷一，中华书局1996年版，第58页。
⑤ 刘俊文：《唐律疏议笺解》卷十六，中华书局1996年版，第1253页。
⑥ 同上书，第1254页。
⑦ 刘俊文：《唐律疏议笺解》卷十八，中华书局1996年版，第1339页。
⑧ 刘俊文：《唐律疏议笺解》卷八，中华书局1996年版，第744页。
⑨ 刘俊文：《唐律疏议笺解》卷九，中华书局1996年版，第740页。
⑩ 刘俊文：《唐律疏议笺解》卷八，中华书局1996年版，第747页。
⑪ 刘俊文：《唐律疏议笺解》卷十，中华书局1996年版，第810页。

犯下危及皇权的罪行，一律依照唐律治罪。尽管《道僧格》赋予寺院、僧官一定程度的司法审判权，但是僧官任免权、僧尼剃度权、强制还俗权，以及刑罚方式、量刑标准都由拥有立法权的唐政府决定，充分体现了"法自君出，皇权至上"的原则。

《道僧格》的"任僧纲条"设置的担任僧官的资历要求是"道德高妙、为众所推、纲维法务"，严禁"阿党朋扇、浪举无德者"担任僧官。从字面上看，"道德高妙""纲维法务"要求的是僧官的宗教修养，"为众所推"似乎又允许僧团自主选举僧官。但是"若取非人，刺史为首，以违旨论。县令、纲维，节级连坐"，说明僧官任免的终决权依旧属于各级官府。僧官任免有一定行政审批程序，需要"连署牒官，上书祠部。""出家条"严格限定了不许出家的七种情况："身有文刺""曾还俗""犯笞刑""避罪逃亡""无祖父母、父母听许""男家不满三丁""私家部曲、奴婢"，结合后来的试经度僧制的实行，僧尼资格的授予权被政府严格掌控。为了防止农业人口过度流入寺院，"私度条"对"私入道"的行为惩处可谓十分严厉："凡私入道者，杖一百；已除贯者，徒一年。所属官司及观寺三维知情者同罪。"此外，《道僧格》有十五处提到了还俗，对于不符合标准的僧尼，唐政府一律剥夺其僧尼资格，强制还俗。

唐王朝通过宗教立法的形式，将僧官任免权、度僧权、还俗权严格掌握在政府手中，有效控制佛教的发展规模，同时也将皇权凌驾于教权之上，引导佛教进一步成为依附国主、辅助王道的工具。

二 等级特权制度

唐代按照社会经济关系将人们划分为各种等级，上至帝王，下至奴婢，不同等级的人法律地位不同，被赋予的权利和义务也各不相同。除了维护专制君主的至尊地位和无上权威之外，捍卫上下有等的等级特权制度，也是唐律的出发点和归宿。

首先是刑罚上的同罪异罚、权利差等制度。这一制度主要集中体现在《名例律》中的"八议""官当"制等保护特权阶层利益的刑罚制度中。"八议"是指唐律规定的八种必须交由皇帝裁决或者依法减刑的特权制度，包括"议亲""议故""议贤""议能""议功""议贵""议勤""议宾"①。"亲"指皇室一定范围的亲属;"故"指长期侍奉过皇帝的故旧;"贤"指有大德行者的"贤人君子"②;"能"指"有大才艺"③者,能整军旅、莅政事,为帝王之辅佐、人伦之师者;"功"指"有大功勋者",也就是"能斩将搴旗,摧锋万里,或率众归化,宁济一时,匡救艰难,铭功太常者"④;"贵"指"职事官三品以上,散官二品以上及爵一品者"⑤的封建官僚;"勤"指"有大勤劳者",也就是"恪居官次,夙夜在公"或"远使绝域,经涉险难"的官吏⑥;"宾"指"承先代之后为国宾者"⑦。这八种人犯了死罪,官府不能直接判刑定罪,而是要将其特殊身份上报朝廷,报请皇帝裁决。凡是属于"八议"范围的人,"流罪以下减一等",其"祖父母、父母、妻、子孙,犯流罪以下,听赎"⑧,而且还享有不受拘系拷讯的权利。即使是被判处死刑,在执行上也有别于庶人,"五品以上,犯非恶逆以上,听自尽于家"⑨。"八议"制可以使犯法的贵族官吏减免刑罚,"官当"制则使犯法的官吏承受流刑、徒刑的执行。"官当"又称"以官当徒",是一种允许犯法官吏依法用官品和爵位抵罪的法律制度。"五品以上,一官当徒二年;九品以上,一官当徒一年"⑩,"以官当流者,三流同比徒四年"⑪。除此以外,唐律的同罪异罚原则还表现在《斗讼律》的刑罚适用规律上。《斗讼律》的量刑规律是:"民犯官加重处罚;上下相犯上轻下重;良贱相犯良轻贱重,主奴相犯奴重主轻。"⑫

"八议"和"官当"所体现的同罪异罚、权利差等的等级特权制度,和今天"法律面前人人平等"的法律原则完全不同,也有悖于佛教"众生平等"的

---

① 刘俊文:《唐律疏议笺解》卷二,中华书局1996年版,第113页。
② 同上书,第119页。
③ 同上书,第120页。
④ 同上书,第121页。
⑤ 同上书,第122页。
⑥ 同上书,第123页。
⑦ 同上书,第124页。
⑧ 同上书,第133页。
⑨ 刘俊文:《唐律疏议笺解》卷三十,中华书局1996年版,第2111页。
⑩ 刘俊文:《唐律疏议笺解》卷二,中华书局1996年版,第182页。
⑪ 同上书,第183页。
⑫ 钱大群:《唐律研究》,法律出版社2000年版,第94—96页。

平等观。唐律等级特权、权利差等制度在《道僧格》中也得到了深刻体现。首先，唐律将僧尼道士的法律地位定位为特权阶层，和减免刑罚的"八议"制相似，僧尼道士犯法，官府也不能直接按照唐律判刑定罪，而是交由僧官，依照宗教特别法《道僧格》定罪。《道僧格》的刑种"苦使""还俗"，以轻代重地取代了庶民犯罪依唐律刑罚的"笞"刑和"杖"刑，这也是一种同罪异罚的减免刑罚的特权制度；其次，《道僧格》的"准格律条"为出家人设立了"牒当"制度，和唐律的"官当"制度一样，允许僧尼道士用度牒抵罪，标准是"道士、女冠、僧尼……徒年以上者皆还俗，许以告牒当徒一年"。和"九品以上，一官当徒一年"①的"官当"标准相比，一个普通的僧尼、道士的身份就相当于九品以上、五品以下的官品。因此，僧尼道士在唐代法律中的地位不属于庶民，而是属于特权阶层官贵的一分子，"苦使"的刑罚执行程序是"三纲立案锁闭。放一空院内，令其写经。日课五纸，日满检纸，数足放出。若不解书者，遣执土木，作营修功德等使"，说明僧尼犯罪也享有免受官府拘系拷讯的特权。

刑罚上的同罪异罚和权利差等制度还体现在《道僧格》中有关出家的规定上。《道僧格》对于"私入道"者严惩不贷，严格维护唐王朝对僧尼、道士剃度权的垄断。身份地位不同的人，获得出家资格的难易程度是不一样的。身份低微的贱民阶层甚至被完全剥夺出家资格，"私家部曲、奴婢等不得入道"，即使是得到特许出家的奴婢，如果犯法还俗，其贱民身份以及对旧主的人身依附关系也不会改变。对于普通庶民，《道僧格》则设置了种种严格的出家限制："凡身有文刺，或曾还俗，或犯笞刑，或避罪逃亡；或无祖父母、父母听许文书；或男家不满三丁，并不得出家。"加上后来的试经度僧制的施行，合法的出家人身份越来越难获得。而特权官贵阶层则依法享有恩度出家的特权，"王公已下薨，别敕许度人者，亲王二十，三品已上三人。并须亡者子孙及妻媵，并通取周亲，妻媵不须试业"②，可以免去试经程序直接获得出家身份。至于寺院内部的其他阶层的犯罪，《唐律疏议》也有明确的差等量罪标准："观寺部曲，殴当观寺余道士、女官、僧尼等，各合徒一年。伤重，各加凡人一等；若殴道士

---

① 刘俊文：《唐律疏议笺解》卷二，中华书局1996年版，第182页。
② （唐）白居易、（宋）孔传：《白孔六帖》卷八十九，《四库全书》第892册，上海古籍出版社1989年版，第456页。

等折一齿，即徒二年。奴婢殴，又加一等，徒二年半。"①《道僧格》"三宝物条"规定"凡道士、女冠、僧尼……毁骂三纲、凌突长宿者，皆苦使"，严格体现了"民犯官加重处罚；上下相犯上轻下重；良贱相犯良轻贱重，主奴相犯奴重主轻"②的刑罚原则。

三 封建宗法原则

唐律的宗法原则说到底也是等级原则，是封建社会的等级原则在家庭血亲关系中的渗透。唐律"一准乎礼"的本质决定了其依据血缘关系立法，血缘关系不仅是定罪量刑的标准，还是享受法律特权的法定依据和制定恤刑制度的依据。"亲亲相隐"原则的伦理基础，在刑法中首先体现在亲属相犯的"准五服以制罪"③的刑罚适用原则上。亲属相犯在定罪判刑时，必须先考察罪犯与当事人之间的亲等关系，服制不确定就无法定罪量刑。卑尊相犯，尊长轻判，越亲越轻，卑幼重处，越亲越重；夫妻相犯，夫轻妻重；妻妾相犯，妻轻妾重；媵妾相犯，媵轻妾重。亲属相盗，从疏至亲递减处罚。虽然僧尼、道士出家后就和原有家族割断了法律上的血亲关系，并且依法不受亲属犯法的"缘坐"株连，但是僧尼道士进入寺院后，和寺院其他僧众也形成了师长和弟子、三纲与僧众、部曲奴婢与寺院三纲等法律关系。唐律在调节规范这些人之间的关系时，将寺院比附为一个家族，参照"准五服以制刑"的立法原则，制定了寺院僧众以及部曲奴婢之间相犯的定罪标准："师主于其弟子有犯，同俗人兄弟之子法……兄弟之子是期亲卑幼，若师主因瞋竟殴杀弟子，徒三年……观寺部曲、奴婢于三纲，与主之期亲同。"④因此，封建宗法制度的影响并不因为僧尼出家而完全消失。

此外，唐朝法律对宗法制度的维护，还表现在法律赋予家族尊长全面管理家族事务及其成员的权力，如教令权、自行责罚权、主婚权、财产权和祭祀权等。父母对子孙的教令权具有法律约束力，包括上至家政大事，下至细微琐事

---

① 刘俊文：《唐律疏议笺解》卷六，中华书局1996年版，第527页。
② 钱大群：《唐律研究》，法律出版社2000年版，第94—96页。
③ （唐）杜佑：《通典》卷一百六十三，《四库全书》第605册，上海古籍出版社1989年版，第280页。
④ 刘俊文：《唐律疏议笺解》卷六，中华书局1996年版，第527—528页。

的方方面面；顺从家长的意志，接受其驱遣管束是子孙的法定义务。《道僧格》的"出家条"规定必须有"祖父母、父母听许文书"，"取童子条"还规定"男年至二十，女年至十五，各还本色"。就是法律维护家族尊长对家族成员的教令权、统领权和主婚权的表现。唐律为了保证作为国家社会的基本单位的家户的稳定和延续，还有存留养亲制，也就是在一定条件下减免刑罚，使罪犯能够养亲的减刑制度。如《唐律疏议》"犯徒应役家无兼丁"条规定："家无兼丁，免徒加杖者，矜其粮饷乏绝，又恐家内困穷。一家二丁，俱在徒役，理同无丁之法，便须决放一人。"[①] 这一制度在《道僧格》中也有体现，"出家条"规定"男家不满三丁，并不得出家"，同样是为了维护家户的稳定和延续。

据统计，唐律共十二篇502条，直接以丧服等级期亲、大功、小功、缌麻、袒免等表述的条文就有81条，占16%；不以丧服等级表述但根据亲缘关系远近而量刑的有154条，占31%，也就是说唐律中依亲缘等级判刑的条文一共占47%之多。僧道出家离俗，和世俗家庭本来应割断联系，但是《道僧格》中涉及亲属关系的条文有"出家条""度人条""私度条""取童子条"，占《道僧格》复原条文的13%，加上依照唐律处罚的"盗""杀"，比例还会更高，更显示了封建宗法原则对《道僧格》的影响力。

四　严惩左道厌蛊原则

初唐时期，唐太宗总结隋亡的教训时，认为隋亡的深刻原因是："上下相蒙，君臣相隔，民不堪命，率土分崩，逆以四海之尊，殉于匹夫之手……百姓凋残，敝于兵革，田亩荒废，饥馑荐臻。"[②] 因此确立了为君之道当"先存百姓"，治国应以"宁人安国"为总方针。初唐李世民及其统治集团的法律观点和法律主张，都是围绕"安人宁国"和礼法结合而阐发的，对唐朝的立法和执法产生了深远影响。

唐代法律的立法除了有以维护皇权统治、等级特权和宗法原则为中心的一系列法规外，还有一系列维护公共管理秩序、严惩危及社会安定、扰乱民众的

---

① 刘俊文：《唐律疏议笺解》卷三，中华书局1996年版，第277页。
② （后晋）刘昫等：《旧唐书》卷七十一，中华书局1975年版，第2550页。

法规。如"向城官私宅射"①"施机枪作坑穽"②"在市人众中惊动扰乱"③"犬杀伤畜产"④"街巷人众中走车马"⑤"博戏睹财物"⑥"造厌魅及造符书咒诅"⑦"造畜蛊毒"⑧"造妖书妖言"⑨等详细的罪名，涉及各个方面。

《道僧格》中以维护社会安定和公共管理秩序为出发点的法规很多，如"三宝物条"严禁僧尼、道士"扰乱徒众，勾合朋党"；"有事可论条"严禁"辄上表启，扰乱官家，妄相嘱请者"；"教化条"禁止"历门教化"等，都是通过严格限制僧尼道士的社交出行防止僧尼、道士假借传教名义扰乱社会秩序。"非寺院条"甚至禁止僧尼、道士"擅离寺观"，即使是需要去官府参加诉讼，也必须"向三纲说去甚处，某时即归，不得独行"，将僧尼、道士的活动范围严格限制在寺院范围内，并且将其一言一行都置于监控之下。"布施条"和"不得私蓄条"禁止"诸官百姓""以奴婢、田地、房宅充布施"，僧尼道士不得"私蓄奴婢、田宅、财物及兴贩出息"的目的也是严格控制寺庙经济的过度膨胀干扰国家经济运行。

《道僧格》除了以上反映唐律"宁人安国"总方针的法规之外，还有一个唐代宗教法独有的特点，那就是"严惩左道厌蛊"原则，也就是严厉打击利用巫术邪教危害社会秩序的原则。在古代，巫术主要包括祈求和利用超自然力量加害于人或降福于己的法术，以蛊毒等方法使人迷惑癫狂、病痛乃至死亡的巫蛊术，以及一些神秘的占卜术等。在夏、商、周三代，巫祝是享有重要政治地位的国家职官，国事无论大小，均由巫祝占卜后决定。战国以后，巫祝逐渐丧失其政治地位，巫术也逐渐蜕变为妨碍国家政治稳定，扰乱社会秩序以及危害他人生命健康的邪术而被法律严令禁止。邪教始自东汉，在宗教理论上，邪教本指邪恶、妖妄与怪诞不经的宗教教派。邪教通常不仅用其系统异端理论、怪

---

① 刘俊文：《唐律疏议笺解》卷二十六，中华书局1996年版，第1791页。
② 同上书，第1793页。
③ 刘俊文：《唐律疏议笺解》卷二十七，中华书局1996年版，第1875页。
④ 刘俊文：《唐律疏议笺解》卷十五，中华书局1996年版，第1116页。
⑤ 刘俊文：《唐律疏议笺解》卷二十六，中华书局1996年版，第1783页。
⑥ 同上书，第1814页。
⑦ 刘俊文：《唐律疏议笺解》卷十八，中华书局1996年版，第1311页。
⑧ 同上书，第1299页。
⑨ 同上书，第1326页。

异的神通法术蛊惑民众，还经常有严密的组织威胁政府与社会的安全。因此在古代，邪教也一直是法律惩禁的对象。历代刑法典对巫蛊、邪教都有专门罪名，并且处刑很重。隋唐时该罪被分为"造畜蛊毒"①"憎恶造厌魅"②"私有玄象器物"③及"造妖书妖言"④罪，不复为独立罪名。其中"造畜蛊毒"和"造厌魅"被归入十恶重罪的"不道"，"造妖书妖言"者"绞"，"私有玄象器物"者徒两年。

左道厌蛊假借鬼神之语，妄说灾祥、吉凶或政变，编造怪诞邪说煽惑民众的行为，就性质而言属于政治犯罪的范畴。极易被野心家利用，作为政治斗争的工具，引发社会骚乱，给封建政权带来极大威胁。这才是历代封建政府要打击"左道厌蛊"的真正原因，为了维护政治局势和社会秩序的稳定，必须用法律对"左道厌蛊"严加惩治。佛教和道教作为信仰超自然力量的宗教，自产生和传入起，就和各种神异、谶言、占卜、咒术等共生共存，往往被各种"左道厌蛊"和"邪教妖党"利用作为招揽信众和发动社会活动的借口和工具。因此唐政府对专门从事宗教职业的僧尼、道士特别强调严惩一切施行巫蛊、符咒和借鬼神之语煽惑百姓、危害社会稳定的行为。如唐开元二十年敕："自今以后，辄有托称佛法，因肆妖言，妄谈休咎，专行诳惑，诸如此类，法实难容。"⑤又如唐天成二年敕：

> 州城之内，村落之中，或有多慕邪宗，妄称圣教，或僧尼不辨，或男女混居，合党连群，夜聚明散，托宣传与法会，潜纵恣与淫风。若不祛除，实为弊恶。此后委所在州府县镇及地界所由巡司节级，严加惩刺。有此色人，便仰收捉勘寻，关连徒党，并决重杖处死。⑥

敕令中禁断的全是以传播佛法为名的非法聚会和结社。《道僧格》中提到的这一类罪名有多种，包括"上观玄象""假说灾祥""语及国家""妖惑百

---

① 刘俊文：《唐律疏议笺解》卷十八，中华书局1996年版，第1299页。
② 同上书，第1311页。
③ 刘俊文：《唐律疏议笺解》卷九，中华书局1996年版，第763页。
④ 刘俊文：《唐律疏议笺解》卷十八，中华书局1996年版，第1329页。
⑤ （清）董诰等编：《全唐文》卷三十一，中华书局1983年影印版，第349—350页。
⑥ （宋）王溥：《五代会要》卷十二，上海古籍出版社2006年版，第202页。

姓""习读兵书""诈称得圣道"",舍身""烧臂""炼指""钉截手足""带铃燃灯"",诸般坏肢体""戏弄道具符篆""左道妖惑""骇俗惊愚""妄说罪福""卜相吉凶""以巫术疗病"等。凡是触犯这些罪行的,一律还俗并且依照唐律定罪。唐代对于邪教没有明确的定义,不被政府承认的一切宗教在清理邪教时都被视为邪教。唐武宗于会昌年间灭佛时,不仅敕令地方官吏决杀拒不还俗的僧尼,还将摩尼教视为邪教一并禁绝,"京城女摩尼七十二人死。及在此国回纥诸摩尼等,配流诸道,死者大半"[1]。《道僧格》中防止邪教滋生蔓延的办法就是严格限制僧尼、道士"阿党朋扇""擅离寺观""别立道场""聚众教化""勾合朋党",即使是在寺院内,"非本师教主及斋会、礼谒、病死看问,不得妄托事故,辄有往来,非时聚会",也就是严禁一切宗教性的结社,严禁一切非法聚会,严禁寺观之外的传教活动以及严格限制僧俗往来。

第三节 《道僧格》的特点

一 诸法合体,以政统教

中华法系公认的特点有"诸法合体,民刑不分""行政司法合一""礼法结合""家族本位"[2]等。"民刑不分"是指古代法律将民事关系用刑事加以制罪处罚,在《道僧格》中涉及的民事内容不多,因此不能算是《道僧格》的特点。而"诸法合体"的特点则十分明显,通过前面《道僧格》内容归类排序可以看出,《道僧格》规定了经济、行政、刑法、婚姻、诉讼、户籍等各方面的法律关系,制度性法条与惩罚性法条并存。因此,《道僧格》是一部以僧尼、道士为法律主体和调整对象的"诸法合体"的宗教法典。

另一个特点是"行政司法合一",这一特点不独为唐代法律所独有,而是贯穿于整个封建社会法律史。行政机构与司法机构合一,行政长官同时兼任司

---

[1] (宋) 释赞宁:《大宋僧史略》卷下,《大正藏》第54册,台湾新文礼出版公司1983年影印版,第253页。

[2] 郝铁川:《中华法系研究》,复旦大学出版社1997年版,第10页。

法长官，使我国古代司法始终都没有走向独立，甚至成为行政机构的附庸。这一特点在《道僧格》中，表现为寺院三纲依法行使部分司法权，负责违法僧尼的审判和刑罚执行。寺院不仅是宗教机构，还是行政机构和司法机构，寺院的三纲不仅负责教内事务，还掌握行政权和司法权，和世俗官吏一样接受行政监察，如有违越失职，则"县令纲维，节级连坐"。

历史上政治和宗教的关系，一般有政教合一、政教分离两大类型。政教合一指的是宗教结构与社会结构合二为一，国家以某种宗教或教派为唯一的正统信仰，该宗教教义和宗教法典具有法律效力。政教合一主要有国教制和神权政治两种类型。政教分离，是指教权与皇权相互分离、各自独立的政教关系类型。这两种定义似乎都不符合唐代的政教关系。有唐一代，虽然一些僧道受到朝廷的赐爵、赐紫等荣誉，也有僧官的行政职位设置，但是僧尼、道士对朝政的影响很小。无论是崇道的玄宗朝，还是崇佛的则天朝，佛教和道教都不曾对政治产生什么根本性的改变，唐代对佛教和道教的政策始终都是尊崇、扶植、利用为主，抑制、改造、统治为辅。在唐代"皇权高于教权""行政和司法合一"的法律背景下，唐代的政教关系是"以政统教"，《道僧格》为"以政统教"提供了法律依据。

二 僧道地位平等，维护宗教和谐

尽管唐朝诸帝对佛道二教的崇抑时有偏颇，但是僧尼、道士在法律上的地位总体上讲是平等的，所受的法律约束相同，违法所受刑罚也相同。而《道僧格》的立法，基本上是以规约佛教僧尼为主要出发点，道士、女冠以僧尼为参照，不做特别考虑。这是因为，首先，道教从产生至魏晋南北朝时期主要流行于民间，未形成较大的势力。这一时期的道教常常被一些政治势力利用，与封建王朝发生政治上的对抗。如汉末在太平道基础上爆发的黄巾起义、张鲁建立的具有宗教色彩的"民夷信向""朝廷不能讨"[①] 的汉中政权；惠帝时李雄、李特率领的入蜀流民的反晋起义；东晋孝武帝时孙恩、卢循发动的农民起义，都是较为典型的事例。因而这一时期道教常常成为政府镇压的对象。而佛教自传

---

① （唐）释道宣：《广弘明集》卷八，《大正藏》第52册，台湾新文礼出版公司1983年影印版，第140页。

入中国就十分注意与本土文化的结合，以及对现实政治的依附，早在魏晋南北朝时期就成为官方承认的宗教，受到封建政府的扶植和利用。随着佛教僧团的急剧膨胀，政府管理佛教的僧制和僧团自治的内律也不断发展完善。从道安的《僧尼规范》到孝武帝的"僧制四十七条"，再到隋文帝的《众经法式》，政府管理僧团寺院的僧制已经相对发展成熟，因此唐代《道僧格》的法源很大一部分来自前朝的《僧制》，而未见来自道教管理制度的内容。其次，尽管到了南北朝时，一些出身门阀士族的教徒如梁代陶弘景、北魏寇谦之等大力整顿、改造了道教，革除其违背封建礼教和不符合统治阶级利益的成分，一改从前道教与政治相对抗的姿态，制定了一套为封建王朝服务的制度和仪法，从而转变为官方承认和扶植的宗教。李唐建国后，皇室为了利用老子的历史影响神化唐王朝和抬高唐皇室的社会地位，以道教教主李耳为其远祖，大力尊崇和扶植道教，道教由此进入鼎盛时期。但尽管如此，唐代的僧尼数量和道士女冠数量比，依旧占有压倒性优势。根据相关文献的记载，开元时期有道观1687座，道士776人，女冠988人[①]；有佛寺5358所，男僧75514人，女尼55076人，[②]道教出家人总数只占僧尼总数的百分之一而已。《道僧格》作为适用于僧尼道士的宗教法，立法时自然会以人数占绝大多数的僧尼为主要衡量依据，道士女冠作为参考。

《道僧格》赋予僧尼、道士平等的法律地位的同时，也十分注重宗教间的和谐，严防宗教间的冲突摩擦引起社会不安定。"禁相訾毁条"规定："凡道士、女冠有诽谤佛法，僧尼有訾毁道教者，皆还俗。"这也是唐律的"宁人安国"总方针的要求。

三 逐渐适用于其他宗教

唐朝是我国政治、文化、经济和对外交流的极盛时期，对外来的宗教和文化实行兼容并包的政策，因此，这一时期境内流传的宗教不仅有佛教、道教，还有从波斯传入的火祆教，从叙利亚传入的景教和来自大食国的回教等，这些外来宗教在唐代都得到了很快的发展。唐政府如何管理规范这些外来宗教，《道

---

① （宋）欧阳修、宋祁：《新唐书》卷四十八，中华书局1975年版，第1252页。
② （宋）王溥：《唐会要》卷四十九，上海古籍出版社2006年版，第1011页。

僧格》作为唐代的宗教法典，是否也适用于这些宗教，是值得注意的问题。

火祆教的传入大约始于北魏，火祆神又称火神天神，因其从域外传入，又被称为胡天神。古代波斯人以火表示光明而尊火为至善天神，其拜火习俗逐渐发展成宗教，因此火祆教当时又有拜火教之称。根据《隋书》的记载，"（齐）后主末年，祭非其鬼，至于躬自鼓舞，以事胡天。邺中遂多淫祀，兹风至今不绝。后周欲招来西域，又有拜胡天制，皇帝亲焉。其仪并从夷俗，淫僻不可纪也"①。可见当时北齐统治者信奉"胡天"，火祆教在统治者的支持和信奉下开始广泛流传。到了唐朝，火祆教不仅流传于长安、洛阳，而且还遍及广大西北地区。唐朝时散居境内的西域少数民族即"胡户"众多，西北诸州更是其聚居区，促进各民族安定团结，尊重少数民族宗教信仰和规范其宗教行为是唐政府宗教管理的一项重要任务。唐代"两京及碛西诸州火祆"和佛教、道教一样，同样隶属祠部②，唐高祖武德四年"置祆祠及官，常有群胡奉事，取火咒诅"③。"祆祠"之官还分为"视流内"的"萨宝""萨宝府祆正"和"视流外"的"萨宝府祆祝""萨宝府史"④。

景教是对唐朝时传入我国的基督教聂斯脱利派的称谓。根据《大秦景教流行中国碑》的碑文记载：贞观九年（635），主教阿罗本入长安，受到太宗的礼遇。"帝使宰臣房玄龄总仗西郊，宾迎入内。翻经书殿，问道禁闱。深知正真，特令传授"⑤，从此景教正式获得官方的传教许可。贞观十二年七月诏令"于京义宁坊造大秦寺一所，度僧廿一人"⑥。之后高宗曾令"诸州各置景寺"，景寺开始遍布全国，一度达到"法流十道""寺满百城"的盛况。后经玄宗、肃宗、代宗、德宗诸朝，景教的发展仍历久不衰。但到了唐武宗灭佛时，景教和佛教一起，同遭法难："其大秦穆护等祠，释教既已厘革，邪法不可独存。其人并勒还俗，递归本贯充税户。如外国人，送还本处收管。"⑦ 根据武宗禁佛的制文，

---

① （唐）魏徵等：《隋书》卷七，《四库全书》第264册，上海古籍出版社1989年版，第103页。
② （宋）欧阳修、宋祁：《新唐书》卷四十六，中华书局1975年版，第1195页。
③ （唐）杜佑：《通典》卷四十，《四库全书》第603册，上海古籍出版社1989年版，第488页。
④ 同上书，第603—488页。
⑤ （清）魏源：《海国图志》卷二十六，《魏源全集》第五册，岳麓书社2004年版，第798页。
⑥ 同上书，第798页。
⑦ （后晋）刘昫等：《旧唐书》卷十八，中华书局1975年版，第605页。

当时"勒大秦穆护、祆三千余人还俗"①，即当时景教、火祆教僧人还俗有记载的即有三千多人。经过会昌法难之后，景教在内地就销声匿迹了。根据这些有限史料我们可以知道：最初景教的传播、景寺的建造、景教僧侣的出家，都是按照皇帝的诏令进行的，因此可以说景教在太宗朝已获得官方认可的合法地位。高宗时景教和佛教、道教一样，以州为单位，由政府统一配置建寺和度僧的规模，由此可以推知，景教在当时也和佛、道、火祆教等一样隶属祠部，接受政府的统一管理。

在唐代被称作"回教"的伊斯兰教，据考证最迟在唐高宗永徽二年（651）已随来华的大食、波斯商人传入中国②。来自大食、波斯的商人在唐代主要聚居在长安、广州、扬州、洛阳等地从事商业活动。据记载，贞元三年（787），长安有"胡客"四千人，唐政府曾予以遣归，结果"胡客无一人愿归者"③，这些"胡客"中的大多数都是大食或波斯商人。扬州城因一次兵乱，"大食、波斯贾胡死者数千人"④。此外，据十世纪来华的阿拉伯作家阿布·赛义德记载，当时的广州"阿拉伯商人荟萃"，回历264年（877—878）黄巢之乱时，广州"经商的伊斯兰教徒、犹太教徒、基督教徒、拜火教徒，就总共有十二万人"⑤被杀害。唐朝对回教的管理实行"蕃坊"制："广州蕃坊，海外诸国人聚居。置蕃长一人，管勾蕃坊公事。……蕃人有罪，诣广州鞫实，送蕃坊行遣……徒以上罪，则广州决断。"⑥ "在商人云集之地广州，中国官长委任一个穆斯林，授权他解决这个地区各穆斯林之间的纠纷，这是按照中国君主的特殊旨意办的……此人行使职权，做出的一切判决，并未引起伊拉克商人的任何异议。因为他的判决是合乎正义的，是合乎尊严无上的真主的经典的，是符合伊斯兰法度。"⑦ 从这两段史料记载可以看出，唐政府对回教的内部事务一般不干预，而由"蕃长"按教规处理；但"蕃长"由政府从穆斯林中拣选和任命。"蕃坊"对犯徒刑以下罪的，拥有部分司法处置权。

---

① （后晋）刘昫等：《旧唐书》卷十八，中华书局1975年版，第606页。
② 王怀德：《伊斯兰教史》，宁夏人民出版社1992年版，第397页。
③ （宋）司马光等：《资治通鉴》卷二百三十二，中华书局1976年版，第7493页。
④ （宋）欧阳修、宋祁：《新唐书》卷一百四十一，中华书局1975年版，第4655页。
⑤ 穆根来、汶江、黄倬汉译：《中国印度见闻录》，中华书局1983年版，第96页。
⑥ （宋）朱彧：《萍洲可谈》卷二，中华书局1985年版，第19页。
⑦ 穆根来、汶江、黄倬汉译：《中国印度见闻录》，中华书局1983年版，第7页。

从以上资料分析可以看出，在唐代，火祆教、景教、回教都在统治者的支持下有着合法的地位并且和佛教、道教一起隶属祠部，由政府设置主管官吏进行管理。这些宗教的寺院、祆祠、蕃坊等设有和佛教"三纲"一样的"祆祝""蕃长"等基层僧官，这些僧官由政府任命，拥有管理教内事务的权力和一部分司法权。联系《道僧格》的"任僧纲条"之僧官任命"三纲"方式，以及"准格律条"之"徒以下者依僧道法，三纲科断，所由州县官，不得擅行决罚"的司法权限界定可以看出，唐代对祆教、景教、回教的管理极大程度地参照了《道僧格》条文。

唐太宗诏命"造大秦寺一所，度僧廿一人"①时，按照中国的习俗将基督教的教堂称为"寺"，教士称为"僧"，那么有没有可能《道僧格》的"僧"不仅仅是指佛教僧尼，也包括祆教、景教、回教之"僧"呢？也就是说，有没有可能《道僧格》在制定之初是适用于佛教道教的法律，发展到后来成为适用于一切境内宗教的宗教法呢？笔者认为有这样的可能性。因为《萍洲可谈》所记载的"蕃坊制"徒以下罪"送蕃坊行遣"，"徒以上罪，则广州决断"②是严格按照《道僧格》"准格律条"的翻版，而有关审判司法权的界定必须依照法律，不可能是出于当地惯习。

早期制定《道僧格》的缘起是约束规范佛教和道教，后来随着其他宗教的繁荣发展，信徒人数增多，唐政府在管理其他宗教时参照管理佛教、道教的法规管理其他宗教是势在必行的事。但是，根据《萍洲可谈》的记载，蕃长"巾袍履笏如华人"，"蕃人不衣裈袴，喜地坐"③，《道僧格》的"听著木兰条"显然没有适用于回教信徒。又有"蕃人衣装与华异，饮食与华同。或云其先波巡尝事瞿昙氏，受戒勿食猪肉，至今蕃人但不食猪肉而已……今蕃人非刃六畜则不食，若鱼鳖则不问生死皆食"④，回教徒和佛教僧侣的饮食禁忌不一样，"饮酒条"也不适用于回教。"蕃人有罪，诣广州鞫实，送蕃坊行遣。缚之木梯上，以藤杖挞之，自踵至顶，每藤杖三下折大杖一下"⑤，这里描述的蕃坊惩罚犯

---

① （清）魏源：《海国图志》卷二十六，《魏源全集》第五册，岳麓书社2004年版，第798页。
② （宋）朱彧：《萍洲可谈》卷二，中华书局1985年版，第19页。
③ 同上。
④ 同上。
⑤ 同上。

"徒以下罪"信徒的方式是"藤杖"和"大杖",而且有类似唐律"除免比徒条"的"苦使十日比笞十,百日杖一百"一样的易刑折换标准:"藤杖三下折大杖一下"①,显然有详细的惩罚规制,但是又不同于《道僧格》的"苦使""还俗",倒是更接近于唐律五刑的"笞""杖"。

因此,笔者认为,到了唐中后期,《道僧格》的内容与前期单纯适用于僧尼、道士时有很大的改变。那些源自佛教戒律的内容如"饮酒条""作音乐条""听著木兰条""禁僧道嫁娶条"都会删除,甚至连刑种设置"苦使条""还俗条""外州寺条"也会从《道僧格》中移除。只保留源自唐律、僧制的条文如"禁僧道嫁娶条""出家条""度人条""私度条""自还俗条""观玄象条""焚身舍身"等普适于所有朝廷认可的宗教。很有可能到了后来会制定"道僧式""火祆式""回式""景式"等更详尽、更有针对性的规章制度性的法典管理不同宗教,"苦使条""还俗条""外州寺条"等将从《道僧格》移到《道僧式》继续发挥效力。

四 理想法典之色彩

郝铁川在《中华法系研究》一书中指出,中华法系的特点之一是法典所规定者,未必是现行法规。也就是说中国古代法典常常以制定理想法典为目的,认为良法虽非现制,也要写入法典中,所谓"令人善者,虽寝亦书"②。如《唐六典》中的应科死刑罪及其执行方法,虽有详尽的法律条文规定,而在当时却未真的实行。这一特点在《道僧格》中也有鲜明的体现。《道僧格》作为规范僧尼的宗教法规,为唐代社会树立了理想的寺院僧团模式,以及理想的僧尼形象。理想的寺院僧团模式应该是:皇权至上前提下的宗教自治;行政、宗教、司法职能合一的寺院机构;尊卑有序贵贱有等的僧团组织。而理想的僧尼道士的形象应该是:遵法守戒,离家离俗;安居寺院,精进修行。而事实上这些法规是否真的被执行,或者被执行到什么程度是有待考究的。

以"私度条"为例,尽管唐代一再严厉惩治僧尼私度,甚至唐太宗贞观时

---

① (宋)朱彧:《萍洲可谈》卷二,中华书局1985年版,第19页。
② 郝铁川:《中华法系研究》,复旦大学出版社1997年版,第3页。

曾申令"有私度者处以极刑"①，但是私度僧尼依旧屡禁不止。中宗时沙汰伪滥僧尼，还农者万二千余人②。玄宗开元二年（714），诏天下僧尼伪滥者，各令还俗，达二万余人③。太和四年，"祠部请令天下僧尼非正度者，许具名申省给牒，入申者七十万人"④。又有《旧唐书·李德裕传》记载，徐州节度使王智兴为了敛财，"以敬宗诞月，请于泗州置僧坛，度人资福，以邀厚利。江、淮之民，皆群党度淮"⑤，缴纳了免丁钱就可以当场领取度牒而回，以至达到"户有二丁必令一丁落发"⑥的程度。从这些数字可以看出，有唐一代，通过非正规途径而获得僧尼身份的伪滥僧尼数目之多。

以"非寺院条"为例，《道僧格》要求僧尼出家后，离家离俗，安居寺院。而唐代大量的出土墓志却显示，许多僧尼出家后依旧与世俗家庭保持千丝万缕的联系。如《大唐济度寺故大德比丘尼惠源和上神空志铭》记载了墓主惠源剃度为尼后，"执先夫之忧，皆泣血茹丧，决浆柴毁，古之孝子，乌足道哉……亦能上规伯仲，旁训弟侄，邑邑闺门，俾其勿坏。则天伦之性，过人数级"⑦。还有一些僧尼生前居处寺院，死后归葬家族墓地的，如《大唐济度寺大比尼墓志铭》之墓主法愿，生前"若乃弟兄办供，亲属设斋……罕有睹其形仪者焉"；死后却由俗家姐弟操办丧事："以龙朔三年八月廿六日，舍寿于济度寺之别院，春秋六十三。姊弟永怀，沉痛不忍，依承遗约，乃以其年十月十七日营窆于少陵原之侧。"⑧另有一些僧尼喜好结交权贵，出入官家府第，唐玄宗开元二年七月曾诏令：

> 如闻百官家多以僧尼道士为门徒往还，妻子等无所避忌。或诡托禅观，

---

① （唐）释道宣：《续高僧传》卷二十五，《大正藏》第50册，台湾新文礼出版公司影印版，第666页。
② （宋）欧阳修、宋祁：《新唐书》卷一百二十四，中华书局1975年版，第4384页。
③ （后晋）刘昫等：《旧唐书》卷八，中华书局1975年版，第177页。
④ （宋）志磐：《佛祖统纪》卷四十二，《大正藏》第49册，台湾新文礼出版公司1983年影印版，第385页。
⑤ （后晋）刘昫等：《旧唐书》卷一百七十四，中华书局1975年版，第4514页。
⑥ 同上。
⑦ 周绍良主编：《唐代墓志汇编》，上海古籍出版社1992年版，第1473页。
⑧ 同上书，第386—387页。

妄陈祸福，事涉左道，深敷大猷。自今以后，百官不得辄容僧尼道士等至家。①

这条诏令从反面揭示了当时大量僧尼以门徒身份依附士大夫家族，接受蓄养的事实。至于僧尼不奉佛法，违反戒律及《道僧格》的情况则更为普遍。唐高祖的"沙汰佛道诏"云：

> 自觉王迁谢，像法流行；末代陵迟，渐以亏滥。乃有猥贱之侣，规自尊高；浮惰之人，苟避徭役。妄为剃度，托号出家；嗜欲无厌，营求不息。出入闾里，周旋阛阓。驱策畜产，聚积货物。耕织为生，估贩成业。事同编户，迹等齐人。进违戒律之文，退无礼典之训。至乃亲行劫掠，躬自穿窬；造作妖讹，交通豪猾。每罹宪网，自陷重刑；黩乱真如，倾毁妙法。②

这段文字说明当时僧尼违反《道僧格》法规早已是司空见惯之事。所以说，尽管有唐一代《道僧格》作为约束僧尼道士的特别宗教法，从制定起一直到晚唐都存续，而实际却常常不被重视和执行，甚至形同虚设，只起到理想法典之作用。

---

① （清）董诰等编：《全唐文》卷二十一，中华书局1983年影印版，第243页。
② （后晋）刘昫等：《旧唐书》卷一，中华书局1975年版，第16页。

第五章
隋唐佛教与法律的关系

法律作为调整人们生活的行为规范,与宗教有着密切的关系。考察法律制度形成与发展过程中宗教对它的影响以及二者的关系,是法律史学研究的一项重要内容。关于中国古代法律制度的形成和宗教之间的关系,有些学者认为,宗教性是西方法律所具有的特性,而中国古代法律是世俗性的伦理化法律,宗教在其形成发展过程中没有发生作用[①]。这一观点显然是不符合历史事实的,中国自古就是一个具有多种宗教传统的国家,宗教作为中国文化的有机组成部分,在中国法律发展史上占有重要的地位。

中国历史上虽然没有出现过《汉谟拉比法典》、《摩奴法典》或摩西法等出自神授的法律,也没有形成过像古希腊人那样坚信万法皆为神定的意识形态,法律制裁和宗教制裁自古就相互分离,但这并不能说明中国古代法律不具备宗教性。正如中国宗教和西方宗教具有不同的特征一样,中国古代的法律和宗教的关系也表现出完全不同于西方国家的特点。以佛教为例,唐代佛教在唐律的形成和发展过程中,以其特有的方式为唐代的立法、司法留下不可磨灭的印迹;同时,唐代法律也通过其特有的模式对佛教的发展走向、僧团的组织模式、寺院的功能定位等产生了决定性的影响。

关于佛教和我国古代法律的关系,也有一些学者进行了探讨,何柏生在《佛教与中国传统法律文化》一文中谈及佛教对法律的影响时提出这样的观点:"(佛教)对司法影响大,对立法影响小"[②],"对中国传统法律文化消极面影响

---

① 参见瞿同祖《中国法律与中国社会》,商务印书馆2010年版,第285页。
② 何柏生:《佛教与中国传统法律文化》,《法商研究》1999年第4期,第128页。

大，积极面影响小"①，"对守法的老百姓影响大，对执法的官吏影响小。"② 笔者认为这样的观点不符合事实。本章从佛教对隋唐立法的影响、对司法的影响以及隋唐法律对佛教的影响几个角度探讨佛教和隋唐法律的相互关系。

第一节 佛教对隋唐立法的影响

佛教影响隋唐立法的形式有四种，一是由于帝王奉佛，影响某些立法思想和刑罚思想；二是佛教戒律通过向法律形态的转化成为具有普遍约束力的规范；三是佛教习俗成为新的立法来源或者被设置为刑罚特例；四是大量佛教用语被吸收为法律用语。

一 帝王奉佛影响立法思想

佛教自两汉之际输入中国后，奉佛帝王非常之多。法律的载体是人，在皇权至上、法自君出的君主专制社会，帝王崇信佛教，佛教必然会通过影响立法者而影响当时的法律制度。以佞佛的梁武帝为例，他晚年"专精佛戒，每断重罪，则终日弗怿。……诏自今犯罪，非大逆，父母、祖父母勿坐。自是禁网渐疏，百姓安之"③。由此可见"慈悲""不杀""五戒""十善""因果报应"等佛教思想可以通过帝王直接影响一个国家的立法思想和立法原则，促使立法从"严刑、重刑、滥刑"向"息刑、恤刑、宽刑、轻刑、慎刑"的转化。

（一）隋律"以轻代重"的宽刑思想

隋文帝杨坚出生于冯翊般若寺，根据《佛祖历代通载》的记载，般若寺女尼智仙"长通禅观，时言吉凶成败，事莫不奇验"④，杨坚出生时，智仙就断言杨坚是"天佛所佑"，并为之取名曰"那罗延"，稍后又密告文帝说："汝后大

---

① 何柏生：《佛教与中国传统法律文化》，《法商研究》1999 年第 4 期，第 128 页。
② 同上。
③ （唐）魏徵等：《隋书》卷二十五，中华书局 1975 年版，第 701—702 页。
④ （元）释念常：《佛祖历代通载》卷十，《大正藏》第 49 册，台湾新文礼出版公司 1983 年影印版，第 559 页。

贵，当自东方来，佛法时灭赖汝而兴。"① 杨坚即位后，"每以神尼为言，云：'我兴由佛。'"② 这些传说不乏后人为了神化统治者而编造的成分，但是也可以从侧面说明隋文帝在成长过程中受到的佛教文化熏陶，对其后来形成的"好生勿杀""以轻代重"的刑罚思想所起的作用。

根据《隋书·刑法志》的记载，北周颁布《刑经圣制》时，"其法深刻"，杨坚"以法令滋章，非兴化之道，切谏"③ 而未被宣帝采纳。宣帝死后，杨坚"大崇惠政，法令清简，躬履节俭，天下悦之"④，这是他"以轻代重，化死为生"刑罚思想形成的最初表现。隋文帝即位后，即动手修律，减去死罪八十一条，流罪一百五十四条，徒、杖罪千余条，同时废除"枭首、辗身、族诛"与"残剥肤体"等惨刑酷刑，确立封建五刑制。将死刑定为绞、斩二等，并缩短流徙里程。改"鞭"刑为"杖"刑，改"杖"刑为"笞"刑，确立了以"笞、杖、徒、流、死"为体系的新"五刑"。刑法既定，隋文帝颁布诏书昭告天下云：

> 帝王作法，沿革不同，取适于时，故有损益。夫绞以致毙，斩则殊刑，除恶之体，于斯已极。枭首辗身，义无所取，不益惩肃之理，徒表安忍之怀。鞭之为用，残剥肤体，彻骨侵肌，酷均裔切。虽云远古之式，事乖仁者之刑，枭辗及鞭，并令去也。贵砺带之书，不当徒罚，广轩冕之荫，旁及诸亲。流役六年，改为五载，刑徒五岁，变从三祀。其余以轻代重，化死为生，条目甚多，备于简策。⑤

之后隋文帝的诏令中，体现其"以轻代重"的慈悲精神的内容也屡见不鲜，如规定"讯囚不得过二百，枷杖大小，咸为之程品，行杖者不得易人"⑥

---

① （元）释念常：《佛祖历代通载》卷十，《大正藏》第49册，台湾新文礼出版公司1983年影印版，第559页。
② （唐）释道宣：《广弘明集》卷十七，《四库全书》第1048册，上海古籍出版社1989年版，第578页。
③ （唐）魏徵等：《隋书》卷二十三，《四库全书》第264册，上海古籍出版社1989年版，第462页。
④ 同上书，第463页。
⑤ 同上书，第472页。
⑥ 同上书，第473页。

"改徒及流并为配防"①"死罪者三奏而后决"② 等，都对《唐律》的"慎刑恤杀"思想的形成有直接影响。

（二）剃度与髡刑的废除

髡刑是中国上古五刑之一，在"身体发肤，受之父母，不敢毁伤，孝之始也"③ 的观念深入人心的古代，人人都蓄长发，并视须发不全为耻辱，髡刑也就随之产生了。所谓髡刑，就是剃光罪犯的须发，示之以耻辱，戒之勿再犯的刑罚。《周礼·秋官·司寇》云："墨者使守门，劓者使守关，宫者使守内，刖者使守囿，髡者使守积。"④ 在《周礼》中，削去须发的髡刑和墨刑（刀刺面额染以黑色）、劓刑（割掉犯人鼻子）、宫刑（阉割犯人生殖器）、刖刑（砍去犯人双足）并提；在《尚书》中，"墨、劓、刖、髡"加上"大辟（砍头）"被并称为上古五刑。髡刑剃去犯人的头发，虽然不会带来肉体上的痛苦，但能使其精神受到极大摧残。魏晋南北朝时期，佛教流行，佛教徒削发出家的习俗曾被视为大不孝，僧人一度被反佛者蔑称为"髡人"。《魏书·释老志》这样描述佛教僧人："佛者，昔于西胡得道，在四十二天，为延真宫主。勇猛苦教，故其弟子皆髡形染衣，断绝人道，诸天衣服悉然。"⑤

髡刑产生于周朝，在魏晋南北朝与隋唐之交被废除不传。《魏书》中有一段讨论废止髡刑的记载："魏高祖太和十一年春，诏曰：三千之罪，莫大于不孝，而律不逊父母，罪止髡刑。于理未衷。可更详改。"⑥ 但这一提议当时大约并没有被接纳，因为《北齐律》中依旧有髡刑的刑名。《历代刑法考》云："至北周以后，并无髡之名，盖亦废之矣。"⑦ 以这一说法为线索，查找《隋书·刑法志》中关于《齐律》刑名的记载，可以发现《齐律》有五刑："一曰死，重者辕之，其次枭首，并陈尸三日……二曰流刑，谓论犯可死，原情可降，鞭笞各一百，髡之。……三曰刑罪，有五岁、四岁、三岁、二岁、一岁之差。并锁输左校而不髡。……四曰鞭，有一百、八十、六十、五十、四十之差，凡五等。

---

① （唐）魏徵等：《隋书》卷二十三，《四库全书》第264册，上海古籍出版社1989年版，第473页。
② 同上。
③ 黄得时译释：《孝经今注今译》，台湾商务印书馆1980年版，第1页。
④ 林尹注译：《周礼今注今译》，书目文献出版社1985年版，第386页。
⑤ （北齐）魏收：《魏书》卷一百一十四，中华书局1975年版，第3052页。
⑥ （北齐）魏收：《魏书》卷一百一十一，中华书局1975年版，第2878页。
⑦ （清）沈家本：《历代刑法考》，郑经元点校，中华书局1985年版，第301页。

五曰杖，有三十、二十、十之差，凡三等。大凡为十五等。"① 也就是说，《北齐律》的流罪要加髡刑，刑罪不加髡刑。髡刑在《北齐律》中不属于五刑之一，只是一种附加刑。

《北周律》的刑名也有五种，一是杖刑，分五到五十共五个等级；二是鞭刑，分六十到一百五个等级；三是徒刑，有一年、两年、三年、四年、五年五个等级，徒刑还要加以鞭、笞为附加刑；四是流刑，分"去皇畿"两千五百里、三千里、三千五百里、四千里、四千五百里五个等级，流刑也有相应的鞭、笞附加刑；五是死刑，有磬、绞、斩、枭、裂五种等级②。对比《北齐律》和《北周律》可以看出，髡刑在魏晋时期开始由主刑退位为附加刑，而自《北周律》开始被废除。

隋文帝受禅即位之后，下令更定新律，设置的刑名有五种，一是死刑，有绞和斩两种；二是流刑，分一千里、一千五百里、二千里三个级别，其中流一千里的附加两年居作，一千五百的附加二年半居作，二千里的附加三年居作；第三种是徒刑，分一年、一年半、二年、二年半、三年五个级别；第四种是杖刑，从五十累加到一百；第五种是笞刑，也分五个档次，从十累加到五十。③《开皇律》虽然"多采后齐之制，而颇有损益"④，却没有继承《北齐律》的髡刑，而是效法《北周律》，废除了髡刑，有学者认为，这和隋朝帝王崇佛，礼敬三宝不无渊源⑤。隋之后，唐沿隋制，髡刑在历史上不复存在。

（三）慈悲重生与恤刑慎杀

我国古代法律的恤刑慎杀思想最初源自西周的"明德慎罚"，后来又注入儒家的"仁爱"思想，成为中华法系的核心价值观与司法原则。恤刑就是提倡宽刑、轻刑，是对严刑峻法的否定，儒家认为"恻隐之心，人皆有之"⑥，宽刑慎刑就是对罪犯体现"恻隐之心"。儒家的恤刑、慎刑虽然客观上惠及了受刑者，但其出发点是展示君王的好生之德。随着佛教在中国的传播，佛教最主要

---

① （唐）魏徵等：《隋书》卷二十五，中华书局1975年版，第705页。
② 同上书，第707—708页。
③ 同上书，第710—711页。
④ 同上书，第711页。
⑤ 李俊强：《佛教对中古法律之影响》，硕士学位论文，湘潭大学，2006年，第19页。
⑥ 杨伯峻：《孟子译注》，中华书局1960年版，第259页。

的道德观念慈悲观被社会各阶层广泛接受。"慈"就是爱护众生，给予众生欢乐；"悲"就是怜悯众生，消除众生苦难。一切众生都是佛救助的对象，即使是罪大恶极之人，佛也用"同体大悲"的精神包容善待之。按照佛教的六道轮回观，一切众生在轮回中都曾互为父母亲人，一切众生皆可成佛，所以应恤刑、宽刑，不杀生或慎杀生。佛教为恤刑慎杀思想增添了新内容，并且通过对立法者的浸染而起到影响立法的效果。

最直接的例子就是催生了孕妇缓刑制度。北魏永平元年秋，有孕妇李氏犯法依律应斩，世宗命大臣崔光起草诏书。而崔光"崇信佛法，礼拜读诵，老而逾甚，终日怡怡，未曾恚忿"①，因此向世宗谏言说，李氏怀孕待产，虽依律应斩，但戮之无异于刳胎，这是桀纣那样的暴君才会用的虐刑。世宗接受了他产后行刑的意见，于永平二年，诏令"妇人当刑而孕，产后百日乃决"②，孕妇缓刑的制度由此确立，并被之后各朝律法所继承和发展，逐渐成为定制。到了唐代，这一制度被进一步细分，《唐律疏议》"处决孕妇条"规定凡是犯了死罪应处决的妇人，如果身怀有孕，必须待到生产后百日才能行刑。如果有不待孕妇生产就行刑的，判徒刑两年；孕妇生产完，但还未满百天就行刑的，判徒刑一年③。唐律不独严禁处决孕妇，还新增了禁止对孕妇用刑的"拷决孕妇条"，规定如果怀孕的妇人犯罪应受到拷决或者杖、笞，不待其产后就实行拷决的，杖一百；伤重的，依照"不合捶拷法"处罚；产后不满百日就拷决者，减一等刑罚。④这些详细的规定都体现了佛教慈悲重生的精神的影响。

古代法律中恤刑的对象是年老、年幼和有残疾者。从《周礼·秋官·司寇》引的汉律"年未满八岁，八十以上，非手杀人，他皆不坐"⑤可以知道，汉律的恤刑对象是八岁以下、八十岁以上者。到了唐代，恤行的适用范围被扩大和进一步丰富，"老小及疾有犯条"规定：

---

① （北齐）魏收：《魏书》卷六十七，中华书局1975年版，第1499页。
② （北齐）魏收：《魏书》卷一百一十一，中华书局1975年版，第2874页。
③ 钱大群：《唐律译注》，江苏古籍出版社1988年版，第396页。
④ 同上书，第397页。
⑤ 林尹注译：《周礼今注今译》，书目文献出版社1985年版，第375页。

诸年七十以上、十五以下及废疾，犯流罪以下，收赎①；

八十以上、十岁以下及笃疾，犯反、逆、杀人应死者，上请。盗及伤人者，亦收赎。余皆勿论②；

九十以上，七岁以下，虽有死罪，不加刑。③

不仅扩大了对老、幼、残疾者恤刑的适用范围，还规定犯人犯罪时不属于"老、疾"范围，案发时属于"老、疾"范围的，按照"老、疾"范围定罪；服刑期间进入"老、疾"范围的，也按照"老、疾"对待；犯罪时年幼，事发时已经成年的，依旧按照"幼小"犯罪定罪④，更进一步体现了"慈悲"和"仁爱"的精神。类似的恤刑还有"赦前断罪不当条"规定的"从轻"原则："诸赦前断罪不当者，若处轻为重，宜改从轻；处重为轻，即依轻法"⑤；"犯罪未断决，逢格改者，格重，听依犯时；格轻，听从轻法"⑥。

唐律中体现慎杀精神的法规有很多也源自佛教慈悲重生的思想。唐沿袭了隋律的"死罪者三奏而后决"⑦的法规，设"死囚复奏报决条"对死刑的执行做了严格的规定："诸死罪囚，不待复奏报下而决者，流二千里。即奏报应决者，听三日乃行刑，若限未满而行刑者，徒一年；即过限，违一日杖一百，二日加一等。"⑧ 对死刑的判决和执行必须经过多次上奏和复审，正是为了避免出现滥杀无辜的情况。

二 佛教戒律向法律形态转化

（一）礼敬三宝和"盗毁天尊佛像"罪

隋《开皇律》的十恶罪源于《北齐律》"重罪十条"："一曰谋反，二曰谋大逆，三曰谋叛，四曰恶逆，五曰不道，六曰大不敬，七曰不孝，八曰不睦，

---

① 钱大群：《唐律译注》，江苏古籍出版社1988年版，第41页。
② 同上。
③ 同上。
④ 同上书，第42—43页。
⑤ 同上书，第392页。
⑥ 同上书，第42—43页。
⑦ （唐）魏徵等：《隋书》卷二十三，《四库全书》第264册，上海古籍出版社1989年版，第473页。
⑧ 钱大群：《唐律译注》，江苏古籍出版社1988年版，第398—399页。

九曰不义，十曰内乱。"① 隋文帝晚年崇尚佛道二教，于开皇二十年（601）诏曰：

> 佛法深妙，道教虚融，咸降大慈，济度群品，凡在含识，皆蒙覆护。所以雕铸灵相，图写真形，率土瞻仰。用申诚敬。其五岳四镇，节宣云雨，江、河、淮、海，浸润区域，并生养万物，利益兆人，故建庙立祀，以示恭敬。敢有毁坏偷盗佛及天尊像、岳镇海渎神形者，以不道论。沙门坏佛像，道士坏天尊者，以恶逆论。②

将毁坏佛像、天尊像的行为列入十恶重罪的范围。唐律"十恶罪"的"不道"包括"杀一家非死罪三人，支解人，造畜蛊毒、厌魅"③；"恶逆罪"包括"谋杀祖父母、父母，杀伯叔父母、姑、兄姊、外祖父母、夫、夫之祖父母、父母"④，没有将"毁坏佛及天尊像"包括，但是同样的内容却出现在《贼盗律》中。《贼盗律》"盗毁天尊佛像条"是这样规定的："诸盗毁天尊像、佛像者，徒三年。若道士女官盗毁天尊像，僧尼盗毁佛像者，加役流；真人、菩萨，各减一等。盗而供养者，杖一百。盗、毁不相须。"⑤ 和《隋律》相比，《唐律》虽然将佛像天尊像列入神圣不可侵犯的器物中加以保护，但是刑罚却比隋律要轻缓。《唐律》中关于保护圣物的法条很多，量刑比"盗毁天尊佛像条"重的也很多，如"盗御宝及乘舆服御物条"规定"诸盗御宝者，绞；乘舆服御物者，流二千五百里"⑥，所谓"御宝"，就是"天子信宝此等八宝，皇帝所用之物，并为'御宝'"⑦，"盗者，俱得绞刑"。比盗毁佛像天尊像的罪行要严重很多。又如"盗大祀神御物条"规定，"诸盗大祀神御之物者，流二千五百里"⑧。盗窃皇帝祭神之物的刑罚是"流二千五百里"，也比盗毁佛教要严重。盗毁天

---

① （唐）魏徵等：《隋书》卷二十三，《四库全书》第264册，上海古籍出版社1989年版，第472页。
② （唐）魏徵：《隋书》卷二，中华书局1974年版，第46—47页。
③ 钱大群：《唐律译注》，江苏古籍出版社1988年版，第6页。
④ 刘俊文：《唐律疏议笺解》卷一，中华书局1996年版，第56页。
⑤ 刘俊文：《唐律疏议笺解》卷十九，中华书局1996年版，第1359页。
⑥ 钱大群：《唐律译注》，江苏古籍出版社1988年版，第227页。
⑦ 同上。
⑧ 同上书，第226页。

尊佛像徒三年的刑罚，仅略重于"盗园陵内草木条"的盗帝王陵园草木"徒二年半"① 的刑罚。

虽然唐显示了皇权高于神权的原则，但是，通过这一立法，保护佛教塑像、严禁轻慢法像被设为定制，从此成为古代法典之习惯法的一部分，被宋元明清诸朝法律认可并且沿袭。佛教徒最根本的行为规范就是礼敬三宝，盗毁佛像的行为，是对三宝最大的不敬。这一法规的法理实质是把佛教徒应遵循的戒律和礼仪普遍化、一般化、刑法化，用法律的威严确立了佛教法像的神圣不可侵犯性，使之成为所有社会成员都必须遵守的一种强制性社会规范。

（二）僧尼犯奸和奸淫尼僧、女冠的加重刑

万恶淫为首，"戒淫"是僧尼应遵守的根本戒之一，《唐律·名例》的"称道士、女官条"云："道士、女官、僧尼犯奸盗，于法最重。"② 僧尼犯奸的刑罚要比普通人严峻，要"加凡人二等"判刑。按照《唐律疏议·杂律》的"凡奸条"规定："诸奸者，徒一年半；有夫者，徒二年。部曲、杂户、官户奸良人者，各加一等。即奸官私婢者，杖九十；奴奸婢，亦同。"③ 因此，僧尼道士犯奸加凡人二等定罪，应该被徒两年半。同时，"称道士、女官条"还附加规定，"诸道士、女官时犯奸，还俗后事发，亦依犯时加罪"④，进一步显示了"从严""从重"原则。唐律通过对僧尼犯奸的加重刑，将这一戒律上升为僧尼必须遵守的法律义务。

如果仅仅是僧尼犯奸加刑的话，还不能说明佛教不淫戒已由约束僧尼的戒律转化为约束普通社会成员的规范。《唐律疏议·杂律》中一共有七条和"奸"罪有关的罪名："凡奸""奸缌麻以上亲""奸从祖母姑""奸父母妾""奴奸良人""和奸无妇女罪名""监主于监守内奸"，其中涉及僧尼道士的就有两条，"和奸无妇女罪名条"规定，凡是和奸者，男女各徒一年半，媒合者徒一年。"假有俗人，媒合奸女官，男子徒一年半，女官徒二年半，媒合奸通者犹徒二年之类，是为'从重减'。"⑤ 也就是说，如果有人媒合女尼、女冠，犯奸的男子

---

① 钱大群：《唐律译注》，江苏古籍出版社1988年版，第233页。
② 刘俊文：《唐律疏议笺解》卷六，中华书局1996年版，第529页。
③ 钱大群：《唐律译注》，江苏古籍出版社1988年版，第331页。
④ 刘俊文：《唐律疏议笺解》卷六，中华书局1996年版，第527页。
⑤ 刘俊文：《唐律疏议笺解》卷二十六，中华书局1996年版，第1852页。

按照"凡奸"徒一年半,"女尼、女冠"按照"加凡人二等"的标准徒二年半;而媒合者却要被加一等判刑,要被徒一年半。另一条是"监主于监守内奸条":"诸监临主守,于所监守内奸者,加奸罪一等。即居父母及夫丧,若道士、女官奸者,各又加一等。"① 也就是说,监临主守于监守内奸僧尼、女冠者,加凡奸二等判刑。

僧尼道士犯奸罪,要加重刑罚,是法律对僧道恪守"不淫"戒的要求;而媒合女尼、女官者加重刑罚,监临主守于监内侵犯僧尼道士也要加重量刑,则是把僧尼道士这一群体更加特殊化、神圣化,从某种意义上来说,佛教的戒律通过法律被普适化,转化为全体社会成员都要共同遵守的法律义务。

三 佛教习俗被设定为刑罚特例

(一) 火葬水葬的特例

《唐律疏议·贼盗律》"残害死尸条"规定:"诸残害死尸(谓焚烧、支解之类)及弃尸水中者,各减斗杀罪一等;缌麻以上尊长不减。"② 按照疏议的注解,"残害死尸"指的是"支解形骸,割绝骨体及焚烧"等行为。"残害死尸"和"弃尸水中"的行为,依照《斗杀律》情节最重者可以处死。但是疏议中却有这样的一条附加规定:"若愿自焚尸,或遗言水葬及远道尸柩,将骨还乡之类,并不坐。"③

我国古代受儒家"入土为安"丧葬观的影响,把"慎护先人发肤""事死如事生"④ 视为"孝"的最好表现,丧葬的礼仪和规格还是"别尊卑,异贵贱"的"礼"的体现。孔子云:"生,事之以礼;死,丧之以礼,祭之以礼。"⑤ 在这一思想的影响下,古代亲人亡故,子孙须居丧三年,住倚庐,食薄粥,寝苦枕草,寡言少语,用苦行的方式和极度哀伤的情绪表达自己的孝心。以"一准乎礼"为特征的唐律对侵犯坟冢、伤害尸体的刑罚极为严峻,"发冢条"规定:"《礼》云:'葬者,藏也,欲人不得见。'古之葬者,厚衣之以薪,

---

① 刘俊文:《唐律疏议笺解》卷二十六,中华书局1996年版,第1854页。
② 刘俊文:《唐律疏议笺解》卷十八,中华书局1996年版,第1322页。
③ 同上。
④ 王宇:《佛教对宋朝火葬盛行的影响》,《佛学研究》2008年第2期,第29页。
⑤ 王云五主编:《论语今注今译》,台湾商务印书馆1979年版,第18页。

后代圣人易之以棺椁。有发冢者,加役流"①;"盗耕人墓田条"规定:"诸盗耕人墓田者,杖一百;伤坟者,徒一年"②;"穿地得死人"条规定:"诸穿地得死人不更理,及于冢墓燻狐狸而烧棺椁者,徒二年;烧尸者,徒三年。缌麻以上尊长,各递加一等;卑幼,各依凡人递减一等……若子孙于祖父母、父母,部曲、奴婢于主冢墓燻狐狸者,徒二年;烧棺椁者,流三千里;烧尸者,绞。"③

"烧尸"的行为,视其情节,最重的刑罚可以达到绞刑,而"愿自焚尸"和"遗言水葬"却不受刑事追究,这显然和佛教的传播,火葬、水葬、林葬等特殊丧葬习俗在僧侣群体中逐渐流行有关。玄奘在《大唐西域记》卷二记载的印度的殡葬方式有三种:"送终殡葬,其仪有三:一曰火葬,积薪焚燎;二曰水葬,沉流飘散;三曰野葬,弃林饲兽。"④但是根据道宣的《续高僧传》介绍,除此之外还有土葬,因此佛教徒一共四种葬法⑤。火葬,梵语为"荼毗"或"阇维",意为"焚烧"。释迦牟尼涅槃后,举行荼毗火葬,信徒纷纷效法,火葬遂成为佛教徒最常见的葬法。佛教传至汉地,从鸠摩罗什开始"依外国法,以火焚尸"的火葬开始在僧侣群体中流行。"民俗火葬,自释氏火化之说起,于是死而焚尸者所在皆然"⑥。"残害死尸条"中"愿自焚尸"的特别法律解释是为了适应佛教的火葬习俗而设的这一观点,严耀中在《论唐宋间法律对僧尼的直接约束》一文中也有提及⑦,但是目前为止,没有人注意到"遗言水葬"的特别法律也是为了适应佛教的丧葬习俗而出现的。

水葬、野葬都属于露尸葬,就是死后不用棺椁盛放,不埋入土中,而是将死者的遗体暴置于野外,或沉于水中,让鸟兽虫鱼食用。《佛本行集经》解释了佛教提倡露尸葬的原因:"布施身者,不用苦力,速生天上;求世胜处,速得

---

① 刘俊文:《唐律疏议笺解》卷十九,中华书局1996年版,第1364页。
② 刘俊文:《唐律疏议笺解》卷十三,中华书局1996年版,第981页。
③ 刘俊文:《唐律疏议笺解》卷十八,中华书局1996年版,第1326页。
④ 玄奘、辨机:《大唐西域记校注》,季羡林校注,中华书局1990年版,第208页。
⑤ (唐)释道宣:《续高僧传》卷二十七,《大正藏》第50册,台湾新文礼出版公司1983年影印版,第685页。
⑥ (宋)洪迈:《容斋随笔》"续笔"卷十三,于志勇、张媛婷译注,中国社会科学出版社2005年版,第874页。
⑦ 严耀中:《论唐宋间法律对僧尼的直接约束》,戴建国主编《唐宋法律史论集》,上海辞书出版社2008年版,第184页。

受乐。"① 也就是说，死后将身体布施给鸟兽虫鱼是一种修行，也可以因此获得福报。唐代野葬流行，据《新唐书》记载，太原曾一度"俗为浮屠法者，死不葬，以尸弃郊饲鸟兽，号其地约'黄坑'。有狗数百头，习食胔，颇为人患，吏不敢禁。"②

学者刘淑芬在《中古的佛教与社会》之"林葬——中古佛教露尸葬研究之一"一章中这样认为："就目前的文献所及，中国中古时期并没有施行水葬者。中国中古时期的露尸葬仅有林葬（即野葬），另外有一种形式'石室瘗窟'——将遗体直接放置在石室或石窟之内。"③ 然而，《续高僧传》中提到的当时僧人的丧葬方式是："有临终遗诀，露骸林下；或沉在涧流，通资翔泳。或深瘗高坟，丰碑纪德；或乘崖漏窟，望远知人。"④ 这里提到的"沉在涧流，通资翔泳"就是水葬，说明当时也有僧人采取水葬的方式舍身布施的。而唐律的"残害死尸条"之"若愿自焚尸，或遗言水葬及远道尸柩，将骨还乡之类，并不坐"⑤的法律特例，是前代律法从未出现过的，更为唐代僧人中亦流行水葬提供了可靠的文献依据。

（二）重罪缘坐的特例

中国古代的法律制度中，有一种亲属共同刑事责任制。也就是一人犯罪，他一定范围的亲属都负有连带刑事责任而受刑罚的法律制度。这种因为与罪犯有血缘或者婚姻关系而被株连受刑罚的法律制度是中国古代法律的一大特色，在历史上，这种亲属共同刑事责任制曾有过多种名称。上古时期被称为"孥戮"，秦汉时期记载为"灭族""夷三族"，北魏早期曾出现过"房诛""门诛""连坐"的说法。唐律用"缘坐"来称谓这种刑罚。在近代学术界，则习惯于将这一法律制度称为"族刑"。

族刑的"刑"，不同于唐律的"五刑"，它不是一种刑罚方式，而是一种刑事责任制度。现代刑法是"个人本位"的法律，以"罪责自负"为原则，只有

---

① 《佛本行集经》卷二十，《大正藏》第3册，台湾新文礼出版公司1983年影印版，第747页。
② （宋）欧阳修、宋祁：《新唐书》卷七十八，中华书局1975年版，第3531页。
③ 刘淑芬：《中古的佛教与社会》，上海古籍出版社2008年版，第184页。
④ （唐）释道宣：《续高僧传》卷二十七，《大正藏》50册，台湾新文礼出版公司1983年影印版，第685页。
⑤ 刘俊文：《唐律疏议笺解》卷十八，中华书局1996年版，第1322页。

犯罪者本人才承担相应的法律责任；而古代法律则具有强烈的"家族本位"和"依血缘立法"的特色，没有实施过犯罪行为的罪犯亲属也被认定为罪犯，和正犯一起，为正犯的犯罪行为承担相应的刑事责任。当一人犯罪，法律认定其亲属集体承担刑事责任时，就产生了族刑。现代汉语的"家"和"族"的意义是不同的，"家"指的是共同生活的亲属团体，"族"指的是同一祖先传下来的血缘团体。在古代，"家""族"指的都是群居的血缘团体，含义基本相同。族刑将个体的刑事责任推及整个家族这一血缘群体，刑罚也以家族这一血缘群体而不是以个体为惩治对象。

在中国古代的法典中，族刑株连的范围因罪犯所犯罪行的轻重和朝代的不同而各有不同，并不固定，有时只株连妻、子；有时会株连到父母、兄弟甚至几代以内的所有亲属。古代的"家族"是指父系家族，母系的亲属不在法定的"家族"范围之内。族刑中经常提及的"三族""九族"等范围，都是指罪犯的父系家族中的三代或九代以内的直系和旁系亲属。以唐律为例，需要施行族刑，即"缘坐"的仅限于"十恶"罪中的"谋反""叛乱""大逆"和残酷不道的杀人者、"造畜蛊毒及教令者""军队密有征讨而告贼消息"等重罪。《唐律疏议》中"缘坐"的范围以亲等为依据，大体上分为三种：第一种是只株连妻、子，如"告贼消息""谋叛""谋杀一家非死罪三人及肢解人"等罪。第二种是株连所有同居家属，适用于"造畜蛊毒"等罪。这里的同居是指和罪犯一起居住。这类缘坐不完全以血缘关系为依据，还以事实状态为株连的标准。第三种最严重，要株连到正犯的"三族"与祖孙，适用于"谋反""大逆"："诸谋反及大逆者，皆斩；父子年十六以上皆绞，十五以下及母女、妻妾、子（妻妾亦同）。祖孙、兄弟、姊妹若部曲、资财、田宅并没官，男夫年八十及笃疾、妇人年六十及废疾者并免；伯叔父、兄弟之子皆流三千里，不限籍之同异。"①

族刑贯穿于古代社会，在长期发展演化过程中，逐渐形成了一些约定俗成的法律原则。学者魏道明在《始于兵而终于礼——中国古代族刑研究》一书中将族刑的一般原则总结为五条：一是首先告发者免受缘坐②，为了鼓励和保护告发犯罪者，古代法律一般都有首先告发者可免受株连的规定。二是"正犯遇

---

① 钱大群：《唐律译注》，江苏古籍出版社1988年版，第207页。
② 魏道明：《始于兵而终于礼——中国古代族刑研究》，中华书局2002年版，第13页。

恩减罪或行刑前身死,缘坐人刑罚减等"①,由于缘坐人本身并没有犯罪行为,只是陪同正犯受刑,因此,正犯遇到大赦减罪或者在行刑前就死亡的,缘坐犯人一般都可以享受减刑甚至免刑的待遇。三是"女性、奴婢、僧道犯罪只坐其身,不株连亲属"②,这一条是免受缘坐即株连的特例原则。四是已嫁女子只为夫家缘坐③,只要婚约成立,女性无论婚嫁与否,都只为夫家缘坐,不用为母家父兄缘坐。五是"老幼、妇女、废疾者可减免缘坐责任"④,这一原则体现了儒家的宽宥思想。

自唐代起,僧尼、道士犯罪,亲属免受缘坐有了明确的法律规定,《唐律疏议》的"缘坐非同居"条疏议云:"出养、入道及娉妻未成者,不追坐。……'出养',谓男女为人所养。'入道',谓为道士、女官,若僧、尼。'娉妻未成者',虽克吉日,男女未相见,并不追坐。出养者,从所养家缘坐,不涉本生。'道士及妇人',称道士,僧、尼亦同。……自道士以下,若犯谋反、大逆,并无缘坐,故云'止坐其身'。"⑤佛教僧尼削发出家,以"释"为姓,在法律关系上和家族亲属已经脱离关系。唐律承认僧尼的特殊身份,特许僧尼不因亲属犯谋反、大逆重罪受株连。反之,僧尼犯罪,也止坐其身,不株连亲人。

以太平公主谋逆案为例,僧人慧范也是主犯之一。根据《资治通鉴》"上乃削黜慧范,放于家"⑥的记载,慧范是有家族有亲属的。而太平公主被赐死后,"籍其家,财货山积,珍奇宝物,侔于御府,马牧羊牧田园质库,数年征敛不尽。慧范家产亦数十万贯"⑦。慧范只是和太平公主一起被"籍其家"。这里的"籍"是指没收家产,但不株连亲属,如果是"籍没其家",则是既没收家产,又收孥家人。作为谋逆主犯的慧范,其亲属却未被缘坐,显然是因为其出家身份和"止坐其身"的法律规定。相反,太平公主的几个儿子都受株连被杀,连公主已故的丈夫武攸暨也被"坐公主大逆,夷其墓"⑧。

---

① 魏道明:《始于兵而终于礼——中国古代族刑研究》,中华书局2002年版,第15页。
② 同上书,第22页。
③ 同上书,第27页。
④ 同上书,第32页。
⑤ 刘俊文:《唐律疏议笺解》卷十七,中华书局1996年版,第1246页。
⑥ (宋)司马光等:《资治通鉴》卷二百零八,中华书局1976年版,第6617页。
⑦ (后晋)刘昫等:《旧唐书》一百八十三,中华书局1975年版,第4740页。
⑧ (宋)欧阳修、宋祁:《新唐书》卷二百零六,中华书局1975年版,第5843页。

关于僧尼犯法不缘坐亲属的法律原则是否始于唐代，无确切记载。南北朝佛教兴盛时，僧道犯罪的事件也频繁发生。仅《魏书》所记载的沙门谋反、大逆案就有八次之多，如："（大兴）五年沙门张翘自号无上王，与丁零鲜于次保聚党常山之行唐"①；"（延兴）三年，沙门慧隐谋反，伏诛"②；"（太和）十四年，沙门司马惠御自言圣王，谋破平原郡，擒获伏诛"③；"（永平）二年春正月，泾州沙门刘慧汪聚众反；……（永平）三年春二月，秦州沙门刘光秀谋反；……（延昌）三年，幽州沙门刘僧绍聚众反，自号净居国明法王。州郡捕斩之"④；"（延昌）四年，沙门法庆聚众反于冀州"⑤。这些案例没有一例有亲属受株连的记录，因此可以推断，僧尼犯罪，不株连亲属，在南北朝时已成为惯例，唐代法律将僧道设为缘坐的特殊群体，是沿袭前代约定俗成的惯例而已。

四 佛教用语入律

就佛教对唐代法律之纯法律文本的作用与影响而言，佛教还催生了一批法律概念，佛教用语频频出现在唐律中。除了上文提及的"禁屠月""十直日""牒当""还俗""入道""维那""三纲""寺主"等佛教用语之外还有许多。如隋代的"十恶"罪名，"十恶"一词最初是指会招致转生地狱、饿鬼、畜生这"三恶道"果报的十种恶业，又称"十恶业道"。又如在《唐律疏议》"百官外膳犯食禁"条："'秽恶之物'，谓不净物之类在食饮中，及简择有不净，其所由者，得笞五十。"⑥ "征人巧诈避役"条："乃巧诈方便，推避征役。"⑦ "主司私借服御物条"："乘舆服御物，主司持护修整，常须如法，若有私借，或将借人及借之者，各徒三年。"⑧ "监当主食有犯条"："'杂药'，谓合和为药，堪服饵者。若有毒性，虽不合和，亦为'杂药'。"⑨ "捕罪人逗留不行

---

① （北齐）魏收：《魏书》卷二，中华书局 1975 年版，第 39—40 页。
② （北齐）魏收：《魏书》卷七，中华书局 1975 年版，第 140 页。
③ 同上书，第 166 页。
④ （北齐）魏收：《魏书》卷八，中华书局 1975 年版，第 209 页。
⑤ （北齐）魏收：《魏书》卷九，中华书局 1975 年版，第 222 页。
⑥ 刘俊文：《唐律疏议笺解》卷九，中华书局 1996 年版，第 756 页。
⑦ 刘俊文：《唐律疏议笺解》卷十六，中华书局 1996 年版，第 1200 页。
⑧ 刘俊文：《唐律疏议笺解》卷九，中华书局 1996 年版，第 753 页。
⑨ 刘俊文：《唐律疏议笺解》卷九，中华书局 1996 年版，第 755 页。

条":"诸罪人逃亡,将吏已受使追捕,而不行及逗留;谓故方便之者。"① "公事失错自觉举条":"诸公事失错,自觉举者,原其罪。"② "御幸舟船有误条":"御幸舟船者,皇帝所幸舟船,谓造作庄严。"③ "主殴部曲死条":"'故杀者,加一等',谓非因殴打,本心故杀者,加一等。"④

这些词汇在佛教流行之前典籍史料中都不曾存在。这些来自佛经的佛教用语随着佛教的盛行,被载入了唐代的成文法之中,并被宋元明清后世的法典所沿用。

第二节 佛教对唐代司法的影响

唐王朝在总结前朝司法经验的基础上,建立了较完备的司法制度。唐代的司法内容包括司法机构和职官设置、诉讼、审判、执行、监狱、司法监察等方面的内容,另外,唐代的司法教育业也有相当发展。佛教对唐代司法的影响主要体现在审判、行刑和监狱制度几个方面。

一 寺院对审判权的分割

唐朝的司法机构分中央司法机构和地方司法机构两个级别。中央司法机构由大理寺、刑部、御史台组成,它们之间形成一种相互配合与制约的关系。大理寺是唐代最高审判机关,负责审理中央官员犯罪、刑部移来的地方死刑案件,以及京师地区徒刑以上案件。大理寺判决的流刑、徒刑案件在审判后须交刑部复核,死刑判决后则必须上奏皇帝批准。虽然有大理寺这个最高审判机关的存在,但是在实行专制统治的古代,国家的最高审判权实际上是掌握在皇帝手中,皇帝下令处死大臣,大臣就会不经大理寺审判而被处死。刑部是唐朝中央司法行政机关,主要负责审理全国司法行政事务、复核大理寺判决的流刑以下和州县判决的徒刑以上案件。在社会秩序良好的时期,刑部的审判工作很少,如唐玄宗时,"二十年间,号称治平,衣食富足,人罕犯法。是岁刑部所断天下死罪

---

① 刘俊文:《唐律疏议笺解》卷二十八,中华书局1996年版,第1951页。
② 刘俊文:《唐律疏议笺解》卷五,中华书局1996年版,第411页。
③ 刘俊文:《唐律疏议笺解》卷九,中华书局1996年版,第747页。
④ 刘俊文:《唐律疏议笺解》卷二十二,中华书局1996年版,第1534页。

五十八人①"。御史台是唐朝的中央监察机关，负责监察全国各级官吏，也参与一些重案疑案的审判。御史台分设台院、殿院和察院三个机构，台院负责监察百官，参加重案疑案审判；殿院负责纠察殿廷朝仪；察院负责监察各级官吏。

唐朝也设立了地方司法机构，并且形成了体系。地方行政机构主要分州、县两个级别，此外还有道、府以及县以下的乡、里等单位。由于唐代的地方行政机构兼有地方司法机构的职能，因此，地方行政机构和单位同时也是地方司法机构。唐朝的州是中央之下、县之上的行政区划，据统计，贞观十三年，全国一共三百五十八个州。按照辖区人口的多少，州被分为上、中、下三个等级。州的最高行政长官是刺史，也是州的最高司法官，他的职责是"有不孝悌、悖礼乱常、不率法令者，纠而绳之"②、"录囚徒"、及时上奏"狱讼之枉、疑"。县是比州低一级行政区域，也按人口多少分为上、中、下三等，五千户以上称上县，两千户以上称中县，一千户以上称下县。除此之外还有京城所属的京县和畿县。县的长官称县令，是一县的行政长官兼司法官，要亲自处理司法案件。"京畿及天下诸县令之职，皆掌导扬风化，抚字黎氓，敦四民之业，崇五土之利，养鳏寡，恤孤穷。审查冤屈，躬亲狱讼，务知百姓之疾苦。"③县以下还有乡、里、邻、保等基层居民单位，"百户为里，五里为乡"④，乡设乡长，里设里正；"四家为邻，五家为保，保有长，以相禁约"⑤。这些基层的居民组织都有协助司法的责任，唐朝的《捕亡令》规定："诸囚及征人、防人、流人、移乡人逃亡及欲入寇贼者，经随近官司申牒，即移亡者之家居所属，及亡处比州、比县追捕。承告之处，下其乡、里、邻、保，令加访捉。"⑥

唐代《狱官令》对各级司法机构的审判权限有详细的划分：

> 杖罪以下，县决之。徒以上，县断定，送州覆审讫。徒罪及流应决杖、笞应赎者，即决配赎。其大理寺及京兆、河南府断徒及官人罪，并后有削

---

① （宋）欧阳修、宋祁：《新唐书》卷五十六，中华书局1975年版，第1415页。
② （后晋）刘昫等：《旧唐书》卷四十四，中华书局1975年版，第1919页。
③ 同上书，第1921页。
④ （后晋）刘昫等：《旧唐书》卷四十三，中华书局1975年版，第1825页。
⑤ 同上。
⑥ ［日］仁井田陞：《唐令拾遗》目录，粟劲、霍存福译，长春出版社1989年版，第657页。

减，并申省。省司覆审无失，速即下知，如有不当者，随事驳正。①

关于同级审判机关在辖区上的分工，也有规定，"凡有犯罪者，皆从所发州县推而断之"②，即依照属地原则，由刑事案件的案发地审判机关受理。

而根据《道僧格》的"准格律条"，僧尼"犯大逆、谋叛、奸、盗、诈、脱法服及徒以上者，依律科断。……徒以下者依僧道法，三纲科断，所由州县官，不得擅行决罚。如有违越，依法科罪"③。也就是说，僧尼犯了徒以上重罪时，依照国法，由所属辖区的司法机构审判，而犯了刑以下的轻罪时，本应属于案发地的州县官的审判权就被寺院的僧官所分割。这在法律史上是一个值得注意的现象，僧尼、道士在唐律中被定性为特殊的法律主体，他们在一定程度上违反法律时，需要依照不同于常人的特别法律，由不同于常人的特别审判机构进行审判和执行，在这个独特的法律特区里，僧尼道士享受着一种"一国两制"的特殊待遇。

二 对行刑制度的影响

（一）五刑制度的变易刑：苦使

唐律沿袭隋《开皇律》所确立的五刑体系，即"笞、杖、徒、流、死"五刑作为基本的法定刑，其具体规格和《开皇律》稍有不同。（1）笞刑：笞刑是五刑中最轻一级刑罚，共分五等，由"笞十"到"笞五十"，每等加笞十。唐代的笞杖用荆条做成，拷打的部位初唐的规定是背部、臀部和腿部，到了贞观年间，唐太宗下令不得拷打犯人背部，之后笞刑的受刑部位改为臀部和腿部。（2）杖刑：杖刑仍属于"薄刑"范畴，相当于隋朝废除掉的"鞭刑"。"杖刑"和"笞刑"同属身体刑，但"杖刑"要比"笞刑"重。"杖刑"所用的杖比"笞刑"用的杖要粗，受刑的部位除了臀部和腿部外还有背部。杖刑也分为五等，拷打数目由六十到一百，每等加杖十。笞刑的犯人候审时不监禁，杖刑犯人候审则必须监禁。（3）徒刑：徒刑是限制人身自由，强制服苦役的刑罚。徒

---

① 刘俊文：《唐律疏议笺解》卷二十九，中华书局1996年版，第2011页。
② （唐）李林甫等：《唐六典》卷六，陈仲夫点校，中华书局1992年版，第189页。
③ （宋）王溥：《唐会要》卷五十，上海古籍出版社2006年版，第1013页。

刑分五等，即"徒一年""徒一年半""徒两年""徒两年半""徒三年"。徒刑罪犯不仅要监禁还要戴枷锁等囚具。（4）流刑：流刑是强制犯人从居住地远迁异地的一种刑罚，还要附加一定期限的苦役。流刑和徒刑都属于自由刑，但重于徒刑，是死刑的一种宽宥形式。唐代流刑分两种形式，一种是普通流刑，分三等，即"流二千里""流二千五百里""流三千里"，三等均要加苦役一年。第二种是加役流，是唐太宗创制的一种特殊流刑，即流三千里，加苦役三年。（5）死刑：唐律中最严厉的刑罚就是死刑，也就是剥夺生命刑，分斩、绞二等。

在唐代的五刑制度中，法律条文对刑罚具有清晰性和确定性的同时，还依照特定情况允许在执行中发生"替代"和"变易"。所谓"变易刑"，是指按照法律规定，对某些特殊的法律主体，用五刑中的其他形式或者其他特殊刑种去更换原应执行的基本刑或者附加刑。唐律的"变易刑"有四种：一是对某些特定身份、特定条件、特定专长的法律主体的流刑和徒刑的变易，如"家无兼丁者"的徒刑改为"加杖"，妇女犯流刑者也"加杖"后允许在当地服刑；"习天文者"犯流刑也"并不远配，各加杖二百"在本地服刑。二是服刑犯人在刑期内进入老龄或者残废，未服完的刑期允许用赎金赎取早释。三是"官户、部曲、官私奴婢应征正赃及赎无财者"①，允许每二斤铜换算为"杖十下"执行。第四种就是诬告罪刑罚执行中的一种特殊的变易，即诬告僧尼道士，致使对方受到"苦使""还俗"等刑罚时的易刑。

唐律"除免比徒条"规定："若诬告道士、女官应还俗者，比徒一年；其应苦使者，十日比笞十；官司出入者，罪亦如之。"②从这一变易准则和《道僧格》"准格律条"可以知道，僧尼犯徒"刑"以下罪时，由寺院僧官依照《道僧格》进行审判和执行刑罚，其刑罚发生了变易，"笞""杖"的身体刑被变易为"苦使"，"笞十下"变易为"苦使十日"，"杖一百"变易为"苦使百日"。"若罪不至还俗，并散禁。如苦使后复犯，罪不至还俗者，三纲依佛法量罪科罚。"③《道僧格》中的基本刑罚只有"苦使"和"还俗"两种。作为笞刑和杖

---

① 钱大群：《唐律译注》，江苏古籍出版社1988年版，第62页。
② 刘俊文：《唐律疏议笺解》卷三，中华书局1996年版，第249页。
③ 见第二章复原《道僧格》之"准格律条"。

刑的替代刑，"苦使"的执行是只由三纲立案，将其锁进一个空院里罚其写经。一天必须写满五纸，写完才放出来。不识字的就改为罚做砖瓦土木等修葺工作代替①，和既伤害人的身体又羞辱人的精神的"笞""杖"刑相比，在寺院抄写经书的刑罚要轻松得多。而犯徒刑被判"还俗"者，还可以用"还俗"的处罚抵消一年的徒刑。这对唐律的基本五刑制是一种很大的变革和影响。

（二）五刑制度的替代刑：牒当

唐代的五刑制度的执行，除了有"变易刑"之外还有"替代刑"。所谓"替代刑"，是指"根据法律条件把所应执行的五刑，以主刑和附加刑之外的其他形式替代实处的诸如剥夺生命、流放、服役以及拷打等刑罚"②。替代刑有"赎刑"和"官当"两种基本形式。"赎刑"在唐律中是一种不能离开五刑而独立使用的替代性刑罚，是在一定法律条件下以赎铜替代笞、杖、徒、流、死的刑罚。由于"赎刑"是五刑的宽宥形式，它的适用有严格的条件限制，唐律中只有在"过失杀伤人""七十以上""十五以下""废疾""八议"者、疑罪、疑案这几种条件下可以"听赎"。

官当是南北朝以来形成的另一种特权性替代刑，又称"以官当徒""以官当刑"。唐律明文规定允许犯法官吏用官品抵消其所犯的徒刑或者流刑，凡是九品以上的官吏，只要所犯不是死罪或者"五流"范围内的流刑（加役流、不孝流、反逆缘坐流、子孙犯过失流及会赦犹流），都可以通过"官当"的替代刑方式，达到免除或者减轻刑罚的目的，而且官品越高抵消的刑罚也越多，受减免的机会也越多。唐律的罪名有"公罪"和"私罪"的区分，私罪是指"私自犯及对制诈不以实、受请枉法之类"③；"公罪"是指"缘公事致罪而无私、曲者"④。《唐律疏议·名例》规定的"私罪"官当标准是："诸犯私罪，以官当徒者，五品以上，一官当徒二年；九品以上，一官当徒一年。"⑤ 这是因为"九品以上官卑，故一官当徒一年；五品以上官贵，故一官当徒二年"⑥。如果是因

---

① 见第二章复原《道僧格》之"准格律条"。
② 钱大群：《唐律研究》，法律出版社2000年版，第125页。
③ 钱大群：《唐律译注》，江苏古籍出版社1988年版，第25页。
④ 同上。
⑤ 刘俊文：《唐律疏议笺解》卷二，中华书局1996年版，第182页。
⑥ 刘俊文：《唐律疏议笺解》卷二，中华书局1996年版，第182页。

为执行公务所犯的"公罪",则"各加一年当",也就是说"公罪"的"官当"标准是"五品以上,一官当徒三年;九品以上,一官当徒二年"①。流刑的"官当"标准是:"以官当流者,三流同比徒四年。"② 也就是将三等流刑折合为四年徒刑,然后按官品进行折抵计算。唐律官当制度在折抵方法上表现出尽可能维护官吏利益的倾向,不仅允许身兼数职的官吏用多个官职进行折抵,还规定了"行守'之官就高不就低的折抵原则。所谓"行""守","以职事高于散位者为守,职事卑于散位者为行","行守"之官吏犯法"以官当刑"时,无论是低级任高职还是高级任低职,都用高的品级进行折抵,使官吏最大限度地减免实际刑罚。除此之外,唐律还规定:"若有余罪及更犯者,听以历任之官当。"③也就是说,县令升任知府后,在一定条件下,可以用前任的"翰林院检讨"(从七品)和现任的"翰林院编修"(正七品)分两次进行官当。

《唐律疏议》中有一处出现了一个特殊的"官当"形式,也就是"牒当"。"称道士女官条"的疏议云:"诸道士、女官时犯奸,还俗后事发,亦依犯时加罪,仍同白丁配徒,不得以告牒当之。"④ 这一条文规定的是不允许"牒当"的情况,由此可以推知,僧尼道士犯法,有可以用度牒折抵刑罚的"牒当"制度。已复原的《道僧格》条文中涉及"牒当"制的有两条,一是总则部分的"准格律条":"道士、女冠、僧尼,犯大逆、谋叛、奸、盗、诈、脱法服及徒以上者,依律科断。徒年以上者皆还俗,许以告牒当徒一年。若会赦,亦还俗。"这一条文规定了僧尼道士牒当的标准是一牒当徒一年。另有"禁僧道嫁娶条"规定:"诸道士、女冠、僧尼有娶妻并嫁之者,皆还俗,以奸罪论,加凡人二等,不许以度牒当之。"唐律认为"僧尼犯奸盗,于法最重"⑤,因此奸罪要加重刑,并且不允许牒当。《道僧格》"禁僧道嫁娶条"也继承了唐律这一精神。

"牒当"是"官当"制度的新内容和特殊形式,从某种意义上讲,一个人获得出家人身份,拿到度牒,在法律上相当于拥有了九品官的官职,可以用度

---

① 钱大群:《唐律译注》,江苏古籍出版社1988年版,第25页。
② 刘俊文:《唐律疏议笺解》卷二,中华书局1996年版,第182页。
③ 钱大群:《唐律译注》,江苏古籍出版社1988年版,第25页。
④ 刘俊文:《唐律疏议笺解》卷六,中华书局1996年版,第527页。
⑤ 同上。

牒替代一年徒刑。

（三）断屠月、十直日禁止执行死刑

《唐律疏议·断狱》"立春后秋分前不决死刑"条规定："诸立春以后、秋分以前决死刑者，徒一年。其所犯虽不待时，若于断屠月及禁杀日而决者，各杖六十。待时而违者，加二等。"[1] 唐律"立春后秋分前不决死刑"的惯习源自董仲舒的"天人感应""天人合一"说，董仲舒认为，天有四时，王有四政，天人是合一的。秋冬"天地始肃"，在杀气已至时执行死刑，以示所谓"顺天行诛"，反之，春夏行刑会招致灾祸。而"断屠月""禁杀日"则是大乘佛教的慈悲思想所衍生出来的一种宗教习俗。

佛教传入中国后，六道轮回、因果报应、众生皆可成佛等思想被人们广泛接受，以戒杀护生为出发点的"岁三、月六"斋戒习俗不仅在善男信女中盛行，南北朝时期还被许多信奉佛教的帝王以诏令的形式强制向社会推行。"岁三"就是前面说的"断屠月"，也叫"三长月"，是指每年的元月、五月、九月，在这三个月的初一至十五素食斋戒。关于"三长月"的来源，《法苑珠林》的解说是：正月万神代位，万物萌生；五月草木萌类，怀妊未成；九月乾坤改位，万物毕终，众生蛰藏，神气归本，"故使弟子乐善者避禁持斋"[2]。

"禁杀日"的来源则有两种说法，一种说法是源自道教的明真斋日，佛教本有"月六"，也叫"六斋日"，即每月初八、十四、十五、二十三、二十九、三十这六天斋戒的习俗，后来道教在佛教"六斋日"的基础上增加一、十八、二十四、二十八四天，成为道教的"十直日"，也就是"禁杀日"。另一种说法源自《地藏本愿经》的一段经文：

> 复次普广，若未来世众生，于月一日、八日、十四日、十五日、十八日、二十三日、二十四日、二十八日、二十九日乃至三十日，是诸日等，诸罪结集，定其轻重。能于是十斋日对佛菩萨诸贤圣像前读是经一遍，东

---

① 刘俊文：《唐律疏议笺解》卷三十，中华书局1996年版，第2101页。
② （唐）释道世：《法苑珠林》卷八十八，《大正藏》第53册，台湾新文礼出版公司1983年影印版，第932页。

西南北八百由旬内，无诸灾难。①

"三长月""十斋日"禁止屠钓被写入法律，在南北朝和隋代时已经开始，根据《历代三宝记》记载，"开皇三年又诏：'每年正月、五月、九月，恒起八日至十五日。当寺行道，其行道之日，远近民庶，凡是有生之类，悉不得杀。'"②但是仅限于禁止屠杀猪牛羊鱼鳖等动物，真正将断屠月日应用在行刑制度上的是唐代。现存的《唐律疏议》是永徽时期的唐律，"立春后秋分前不决死刑"条的疏议明确规定，从立春到秋分都不允许奏请执行死刑，违令者"徒一年"。除非是"恶逆"以上罪的死刑，以及奴婢部曲杀害主人的死刑，可以不受这一唐令的约束随时行刑，这种罪行被称为"不待时"罪。除此以外，遇到大祭祀，或者是致斋、朔望、上下弦、二十四节气、下雨、天黑、断屠月日以及法定的假日，都不允许奏请执行死刑。即便是"恶逆"以上罪和奴婢部曲杀害主人等"不待时"罪，遇到断屠月（也就是正月、五月、九月）和禁杀日（每个月的一日、八日、十四日、十五日、十八日、二十三日、二十四日、二十八日、二十九日、三十日），也绝不允许执行死刑，违令者"杖六十"。遇到断屠月中有闰月的，也都视同正月，不允许奏请执行死刑。③从疏文可以看出，立春后秋分前不执行死刑的规定是有特例的，"犯'恶逆'以上及奴婢、部曲杀主者，不拘此令"④，而断屠月禁止执行死刑的规定却是绝无例外的，即使是遇到闰月也一样必须严格执行。

唐代将"断屠月""十直日"禁杀推广到死刑的执行制度上，将原来的立春后秋分前不可执行死刑的范围扩大了很多，剩下可以执行死刑的日子寥寥可数。这一做法被五代和宋所沿袭，宋之后一直到明代虽然不再禁止三长月执行死刑，却一直保留了每月十斋日禁止行刑的惯习。

---

① 《地藏本愿经》"观众生业缘品"第三，《大正藏》第13册，台湾新文礼出版公司1983年影印版，第783页。
② （隋）费长房：《历代三宝记》卷十二，《大正藏》49册，台湾新文礼出版公司1983年影印版，第108页。
③ 刘俊文：《唐律疏议笺解》卷三十，中华书局1996年版，第2101页。
④ 同上。

三 御史台精舍和唐代监狱制度

(一) 僧尼免受囚禁、囚具的特权

隋代和唐代都有完备而严密的系囚制度。首先是拘捕责任，适用于已判决为有罪的在逃犯。唐代《捕亡令》规定，各级地方官吏和乡、里、村、坊等基层居民组织的负责人全部负有拘捕罪犯的责任："诸有盗贼及被杀者，即告随近官司、村、坊、屯、驿。闻告之处，率随近军人及夫，从发处追捕。"① 没有捕获的，需要写明材料上报："若未即擒获者，仰本属，录亡者年纪、形貌可验之状，更移比部切访。"② 三年未能捕获的，才可以停止追捕："若追捕未经三年，不获得停。"③

其次是囚禁制度。囚禁是一种适用于被告、犯罪嫌疑人等的强制性措施，不适用于已经判决的囚犯。按照《狱官令》规定，被告被囚禁者，应是犯"杖"以上罪者，犯"笞"者不被囚禁："犯笞者不合禁，杖罪以上始合禁推。"④ 为了防止囚禁者脱逃或者反抗，对囚禁者一般都要使用囚具，囚具的规格有严格规定，《隋书·刑法志》云：

> 囚有械、杻、斗械及钳，并立轻重大小之差，而为定制。⑤
> 囚并著械，徒并著锁，不计阶品。⑥
> 凡死罪枷而拲，流罪枷而梏，徒罪枷，鞭罪桎，杖罪散以待断。皇族及有爵者，死罪以下锁之，徒以下散之。⑦

也就是说，隋朝的囚具有"械、杻、斗械、钳"四种，到了唐代，囚具有所变化，《旧唐书·刑法志》记载："系囚之具，有枷、杻、钳、锁，皆有长短

---

① ［日］仁井田陞：《唐令拾遗》，栗劲、霍存福译，长春出版社1989年版，第658页。
② 同上书，第657页。
③ 同上。
④ 刘俊文：《唐律疏议笺解》卷二十九，中华书局1996年版，第2013页。
⑤ （唐）魏徵等：《隋书》卷二十三，《四库全书》第264册，上海古籍出版社1989年版，第464页。
⑥ 同上书，第467页。
⑦ 同上书，第470页。

广狭之制，量罪轻重，节级用之。"① 唐代囚具没有"斗械"，而改为"枷、杻、钳、锁"四种。这些囚具的长宽重量都有严格规定："枷"的长度是"二尺五寸以上，二尺六寸以下"，宽"一尺四寸以上，一尺六寸以下"。"杻"的长度是"一尺六寸以上，二尺以下"，宽三寸，厚一寸。"钳"的重量"八两以上，一斤以下"，长"一尺以上，一尺五寸以下"。"锁"的长度必须"八尺以上，一丈二以下"②。

唐律对使用囚具的法律责任有明文规定：

> 犯笞者不合禁，杖罪以上始合禁推。其有犯杖罪不禁，应枷、锁、杻而不枷、锁、杻及脱去者，杖罪，笞三十；徒罪不禁及不枷、锁若脱去者，笞四十；流罪不禁及不枷、锁若脱去者，笞五十；死罪不禁及不枷、锁、杻若脱去者，杖六十。……若不应禁而禁及不应枷、锁、杻而枷、锁、杻者，杖六十。③

也就是说，凡是犯"杖"罪以上者都必须囚禁并且按照规定使用相应的囚具，司法官如果应囚禁不囚禁，"杖罪笞三十，徒罪以上递加一等"；不应囚禁而囚禁，"杖六十"；对囚犯使用囚具不符合规定的，也要依法负刑事责任。

在囚具的使用上，唐律也设有特例，根据《唐六典》记载：

> 凡死罪枷而杻，妇人及徒、流枷而不杻；官品及勋、散之阶第七以上，锁而不枷；④
>
> 应议、请、减者，犯流以上，若除、免、官当，并锁禁；⑤
>
> 杖、笞与公坐徒，及年八十、十岁、废疾、怀孕、侏儒之类，皆颂系以待弊。⑥

---

① （后晋）刘昫等：《旧唐书》卷三十，中华书局1975年版，第2139页。
② （唐）杜佑：《通典》卷一百六十八，中华书局1988年版，第4350页。
③ 刘俊文：《唐律疏议笺解》卷二十九，中华书局1996年版，第2013页。
④ （唐）李林甫等：《唐六典》卷六，陈仲夫点校，中华书局1992年版，第188页。
⑤ 同上。
⑥ 同上。

这里并没有提到僧尼道士可以免受囚禁囚具，但是根据《道僧格》的"准格律条"，僧尼道士犯"徒以下者依僧道法，三纲科断，所由州县官，不得擅行决罚。如有违越，依法科罪"，犯杖刑的僧尼道士，地方官吏对其没有决罚权，无权拘捕囚禁他们。也就是说，这种情况下，僧尼道士有了免受囚禁、免受囚具的特权。

（二）御史台精舍碑和罪犯的感化教育

佛教的六道轮回、因果报应之说认为，一个人今生的贫富贵贱由前世行为善恶所决定，而今生的行为善恶又是来世贫富贵贱的依据。这种思想具有的导善止恶的功能，被各朝各代所利用，作为预防社会犯罪、感化教育犯人的工具和内容。例如北魏时期出现的"佛图户"，就是"以民犯重罪及官奴以为佛图户，以供诸寺洒扫，岁兼营田输粟"①，让寺院收容重罪犯人或者官奴从事耕作劳役，将寺院视为提供感化改造罪犯的一种手段。

到了唐代，佛教的教化罪犯的功能有了新的内容，被应用于监狱制度上。"德教为政教之本，刑罚为政教之用"②，唐代继承了汉代"德主刑辅"的法律思想，强调治理国家要以教化为主，刑罚为辅。唐代的狱政、狱制，也强调教育改造和镇压的配合，重视对犯人的感化教育。

唐代的监狱有中央监狱和地方监狱两个级别。中央监狱以大理寺狱为中心，另有御史台狱、掖庭局和内宫幽禁的场所。地方监狱和地方行政区划一致，设有州（府）狱、县狱。大理寺是唐代最高审判机关，它主要负责审理中央百官犯罪及京师徒刑以上案件。大理寺审案一般采取直接面审形式，因此南北朝以来的传统，设大理寺狱作为拘押人犯的场所，是为中央监狱。主要关押中央诸司犯罪的官吏以及京城地区的要案犯和外地押解至京的钦犯、重犯。御史台是唐代的中央监察机关，主要负责督察各级官吏以及中央诸司政务和地方政务，监察司法典狱活动，并参与重大疑难案件的审理。但有时也依照皇帝诏令鞫审犯罪官吏，从而直接参与审判活动。唐初，御史台这类活动并非常任事务，最初不设监狱，需要关押囚犯时，"台中无狱，须留问，寄系于大理寺"③。

---

① （北齐）魏收：《魏书》卷一百一十四，中华书局1975年版，第3037页。
② （清）董诰等编：《全唐文》卷一百三十六，中华书局1983年影印版，第1376页。
③ （宋）王溥：《唐会要》卷六十，上海古籍出版社2006年版，第1226页。

贞观末年，御史大夫李乾右"以罪人于大理寺隔街来往，致有泄漏狱情"[①]而在御史台中设东、西两狱，成为唐代的另一个中央监狱，从而开创了古代台狱设置的先例。御史台狱的立存，在唐代几经变化。自贞观末年设立后，一直存留到武后时期。开元十四年玄宗执政时期台狱一度废除，唐宪宗即位后又恢复。

在御史台内的监狱旁附建精舍（佛堂），是武则天时期的狱政，旨在依靠佛法的感化力，教育有罪的官吏悔过自新，弃恶从善，归命自保。这也是唐代官僚贵族法律上享有的特权制度的一种新的内容——信佛免罪，礼佛当徒。因为关进台狱的罪犯不是一般罪犯，大都是"冒于货贿、贪于饮食"而"猘犬自噬"的大小官吏。唐律"八议"制给犯罪的官吏、贵族以最大的保护，用减刑、免罪、赎罪、官当等各种形式确保他们最大限度地免于承受实际的刑罚。《御史台精舍碑》的碑文详细记载了这一制度：

> 惟佛之国，黄金界道。于唆下人誓不相好，胡不归命以自保？惟佛之土，白银为台。于磋下人为恶不回，胡不稽首以谊灾？君子兮，福所履兮。是度撰兮，不日成兮。若神营兮，利群生兮。[②]

也就是说，凡是进入台狱的违法官吏，他唯一的出路就是"归命于佛"，"稽首于佛"，可以通过潜心信佛、读经礼拜、涤荡心灵而抵消已经犯下的罪行，达到避灾、自保、求福的效果。

唐代的居作制度，也就是徒刑犯的执行制度规定：

> 居作者著钳若校，京师隶将作，女子隶少府缝作。旬给假一日，腊寒食二日，毋出役院。病者释钳、校，给假，疾差陪役，凡役男子入于蔬圃，女子入于厨膳。[③]

也就是带着钳、校（枷）在将作监和少府监担负最沉重的劳动，直到徒刑

[①]（宋）王溥：《唐会要》卷六十，上海古籍出版社2006年版，第1226页。
[②]（清）董诰等编：《全唐文》卷二百八，中华书局1983年影印版，第2839页。
[③]（宋）欧阳修、宋祁：《新唐书》卷五十六，中华书局1975年版，第1411页。

期满。台狱的精舍为官吏服刑提供特殊的居作方式,这和《道僧格》用写经的"苦使"代替"笞、杖"一样,台狱精舍用轻松的读经拜佛的形式代替需要服苦役的徒刑。

台狱精舍的设置,虽然是针对违法的官吏,但是以诵佛经和礼佛作为教育罪犯的手段,应不仅仅限于台狱和大理寺狱,开始的年代也早于武周朝。按照精舍碑文记载,武则天长安(701—704)初年,崔缇从左补阙绪升殿中侍御史。到任之日,台狱精舍恰好建成,崔缇在同僚的推举下为新建精舍撰写了碑文。但是根据《旧唐书》的记载,武德七年傅奕上书排佛时曾说过:"……其有造作恶逆,身坠刑网,方乃狱中礼佛,口诵佛经,昼夜忘疲,规免其罪。"①从这段话看,似乎唐代监狱在唐高祖时期就有了类似精舍的设施,或者有为囚犯提供礼佛读经条件的监狱制度。

第三节　隋唐法律对佛教的影响

佛教在隋唐时期被官方认可,成为信仰的习惯法;僧尼道士作为独立的法律主体出现在唐代正律中,由法律限定其义务和权利;佛教思想因帝王奉佛一定程度上影响隋唐时期的立法原则;佛教戒律向法律形式的转换,佛教习俗被设为缘坐和丧葬的特例,大量佛教用语被直接吸收成为法律用语;寺院和僧官对审判权的分割;《道僧格》的特殊刑种"苦使"对五刑制度的变易;"官当"的独特形式"牒当"的产生;佛教被利用作为感化犯人的工具;断屠日月禁止执行死刑,这些都显示了佛教对隋唐法律的巨大影响。然而,法律作为调节各种社会群体、阶层和个人的规范,也通过其权威性和强制性对佛教的发展方向产生了不容忽视的作用。其中最直接和明显的作用就是用"比附""类推"的原则,把维护封建等级特权、维护宗法制度的法律制度强行适用于僧尼寺院,将其固定在封建等级社会的"金字塔"式结构中,加快了佛教的世俗化、伦理化进程。

---

① (后晋)刘昫等:《旧唐书》卷七十九,中华书局1975年版,第2715页。

一 僧尼社会身份之法律定位

唐代法律的基本特征是"一准乎礼","礼"的一项重要内容就是"别尊卑,论贵贱"。唐代是一个等级森严的身份社会,人的身份地位具有重要的意义。唐律设立的法律关系主体以社会等级划分,可分为官僚贵族、庶民和贱民三大类。官僚贵族是特权阶级,是平民的统治者,可以按照品级占有土地,役使属下百姓。按照唐代的《衣服令》《田令》《仪制令》《丧葬令》等法令,他们在衣食住行、婚丧嫁娶等各个方面都享有和平民不同的待遇;即使是违反了法律,也享有各种减免刑罚的特权。平民又称良人、凡人、百姓、白丁,其主要成分是农民,在均田制度下,农民理论上都可以拥有一小块土地,成为自耕农。农民没有自由迁移的权利,人身依附于国家,对国家负有缴纳赋税以及服兵役的义务。唐代的商人阶层也属于平民,但在唐初的法律上地位稍低。贱民可以分两个等级,地位较高的有隶属于官府的官户、杂户、工户、乐户等,还有隶属于私人的部曲、客女;地位最低的是官私奴婢。官户、部曲没有户籍,隶属于某些特定的官府或者私人服役。按照唐律的规定,部曲客女等虽属于贱民,但其身份略高于奴婢,虽然都依附于主人,但是"奴婢同资财","部曲不同资财"①。

按照唐律的法律原则,不同身份的人犯罪是"同罪异罚"的,刑罚的基本原则是:"民犯官加重刑罚;上下相犯,上轻下重;良贱相犯,良轻贱重;主奴相犯,奴重主轻。"② 按照《唐律疏议·斗讼律》的规定,凡人间相殴的刑罚是:殴打无伤笞四十,轻伤杖六十,折伤徒一年,而如果是平民殴打"制使、本属府主、刺史、县令",或者吏卒殴打"本部五品以上官长"则要"徒三年",加重十一等判刑;殴伤者"流二千里",加重十等判刑;折伤处以绞刑,加重八等刑罚③。部曲殴伤凡人,要罪加凡人一等;凡人殴打部曲则减罪一等;部曲杀害主人者斩首,主人殴打部曲致死只判徒刑一年;部曲殴打奴婢减罪一定,奴婢殴打部曲则加罪一等。主人犯谋逆,部曲要受缘坐,部曲犯重罪主人

---

① 刘俊文:《唐律疏议笺解》卷十七,中华书局1996年版,第1238页。
② 钱大群:《唐律研究》,法律出版社2000年版,第94—96页。
③ 刘俊文:《唐律疏议笺解》卷二十一,中华书局1996年版,第1499页。

无须受缘坐。除了量刑定罪的等级特权，唐律还有"八议""官当""免官"等制度可以为官吏折抵、减免刑罚。在刑讯方面，唐律有"诸议、请、减"等人"不合拷讯"①的规定；在行刑方面，"犯五流之人，有官爵者，除名，流配，免居作"②；"五品以上，犯非恶逆以上，听自尽于家"③等维护贵族利益的法规。

僧尼作为独立的法律主体出现于唐律中，首先需要确定的也是社会等级地位，然后才能按照其尊卑贵贱依律量刑定罪或者享受特权。唐代僧尼的法律地位其实是十分特殊的，他们不属于官吏贵族，但又享许多庶民所没有的法律特权。从僧尼犯罪可以通过"牒当"减轻刑罚来看，"官当"的标准是"九品以上，一官当徒一年"④，僧尼身份应相当于九品以上官吏。按照《唐六典》的记载，七品以上官只锁不枷监禁制，僧尼犯徒以下罪免受枷锁拘禁，僧尼似乎又享有七品以上官的特权。然而，《唐律疏议·名例》的"除免比徒条"中庶民诬告僧尼着俗服，只按照"反坐"原则处以相等的刑罚，并没有依照"民犯官加重刑罚"的原则加重处罚，因此僧尼又不能算是官僚贵族阶层的一员。总之，僧尼的法律地位高于庶民，同时又不属于官僚贵族，但属于特权阶层。

二　僧团社会身份之法律定位

（一）唐律中的服制

唐律的"一准乎礼"的立法原则不仅体现在维护皇权统治和官僚贵族特权上，还表现在对"亲亲尊尊"的宗法家族制度的维护上。唐律502条，其中直接以表示亲缘关系远近的丧服等级"斩衰""期亲""大功""小功""缌麻"等作为法律关系主体表述的条款有81条，占全部律文的16%；不以服制为表述但是涉及按亲等量刑的条款有154条，占全部律文的31%。唐律中的亲属，是指因为血缘和婚姻而产生的人与人之间的身份关系。唐律的亲等制度就是按照亲属之间亲疏远近规定亲属间的法律权益和义务以及刑罚标准的制度，同样是一种同罪异罚制。中国古代有按丧服的等差来区分亲属关系的亲疏远近的习俗，

---

① 刘俊文：《唐律疏议笺解》卷二十八，中华书局1996年版，第2029页。
② 刘俊文：《唐律疏议笺解》卷二，中华书局1996年版，第133页。
③ 刘俊文：《唐律疏议笺解》卷三十，中华书局1996年版，第2111页。
④ 刘俊文：《唐律疏议笺解》卷二，中华书局1996年版，第182页。

唐律亲等制度也以"五服制"为中心展开。

所谓"五服",就是按照古代葬礼中不同远近的亲属穿着不同规格、不同期限的丧服的服制,将亲属由亲到疏划分为五个等级:(1)"斩衰":是五服中最重的丧服,服丧期是三年。子女(未嫁女)为父母、嫡孙为祖父母、高、曾祖父母、妻妾为夫要服"斩衰",亲缘关系最近。(2)"期":唐律的"期亲"亲属包括伯叔父母、姑母、兄弟、姐妹、妻子、儿女、侄儿女及高祖父、曾祖父。(3)"大功":属于"大功"服的服丧对象有:伯叔父母、堂兄弟、未嫁堂姐妹、已嫁的姑、姐妹,以及已嫁女为母亲、伯叔父、兄弟服丧都要穿大功服,服丧期是九个月。(4)"小功":包括从祖父母、堂叔伯、未嫁祖姑、堂姑、已嫁堂姐妹、兄弟之妻、从堂兄弟、未嫁从堂姐妹,和为外祖父母、舅、姨等,服丧穿小功,服丧期三个月。(5)缌麻:唐律确定的缌麻亲包括:曾祖兄弟、祖从父兄弟、父再从兄弟、自身之三从兄弟,服丧期三个月。

按照唐律,有亲属关系的犯罪和凡人犯罪的刑罚标准是不同的。亲属相犯的刑罚规律是:尊犯卑,服制越近,处罚越轻;反之,卑犯尊,服制越近,处罚越重。亲属相盗的刑罚,则采取从疏到亲的刑罚递减原则,服制越近,处罚越轻;服制越远,处罚越重。亲属相奸,被视为乱伦,比凡人相奸刑罚加重。奸小功以上亲属以及父祖之妾的,入十恶重罪;其余的刑罚原则是:服制越近,辈分越尊,刑罚越重。

(二)僧团和家族系统的比附

亲等制度在唐律上除了适用于亲属相犯、亲属相盗、亲属相奸等罪外,还适用于缘坐与荫庇制度。前面已经讲过,缘坐就是一人犯罪,罪犯一定范围内的亲属都负连带刑事责任的亲属共同刑事责任制。唐律明文规定,僧道"若犯谋反、大逆,并无缘坐,故云'止坐其身'。"① 荫庇和缘坐一样是宗法制度在法律上的反映,荫庇制的推恩主体是皇亲国戚和一定品级的官吏,被荫庇者是其一定范围内的亲属,受荫者享受特权的内容取决于他和推恩主体的亲缘远近以及推恩者的官品。荫庇制度的具体内容都包含在《唐律疏议·名例》的"八议"中,如"七品以上之官条"规定:"诸七品以上之官及官爵得请者之祖父

---

① 刘俊文:《唐律疏议笺解》卷十七,中华书局1996年版,第1246页。

母、父母、兄弟、姊妹、妻、子孙,犯流罪已下,各从减一等之例"①;"应议请减条"规定:"诸应议、请、减及九品以上之官,若官品得减者之祖父母、父母、妻、子孙,犯流罪以下,听赎"②。

僧尼出家离俗,理论上已经和世俗亲人割断一切联系,鉴于这一点,唐律"缘坐非同居"条才明确规定僧尼犯罪止坐其身,不株连亲人,亦不因亲人犯法而受株连。而荫庇制中没有提及僧尼,那么僧尼犯罪,如果其世俗家庭中有符合"八议"条件的官吏,是否也可以荫庇僧尼,使他们享受减免刑罚的待遇呢?或者,唐代先后出现过"僧录""僧正""僧统"等全国性僧官,他们的俗家亲属如果犯了罪,是否可以因为他们的官职而受到荫庇呢?

为了不使犯罪行为逃脱法律的制裁,唐律对于裁决没有明文规定的犯罪行为设置了"类推"制度。所谓"类推",就是对律无正条可以参照的犯罪行为,按照法律上相似的条款定罪量刑的制度。荫庇制没有明确规定僧尼道士是否有资格获得荫庇或者荫庇他人,但是依照僧尼道士犯法"止坐其身"的律条,可以推出,僧尼道士出家后和俗家亲属不再存在血缘关系,因此僧尼不受亲属的荫庇,亦没有荫庇亲属资格。这一类推结论的正确性还可以从宋代一件涉及僧道的案例中得到证实:宋徽宗时,有僧人在父母丧期被指控犯奸,审理此案的官吏认为依照《宋刑统》,僧尼犯奸,加凡人二等,父母丧内犯奸,再加二等,应加凡奸罪四等定罪。大理寺复审时却认为只应加凡奸罪二等,理由是:"僧道与本家财分、身下课役之类,皆不入俗人之法;或父母服,匿不举哀,亦无条禁。既已离俗出家,则人伦之义已绝。其在父母丧内犯奸,依律之合加二等。"③僧尼道士出家后,"人伦之义已绝",因此唐律所有和亲等有关的律条都不适用于僧尼道士。

然而,奇怪的是,出家人和自己的亲属相犯可以按照凡人相犯定罪,而寺院内完全没有任何血缘关系的僧尼道士之间相犯,却并不能依凡人相犯的标准量刑定罪,采用的却是"比附"定罪原则。所谓"比附",是指遇到需要定罪却缺乏刑法根据时,比照或者依附刑法的有关规定,援引这些规定作为犯罪性

---

① 钱大群:《唐律译注》,江苏古籍出版社1988年版,第17页。
② 同上书,第18页。
③ (清)徐松:《宋会要辑稿》"刑法一之二十",中华书局1957年版,第6471页。

质以及刑罚轻重的判定依据。唐律对于僧团内部的僧尼间的犯罪有明确的"比附"原则，将僧尼比附为世俗家族中的成员，依照亲等原则量刑定罪。《唐律疏议》"称道士、女官条"清楚地规定了僧尼相犯的比附原则："若于其师，与伯叔父母同；其于弟子，与兄弟之子同"①；"观寺部曲、奴婢于三纲，与主之期亲同"②；"余道士，与主之缌麻同。"③ 按照唐律的规定，"诸殴兄姊者，徒二年半；伤者，徒三年；折伤者，流三千里；刃伤及折支，若瞎其一目者，绞；死者，皆斩；詈者，杖一百。伯叔父母、姑、外祖父母，各加一等"④；"其殴杀弟妹及兄弟之子孙、外孙者，各徒三年；以刃及故杀者，流二千里；过失杀者，各勿论"⑤，也就是说，僧尼如果殴打自己的师长，就比附凡人殴打自己伯叔父母定罪；如果殴打的是自己的弟子，就比附凡人殴打兄弟之子定罪。唐律将僧院中的师徒的关系比附为伯叔父母、兄弟之子，相当于五服中第二等的亲属"斩衰"，处罚相对来讲不算很重。寺观中的部曲、奴婢因为是属于寺院公有，不隶属某一位僧尼个人，因此，部曲、奴婢冒犯寺院的三纲的罪过，不同于冒犯主人，只相当于冒犯了主人的期亲，三纲之外的僧道，相当于主人的缌麻亲。

至于僧尼之间出现盗窃，由于"道士、女官、僧尼犯奸、盗，于法最重"⑥，故不用亲等原则比附。"弟子若盗师主物及师主盗弟子物等，亦同凡盗之法。"⑦ 僧尼相奸，加凡奸二等。

就这样，寺院、僧团在唐律中被定义为一个个独特的家族系统。寺院的三纲、师、弟子、部曲、奴婢等法律主体，在唐律中被比附为伯叔父母、兄弟之子、缌麻、主奴等亲属法律关系，僧尼道士离开世俗之家后进入寺院，就进入了另一个家。

---

① 刘俊文：《唐律疏议笺解》卷六，中华书局1996年版，第517页。
② 同上。
③ 同上。
④ 钱大群：《唐律译注》，江苏古籍出版社1988年版，第270页。
⑤ 同上书，第238页。
⑥ 刘俊文：《唐律疏议笺解》卷六，中华书局1996年版，第527页。
⑦ 同上。

三 寺院社会身份之法律定位

我国古代政治社会的基本模式,学者们普遍认同为"家国同构",也叫"家天下"的模式。所谓"家国同构",可以理解为三层意思:一是最高统治权力的家族世袭私有制;二是宗法家族的等级结构和政治权力的等级结构融为一体;三是社会组织关系以宗法家族为基础。以唐王朝为例,唐代的政治社会结构,从宏观上大致可分为:国家→社会或官僚→庶民;从国家组织内部看,可分为:皇帝(包括宗室、宦官、外戚)→官僚贵族(包括中央三省六部二十四司、地方州县各级官吏)→庶民(士农工商)→贱民(部曲奴婢);从社会结构看则可以分为:国→州→县→乡→里(村)→邻保→家族。作为社会最基本的细胞的"人",被固定在不同等级、不同地位的社会金字塔中,国家通过这种模式实行层层统治:皇帝控制官吏,官吏统治庶民。每个朝代的法律都会反映那个朝代的统治特点,并且为维护其统治而提供法律依据。唐朝国家政治结构的根本特点就是皇帝→官僚→庶民→贱民的身份等级结构,唐律为处于不同等级的法律主体实现其并不对称的权利和义务提供法律保障与依据。从前面几章的分析可以看出,唐代法律具有维护皇权专制、维护官僚贵族特权、维护宗法制度和维护良贱等级秩序几大功能。

在这样的历史文化背景下,是不允许游离于这种金字塔式的"家天下"统治模式之外的任何个体存在的。首先,僧尼作为社会的一分子,他们虽然出家离俗,脱离了原来依附的最小社会单元——"家族",但是他们的社会身份、良贱等级一样被法律限定;他们组成的僧团和居住的寺院,也被法律比附为一个家族体系,在社会的金字塔中重新被明确定位。以寺院为单位的僧团,就如同世俗的家族一样,寺院的僧官充任家长、族长的角色,僧尼的身份也是不尽相同的,他们有相当于"伯叔父母""兄弟之子"的师长、弟子的分别,还有类似于世俗家族中嫡庶之争法系传承的衣钵之争。寺院中的部曲、奴婢也和世俗家族中的部曲、奴婢一样,处于卑贱的地位,为寺院的三纲和众僧尼服役。法律是促使宗教适应其所在社会的重要力量,唐代法律对僧尼寺院的定位,使僧尼寺院被进一步世俗伦理化,出家后的僧尼成为"王臣",寺院成为他们第二个家。

其次,寺院除了具有作为僧尼的"家"的功能外,还具有基层行政机构的功能。前面探讨佛教对唐代法律的影响时曾谈到，僧尼犯"徒以下者，依僧道法，三纲科断。所由州县官，不得擅行决罚。如有违越，依法科罪"，州县官的一部分司法权被寺院的僧官所分割。寺院三纲不仅对犯轻罪的僧众具有审判权，还有执行"苦使""还俗"等刑罚的执行权。按照《道僧格》"苦使条"的规定，"僧尼有犯苦使者，三纲立案锁闭"，寺院可以内设临时监狱，作为违法僧尼的服刑场所。在唐代，行政和司法不分，州、县的行政长官同时也是司法长官，官署同时也是法院。寺院三纲和地方官吏一样有一定审判、拘捕、监禁权，同时受高一级管辖机构和僧官的管理和监督。因此，寺院在唐代法律上的定位，还俨然是一种以宗教活动为行政职责，同时兼具一定司法权，类似地方官署的基层行政机构。

第四节 "刑事从严、民事从俗"等观点辨析

关于佛教和古代法律关系的问题，国内研究的热点主要集中在两方面。一是关于佛教对古代法制的影响，这方面的主要著述有：周东平的《隋〈开皇律〉与佛教的关系论析》和《论佛教礼仪对中国古代法制的影响》、周相卿的《隋唐时期佛教与法的关系》、何柏生的《佛教与中国传统法律文化》，以及李俊强的硕士学位论文《佛教对中古法律之影响》和文浩的硕士学位论文《论佛教对中国古代法制的影响》等著述。其中最具代表性的观点是何柏生总结的，佛教对传统法律文化影响的特点是："消极面影响大，积极面影响小；对司法影响大，对立法影响小；对守法老百姓影响大，对执法官吏影响小。"[①] 二是古代法律规范僧尼的特点，有关著述有严耀中教授的《述论唐宋间法律对僧尼的直接约束》、董春林《论唐宋僧道法之演变》、王立民先生的《中国古代刑法与佛道教——以唐宋明清律典为例》等。其中最有代表性的观点是严耀中对唐宋法律规范僧尼特点的总结："身份限定，王法至上；刑事从严，民事从俗。"[②]

[①] 何柏生：《佛教与中国传统法律文化》，《法商研究》1999年第4期，第127—128页。
[②] 严耀中：《论唐宋间法律对僧尼的直接约束》，戴建国主编《唐宋法律史论集》，上海辞书出版社2008年版，第188页。

一 "对司法影响大,对立法影响小"辨析

何柏生认为佛教对传统法律文化"消极面影响大,积极面影响小"①,佛教的积极影响是"一定程度上遏制官吏乃至君主的暴虐行径,能被农民利用来组织起义,甚至在政权失控的乱世还能起到稳定社会秩序的作用"②,而佛教同时向民众宣扬空无,"使人们变得愚昧,失去了积极的进取精神,成了统治阶级的驯服工具,而且也助长了法律虚无主义的蔓延"③。因此说佛教的消极影响大于其积极影响。笔者认为,佛教虽然讲空,但佛教的空,绝不是空无所有、虚无消极的"断灭"空。佛教认为世间一切现象都是因缘和合的产物,没有永恒的自性,是暂时的、假有的、无常的,因此说是"空"。佛教的"空"是"真空妙有",是智慧的本体,也是一种让人扫除心中烦恼,放下既有成见偏见,摆脱贪嗔痴蛊惑的生活智慧,而法律虚无主义是一种否认法律维护社会秩序和阶级统治的作用的思潮,最早的倡导者是道家,尤其是庄子。佛教宣扬"空"和助长法律虚无主义之间没有任何关联,因此何柏生的这一结论没有依据。至于何得出的"对守法老百姓影响大,对执法官吏影响小"④的理由是"下层老百姓接受佛教的影响比上层官吏人数比例要大"⑤,也不尽符合佛教在中国传播的历史。佛教最初在两汉之际传入中国时,是作为谶纬方术的一种,被汉明帝的异母弟楚王英在宫中供奉,从王室的崇拜对象到民间大众普遍的信仰,中间经历了漫长曲折的变化过程,佛教真正成为下层百姓的信仰应该是在宋代中国化宗派禅宗、净土宗流行之后。

何柏生认为,中国历史上长期占统治地位的是儒家思想,大多数朝代立法的指导思想也以儒家思想为依据,佛教讲空无,无法在最"世俗"的法律上起太大作用。而佛教的善恶报应思想却在司法上发挥了较大作用,不仅对官吏的暴虐行径起到约束作用,还对普通百姓起到预防犯罪的效果。何柏生还提到官吏利用人们信仰佛教、害怕死后堕入地狱的心理破案的记载,将它作为佛教影

---

① 何柏生:《佛教与中国传统法律文化》,《法商研究》1999 年第 4 期,第 127 页。
② 同上书,第 128 页。
③ 同上。
④ 同上。
⑤ 同上。

响司法的证据。笔者认为，利用罪犯的宗教信仰诱使罪犯坦白伏法属于个别官吏使用的一种审判技巧，不能作为佛教影响司法的论据，佛教的因果报应对官吏的约束以及对百姓的犯罪预防也均不属于影响具体司法，只能是佛教的社会影响的见证。因此何柏生"对司法影响大，对立法影响小"[①]的观点十分模糊，缺乏实际根据。

前面已分析了佛教对唐代立法和司法的影响，从前面的论述可以看出，唐代佛教对司法制度的影响主要集中体现在审判制、行刑制和监狱制度方面，是以成文的、制度化的形式留下的具体的、看得见的影响。寺院对基层司法机构的审判权的分割、《道僧格》的"苦使"对五刑制度的变易、"牒当"对世俗"官当"制度的补充、断屠月日对的死刑执行制度的影响、佛法被唐代御史台监狱作为感化教育罪犯的手段，这些都显示了佛教在司法上的影响力。而在立法方面，除了佛教戒律向法律形态的转化是具体的、成文的，佛教思想对帝王立法思想的影响是无形的，因而容易被忽视。但是并不能说佛教对唐代立法的影响较小，在皇权至上、法自君出的古代，帝王个人的思想转变可以更大范围地影响整体立法思想、立法原则的变更。隋律"以轻代重"的宽刑原则、髡刑的废止、慎刑恤杀和孕妇缓刑习俗的确立都是在佛教的慈悲精神之下通过对立法者的熏陶而催生的。尤其是随着佛教丧葬习俗在汉地僧人间的广泛传播，唐律将僧尼火葬、水葬设为"残尸罪"的特例，以及僧尼犯重罪"止坐其身"不株连家人，这些都是对传统的立法原则的重大突破。本书第二章辑录的唐令和唐式中和佛教有关的资料显示，佛教对当时行政法中的职官制、户籍制、假宁制都有影响，还直接促使宗教法典《道僧格》的产生，并对其立法起到至关重要的作用。因此，概而言之，佛教对隋唐的立法和司法的影响都是巨大的。

二 "刑事从严、民事从俗"辨析

严耀中在《述论唐宋间法律对僧尼的直接约束》一文中说："世俗法律约束僧尼之特点，虽然历代法制有所演变，但对佛教的僧团与僧尼个体的约束上大致可用十六个字来概括，即'身份限定，王法至上，刑事从严，民事

[①] 何柏生：《佛教与中国传统法律文化》，《法商研究》1999年第4期，第127页。

从俗.'"① "身份限定，王法至上"十分准确地总结了唐代法律在维护皇权统治，维护官僚贵族特权，维护宗法家族制度和良贱等级制度前提下对僧尼的法律定位和法律规范的特点，但是笼统地将世俗法律约束僧尼的特点概括为"刑事从严，民事从俗"，则显然不符合事实。唐代法律的最大特征之一就是"同罪异罚"，同样的罪行，不同身份的人受到的刑罚是不同的。判断僧尼犯法受到的处罚是"从严"还是"从俗"，首先要有一个对比的标准和尺度，这个标准就是占唐代人口大多数的庶民阶层的犯罪量刑标准。下文将在前面研究的基础上，将唐代法律对僧尼刑事犯罪和民事诉讼的刑罚与庶民做一个对比，对严耀中先生的观点加以辨析。

（一）僧尼刑事犯罪的加刑和减刑

前面"僧尼社会身份之法律定位"一节中已经分析过，唐代的社会等级，大致分为贵族、庶民、贱民三大类。僧尼的法律地位是十分特殊的，他们既不属于官贵，又享有许多庶民所没有的法律特权。僧尼犯徒以下罪时可以像七品官一样免受枷锁拘禁，徒以上罪可以像九品官一样"牒当"一年徒刑，犯谋逆大罪不株连亲属，死后火葬、水葬都不属于"残尸罪"范围。因此僧尼的法律地位是高于庶民，低于官贵，大体上属于特权阶层。普通的刑事犯罪，和庶民相比，僧尼道士有免刑和减刑的特权。表5-1、表5-2、表5-3说明僧尼道士犯了"徒以下罪"和"徒以上罪"时和其他犯罪主体相比较所承受的刑罚轻重。

表5-1　　　　　僧尼道士与其他阶层犯笞刑所受刑罚对比

犯罪主体	罪　名	刑罚	加刑	减刑	实际服刑	审判权归属	是否拘押	服刑地点
五品官	街巷人众走车马	笞五十		赎铜五斤	免除	州县官	否	免除
七品官	街巷人众走车马	笞五十		赎铜五斤	免除	州县官	否	免除

---

①　严耀中：《论唐宋间法律对僧尼的直接约束》，戴建国主编《唐宋法律史论集》，上海辞书出版社2008年版，第188页。

续表

犯罪主体	罪名	刑罚	加刑	减刑	实际服刑	审判权归属	是否拘押	服刑地点
僧尼道士	街巷人众走车马	笞五十		易刑为苦使	苦使五十日	僧官	否	寺院
庶民	街巷人众走车马	笞五十			笞五十	州县官	否	地方官府
部曲	街巷人众走车马	笞五十			笞五十	州县官	否	地方官府
奴婢	街巷人众走车马	笞五十			笞五十	州县官	否	地方官府

表 5-2　　　　僧尼道士与其他阶层犯杖刑所受刑罚对比

犯罪主体	罪名	刑罚	加刑	减刑	实际服刑	审判权归属	服刑地点	是否拘押
五品官	强盗杀人不告主司	一日杖六十		赎铜六斤	免除	州县官	免除	免除
七品官	强盗杀人不告主司	一日杖六十		赎铜六斤	免除	州县官	免除	免除
僧尼道士	强盗杀人不告主司	一日杖六十		易刑为苦使	苦使六十日	僧官	寺院	不拘押
庶民	强盗杀人不告主司	一日杖六十			杖六十	州县官	州县官府	拘押候审
部曲	强盗杀人不告主司	一日杖六十			杖六十	州县官	州县官府	拘押候审
奴婢	强盗杀人不告主司	一日杖六十			杖六十	州县官	州县官府	拘押候审

表 5-3　　　　　僧尼道士与其他阶层犯徒刑所受刑罚对比

犯罪主体	罪名	刑罚	加刑	减刑	实际服刑	审判权归属
五品官	殴伤庶民致骨折	徒三年		官当二年	徒一年	州县官
七品官	殴伤庶民致骨折	徒三年		官当一年	徒二年	州县官
僧尼道士	殴伤庶民致骨折	徒三年		牒当一年	徒二年	州县官
庶民	殴伤庶民致骨折	徒三年			徒三年	州县官
部曲	殴伤庶民致骨折	徒三年	加一等		流二千里	州县官
奴婢	殴伤庶民致骨折	徒三年	加二等		流二千五百里	州县官

从这几个对比可以知道，僧尼犯"杖、笞"罪时，可以通过易刑为"苦使"减轻刑罚，犯徒以上罪时可以通过"牒当"减轻一年徒刑。因此，可以说，在和庶民同罪的条件下，僧尼犯罪是"从轻"的。

另外，唐律从头到尾都贯彻着"准五服以制罪""依伦常而重其刑"的宗法原则，存在亲属关系的法律主体之间如果相互侵犯，要依照当事人的亲等关系量刑，卑幼犯尊长要加刑，尊长犯卑幼则减刑。而僧尼道士出家离俗，唐律明文规定僧道谋逆"止坐其身"，等于承认了僧尼道士和俗家亲属的亲等关系的废止，"人伦之义已绝"，因此一切应用于亲属关系的加减刑都对僧尼不适用。僧尼即使和亲属之间发生纠纷，刑罚只能按照凡人之间相犯量刑，具体可以参照表 5-4 所示：

表 5-4　　　　　僧尼道士与庶人犯殴伤亲属罪受刑对比

犯罪主体	犯罪客体	罪名	加刑	减刑	实际刑罚
庶人	庶人	斗殴			杖六十
庶人	兄姊	斗殴	加凡人八等		徒二年半

续表

犯罪主体	犯罪客体	罪名	加刑	减刑	实际刑罚
僧尼	庶人	斗殴		易刑为苦使	苦使六十日
僧尼	兄姊	斗殴		易刑为苦使	苦使六十日
庶人	缌麻兄姊	斗殴	加凡人四等		杖一百
僧尼	缌麻兄姊	斗殴		易刑为苦使	苦使六十日
庶人	小功亲尊长	斗殴	加凡人五等		徒一年
僧尼	小功亲尊长	斗殴		易刑为苦使	苦使六十日
庶人	大功亲尊长	斗殴	加凡人六等		徒一年半
僧尼	大功亲尊长	斗殴		易刑为苦使	苦使六十日
庶人	庶人	殴伤骨折			徒三年
庶人	兄姊	殴伤骨折	加凡人五等		流三千里
僧尼	兄姊	殴伤骨折		牒当一年	徒二年
庶人	兄弟之子	殴伤骨折		减凡人一等	徒二年半
僧尼	兄弟之子	殴伤骨折		牒当一年	徒二年
庶人	子孙	殴伤骨折		减凡人三等	徒一年半
僧尼	子孙	殴伤骨折		牒当一年	徒二年

可以看出，僧尼和亲属之间发生殴斗杀伤，视同凡人之间的斗杀伤，不因对方是家族的尊长而加刑，也不因对方是卑幼而减刑。

《唐律疏议》中提到的僧尼犯法加重刑罚的有"私入道""奸""盗""盗

毁天尊佛像"四种罪名。其中"私入道"的规定是："诸私入道及度之者，杖一百（若由家长，家长当罪）；已除贯者，徒一年。本贯主司及观寺三纲知情者，与同罪。"①"监临之官，私辄度人者，一人杖一百，二人加一等。"② 按照唐律，凡是未经官方许可私自出家的僧尼，在法律上不被承认，只能定义为"伪僧"。"杖一百"也只属于轻刑。私度并且注销户籍，会导致赋税人口流失，直接影响国家的经济利益，因此刑罚加重，"徒一年"。这一条款真正受刑罚的僧人，只有"知情"的"剃度者"和寺院三纲被牵连同罪而"徒一年"。但是这样的刑罚也不能算"刑事从严"，因为"私度条"中违法私度僧尼的官吏所受刑罚更严：私度一人，杖一百；私度两人加罪一等，流放三千里。

至于"奸""盗"，《唐律疏议》已经明确说明了加重刑罚的理由："僧尼犯奸盗，于法最重。"③ 唐律将僧尼应遵守的佛教基本戒律转化为其法律义务，对僧尼违犯基本法律义务加重刑罚的做法，类似于唐政府为督励官吏清正廉洁而建立的考课、修致制度的范畴。和《唐律疏议》中"监主受财枉法"④"因使受送遗"⑤"受所监临财物"⑥ 等罪名一样，是用于惩治官吏渎职和利用职务之便枉法的加重刑罚。而僧尼"盗毁天尊佛像"加重刑罚的理由是"为其盗毁所事先圣形象"⑦。也就是将僧尼坏佛像的行为比附为"子伤父""奴伤主"的关系而依法加刑。因此对僧尼犯"奸、盗""盗毁天尊佛像"的加重刑罚都并不证明唐律对僧尼的"刑事从严"原则。

同时还应该看到的是，僧尼作为犯罪主体犯奸罪时要加刑："道士、女官奸者，加凡人二等"⑧；而第二章中梳理出的和僧尼道士有关的唐律条文中还有两条是关于僧尼道士作为犯罪客体，也就是作为受害者一方的条文。一是"和奸无妇女罪名"条："诸和奸，本条无妇女罪名者，与男子同。强者，妇女不坐。

---

① 刘俊文：《唐律疏议笺解》卷十二，中华书局1996年版，第931页。
② 同上。
③ 刘俊文：《唐律疏议笺解》卷六，中华书局1996年版，第527页。
④ 刘俊文：《唐律疏议笺解》卷十，中华书局1996年版，第863页。
⑤ 同上书，第847页。
⑥ 同上书，第870页。
⑦ 刘俊文：《唐律疏议笺解》卷十九，中华书局1996年版，第1361页。
⑧ 刘俊文：《唐律疏议笺解》卷六，中华书局1996年版，第527页。

其媒合奸通，减奸者罪一等。"①"疏议曰：假有俗人，媒合奸女官，男子徒一年半，女官徒二年半，媒合奸通者犹徒二年之类，是为'从重减'。"②也就是说，凡人犯奸罪，徒一年半。道士、僧尼犯奸，要加凡人二等。普通媒合者徒一年，如果媒合的对象是女冠（女尼同），则媒合者也要加重刑罚，徒一年半。另一条是"监主于监守内奸"条："诸监临主守，于所监守内奸者，加奸罪一等。即居父母及夫丧，若道士、女官奸者，各又加一等。妇女以凡奸论。"③监临主守于监守内奸良人，加凡奸一等定罪；奸有妇之夫，徒两年半；如果犯罪客体是僧尼，还要再加一等判刑。因此，可以看出，僧尼在"奸"罪中不仅是特殊的犯罪主体，也是特殊的犯罪客体，虽然僧尼犯奸罪要加重刑罚，但是僧尼被侵犯时也受到更多的法律保护。

而对于僧尼犯"盗毁天尊佛像"之外的盗窃罪，实际上是视同凡盗，并没有加刑。《唐律疏议》"称道士女官"条疏议云："谓三纲以下犯奸、盗，得罪无别。其奴婢奸、盗，一准凡人得罪。弟子若盗师主物及师主盗弟子物等，亦同凡盗之法。"④这段话告诉我们，寺院三纲犯奸、盗，应该有官当的减刑特权，三纲以下普通僧尼犯奸罪，加凡奸二等处罚。而盗窃，则"同凡盗之法"，不按照比附之法论罪。这是因为，假如用比附法，将师徒视为伯叔父母和兄弟之子的亲缘关系论罪的话则会减刑。《唐律疏议·贼盗》的"盗缌麻小功财物"条规定："诸盗缌麻、小功亲财物者，减凡人一等；大功，减二等；期亲，减三等。"⑤为了表示僧尼道士犯奸盗的严重性，唐律规定，僧道犯奸加凡奸二等；僧道盗窃，按照凡盗从重处罚，剥夺其比附为亲属相盗的减免权。

综合各种情况下僧尼犯罪所受的刑罚可以看出，尽管在僧尼犯奸、盗时，唐律呈现出从严处置的倾向，但是僧尼和庶民相比，更多时候能享受到刑事"从宽"的特权。僧尼犯"笞刑""杖刑"，可以易刑为"苦使"，以罚抄佛经代替；犯徒刑允许"牒当"一年，可以比庶民减刑一年；还有僧尼犯徒刑以下罪不受枷锁、监禁，"所由州、县官不得擅行决罚"。这些都说明唐律对于僧尼

---

① 刘俊文：《唐律疏议笺解》卷二十六，中华书局1996年版，第1852页。
② 同上。
③ 同上书，第1854页。
④ 刘俊文：《唐律疏议笺解》卷六，中华书局1996年版，第528—529页。
⑤ 钱大群：《唐律译注》，江苏古籍出版社1988年版，第238页。

的刑事处罚，不仅算不上"刑事从严"，甚至还可以得出"刑事从宽"的结论。

(二) 僧尼部分民事权利的丧失

至于"民事从俗"的观点，严耀中没有做具体论证直接得出了结论。笔者认为这一观点也有些武断。民事权利包括财产权和人身权，按照现代法律的定义，财产权包括物权、债权、继承以及知识产权中的财产权等；人身权包括人格权和身份权。唐代涉及民事内容的法律一般都是关于家庭婚姻、财产继承、买卖契约法、债务债权、侵权补偿等方面的内容。由于古代法律有轻视民事立法的传统，因此民事法律没有形成刑事法律那样完整的体系。唐代民法内容除了在《唐律疏议·户婚》较为集中之外，其余内容多散见于唐代的令、格、式中，尤其是唐代的令典中包含大量民法内容，遗憾的是唐令久已佚失，现存的唐令中只能找到为数不多的民法相关内容。

僧尼作为独立的法律主体，在涉及民事的案件中是否能从俗，完全依照世俗法律的规定进行处理，要具体问题具体分析。以唐代规范经济活动的契约法为例，近代出土的大量敦煌吐鲁番买卖契约文书中，频繁出现僧尼作为契约主体的一方和人订立买卖契约的记载。如803年，尼明相因为缺粮和负债，将一头牛卖给张抱玉，约定如有毁约罚麦三石[1]。表面看来，僧尼在进行买卖、租赁、质举等经济活动中如果出现毁约、违约、迟缓、欺诈等违约行为，也和普通人一样负民事责任，接受强制履行或者赔偿损失等处罚。但是唐前期的《道僧格》"不得私蓄条"规定："凡道士、女冠、僧尼，不得私蓄奴婢、田宅、财物及兴贩出息，违者还俗。许人纠告，物赏纠告人。"唐代寺院拥有大量的土地、庄园、奴婢，"公私田宅，多为僧有"，但是假如严格依照法律，则契约主体应该为寺院，尤其是当契约标的物为田园、土地、奴婢时，不应出现僧尼个人出卖田园、奴婢的情况。

此外，导致僧尼在民事权利和义务上和常人有差异的，归根结底，还是由唐律的依血缘立法的宗法性特征和僧尼出家后"人伦之义已绝"的法律定位之间的矛盾造成的。

1. 财产和身份继承权

唐代的家庭财产权采取同居共财所有制形态，如《新唐书》中的《刘君良

---

[1] 沙知辑校：《敦煌契约文书辑校》，江苏古籍出版社1998年版，第55页。

传》所描写的那样:"四世同居,族兄弟犹同产也,门内斗粟尺帛无所私。"①《唐律疏议》的"子孙别籍异财"也明文规定,"诸祖父母、父母在,而子孙别籍、异财者,徒三年"②,以法律的形式维护这种家长专权下的财产家族集体共有制,惩治破坏家庭财产共有的行为。《宋刑统·户婚》的"卑幼私用财"条引用了一条唐代户令,为我们提供了唐代关于家产的分割和继承的法律原则:

> 诸应分田宅及财物,兄弟均分。妻家所得之财,不在分限。兄弟亡者,子承父分。兄弟俱亡,则诸子均分。其未娶妻者,别与聘财,姑、姊妹在室者,减男聘财之半。寡妻妾无男者,承夫分,若夫兄弟皆亡,同一子之分。③

唐代分割和继承的家产,主要包括田地、房宅、牲畜等固定资产和现金,部曲、奴婢在唐律中视同畜产,因此也在分割和继承的范围之内。女子虽然所得份额较少,但是也享有继承权。

古代的继承不仅涉及财产继承,还有身份地位的继承,具体而言,就是以家族内部的立嫡制度为中心而形成的有关祭祀、封爵和食封继承。唐律规定的家族立嫡原则是嫡长子继承制,以嫡长子为第一继承人,其后的顺序是嫡长孙→嫡次子→庶子→嫡次孙→庶孙,只有在前一继承人空缺的条件下,后一顺序的继承人才能取代前一继承人。立嫡制度在家庭财产继承上并不起作用,嫡长子、嫡长孙和庶子、次子等继承的份额是相等的。但是在主持祭祀、继承封爵、食封时却起到决定性作用。古代上至国君、下至百姓,都十分重视祭祀祖先,主持祭祀权是家族中权力、地位的象征,只有家族中地位最尊、最长的男子才有资格主持祭祀。

封爵是帝王授予皇亲国戚以及官僚大臣的一种荣誉,唐代封爵的爵位有九等,分实封和虚封两种,实封有相应的物质待遇,虚封仅表示一种荣誉。封爵可以继承,继承人的顺序也和立嫡顺序相同:"诸王、公、伯、子、男皆子孙承嫡者传袭,若无嫡子及有罪立嫡孙,无嫡孙以次立嫡子同母弟,无母弟立庶子,

---

① (宋)欧阳修、宋祁:《新唐书》卷一百九十五,中华书局1975年版,第5579页。
② 钱大群:《唐律译注》,江苏古籍出版社1988年版,第142页。
③ (宋)窦仪:《宋刑统》卷十二,中华书局1984年版,第197页。

无庶子立嫡孙同母弟，无母弟立庶孙。"①如果封爵是实封，那么爵位的主人还享有物质性的食封，食封以食邑为主，也包括别的封赏物，是物质化的荣誉。食封的继承可以分割，《唐会要》引用的《户部式》的规定："诸食封人身殁以后，所得封物，随其男数为分，承嫡者加一分，至元孙即不在分限，其封总入承嫡房，一依上法为分者。"②食封的继承中，嫡子可以增加继承份额，在室女也有权继承部分食封。

关于僧尼是否有家庭财产的继承权，律无正文。但是从"缘坐""荫庇"制不适用于僧尼的法律规定类推，僧尼在法律上的身份定位是：出家后隶属寺院，割断同世俗家族的一切关系。因此可以推论出僧尼既无赡养父母的法律义务，也无继承家庭财产的权利的结论。即使是嫡长子，出家后也会丧失其祭祀、封爵和食封的权利，由法定的第二顺位继承人继承。

2. 家庭亲属间的权利与义务

唐律依照家族主义的原理，将父母、祖父母和子孙视为尊长和卑幼，由此决定二者不平等的权利和义务。作为子孙，有孝养父母祖父母、友悌兄弟姐妹、为亲人送终服丧、归葬祖坟等义务，作为父母祖父母，对子女拥有财产支配权、教令权、责罚权、送惩权、主婚权等权利。以子孙尽孝的义务为例，身为子孙，"告言、诅詈祖父母、父母；及祖父母、父母在，别籍异财；若供养有阙；居父母丧，身自嫁娶；若作乐，释服从吉；闻祖父母父母丧，匿不举哀；诈称祖父母父母死"③均为不孝，属十恶重罪，已经不仅仅是民事犯罪了。而僧尼出家离俗，户籍也从家中除去，另入僧籍，原有的子女对父母的义务，以及父母对子女的权利都不复存在。以"闻祖父母父母丧，匿不举哀"为例，早在南北朝时，僧尼就不需要按照世俗礼法为父母服丧，《魏书·释老志》云："出家舍著，本无凶仪，不应废道从俗。其父母三师，远闻凶问，听哭三日。若在见前，限以七日。"④只是象征性地允许僧尼为父母之丧哀悼三天而已。这些都属于亲属关系在刑法上的内容。

除了财产、身份继承外，亲属关系的民事法律发挥效力的内容还有田宅产

---

① [日] 仁井田陞：《唐令拾遗》，粟劲、霍存福译，长春出版社1989年版，第219页。
② （宋）王溥：《唐会要》卷九十，上海古籍出版社2006年版，第1953页。
③ 钱大群：《唐律译注》，江苏古籍出版社1988年版，第8—9页。
④ （北齐）魏收：《魏书》卷一百一十四，中华书局1975年版，第3041页。

业的优先购买权和对鳏、寡、孤、独的血缘亲属救济义务等。中国古代视田宅产业为家族之根，视变卖家产为败家。田宅等不动产即使不得已需要出售时，也本着先在亲族内流转，尽量不外流的原则进行。唐代的法律承认这种优先权，将亲属列为优先购买的第一顺序，其次是四邻，然后才是外人。《唐会要》载："天下诸郡逃户，有田宅产业妄被人破除，并缘缺负租庸，先已亲邻买卖。"①这种优先权在《全唐文》中也有记载："如有典卖庄宅，准例房亲邻人合得承当。若是亲邻不要，及著价不及，方得别处商量，和合交易，只不得虚抬价例，蒙昧公私，如有发觉，一任亲邻论理，勘责不虚。"②

亲属之间的抚养赡养，直系亲属自不待言，唐律有明确的规定。至于旁系亲属和远亲，律文没有明确规定，按照《唐令·户令》"诸鳏寡孤独、贫穷老疾不能自存者，令近亲收养，若无近亲付乡里安恤"③，抚养孤寡老人的第一义务人是近亲，第二义务人是乡里邻居。而事实上，在古代，人们多半是依血缘群居，乡里、乡邻多少都会有些血缘关系，这一规定实际上是亲缘关系的延伸，是一种家族范围内的远亲救济制度。

同样道理，僧尼出家，则和俗家割断一切关系，亲邻既没有优先买权，也没有近亲收养孤寡的义务。

3. 婚嫁权利

在古代血缘社会中，婚姻被视为"合二姓之好，上以事宗庙，而下以继后世"④ 的人伦之始，婚姻关系是一切社会关系的源头。唐建国之初，为了加速人口的增殖、经济的恢复和社会的安定，即开始推行早婚制度，贞观元年唐太宗下诏令，将结婚年龄规定为男年二十，女十五，并且将辖区内居民是否及时婚嫁作为考核奖赏官吏的依据："刺史县令以下官人，若能使婚姻及时，鳏寡数少，量准户口增多以进考第；如其劝导乖方，失于配偶，准户口减少以附殿失。"⑤并对于经济上有困难家庭的婚嫁实行援助："若贫穷之徒，将迎匮乏，仰

---

① （宋）王溥：《唐会要》卷八十五，上海古籍出版社2006年版，第1854页。
② （清）董诰等编：《全唐文》卷九百七十三，中华书局1983年影印版，第10094页。
③ ［日］仁井田陞：《唐令拾遗》，粟劲、霍存福译，长春出版社1989年版，第165页。
④ 杨天宇：《礼记译注》，上海古籍出版社1997年版，第1052页。
⑤ （宋）王溥：《唐会要》卷八十三，上海古籍出版社2006年版，第1809页。

于亲近乡里，富有之家，瘠多益寡，使得资送。"①

唐代的婚姻家庭法比较完善，对婚姻的成立、婚姻的效力、离婚都有十分详细的律条规定。唐代婚姻成立的要件是婚书和聘财："诸许嫁女，已报婚书及有私约而辄悔者，杖六十。虽无许婚之书，但受娉财，亦是。"②除了婚书聘财，还需要有合法的主婚人和媒人，这样即为合法的婚姻。

唐代法律将不符合结婚条件而结婚视为"违律为婚"，一般采取刑事与民事并行的方式处理，刑事上依律判刑，民事上或者宣布婚姻无效，或者撤销婚约。按照《唐律疏议》的相关条文，唐代禁止结婚的有几种情况：一是同姓不婚：凡是同姓结婚者，要各徒二年；假如双方是缌麻以上的亲属，还要以奸罪论处。③唐代只要是同姓就不许结婚，不管是否真的有血缘关系。二是亲属不婚："若外姻有服属而尊卑共为婚姻，及娶同母异父姊妹，若妻前夫之女者，亦各以奸论。其父母之姑、舅、两姨姊妹及姨、若堂姨，母之姑、堂姑，己之堂姨及再从姨、堂外甥女，女婿姊妹，并不得为婚姻，违者各杖一百。并离之。"④这一规定和现代法律中的禁止三代以内直系亲属及旁系亲属结婚的规定有一定相似性，但是现代法律禁止近亲结婚是出于遗传学的近亲结婚会加大后代患遗传病概率的考虑，唐代这一规定则大约是为了维护伦理纲常。三是良贱不婚：凡是给奴婢、部曲等贱民娶良人女子为妻的，"徒一年半"；女方减一等定罪，并"离之"⑤；杂户和良人结婚，或者官户娶良人女的，都"杖一百"。良人娶官户女的，还要罪加二等⑥。四是官民不婚："诸监临之官，娶所监临女为妾者，杖一百；若为亲属娶者，亦如之"⑦；"诸州县官人在任之日，不得共部下百姓交婚，违者虽会赦仍离之。"⑧五是有妻不婚，也就是禁止重婚："诸有妻更娶妻者，徒一年；女家，减一等。若欺妄而娶者，徒一年半；女家不坐。

---

① （宋）王溥：《唐会要》卷八十三，上海古籍出版社2006年版，第1809页。
② 钱大群：《唐律译注》，江苏古籍出版社1988年版，第154页。
③ 同上书，第158页。
④ 同上。
⑤ 同上书，第163页。
⑥ 同上书，第164页。
⑦ 同上书，第160页。
⑧ 同上。

各离之。"①

第六种就是僧尼不婚。虽然唐律正文没有提到禁止僧尼结婚的条文,但"称道士女官"条的疏议云:"道士、女官、僧尼犯奸盗,于法最重。"②《道僧格》"禁僧道嫁娶条"也规定:"诸道士、女冠、僧尼有娶妻并嫁之者,皆还俗,以奸罪论,加凡人二等,不许以度牒当之。"还有唐德宗时,李书明上书申禁僧尼云:"男女者,继祖之重也。而二教悉禁;国家著令,又从而助之。是以夷狄不经法,反制中夏礼义之俗也。"③由此可以推知唐令中也有禁止僧尼婚嫁的条文。

唐律中"违律为婚"的情况还有居丧嫁娶、父母祖父母被囚时嫁娶、为婚冒妄、恐吓娶亲等情况。但是所有这些不符合结婚条件的主体中,只有僧尼道士是被完全剥夺了结婚权利的特殊群体,这是一种民事权利的丧失。通过以上的分析可以看出,在唐代,僧尼违犯刑事法律时,很多情况下所适用的法律是《道僧格》,因此在刑罚上呈现"从宽"的倾向;僧尼在民事法律的适用上,由于其法定的出家离俗的身份,使他们在家庭财产继承、婚姻等诸多方面的权利被剥夺,呈现出异于俗人的状态。

---

① 钱大群:《唐律译注》,江苏古籍出版社1988年版,第155页。
② 刘俊文:《唐律疏议笺解》卷六,中华书局1996年版,第527页。
③ (宋)欧阳修、宋祁:《新唐书》卷一百四十七,中华书局1975年版,第4758页。

结　论

中国法律制度的历史源远流长，前后历经四千多年漫长的发展，形成了独树一帜的中华法系。中国法制史一般被分为奴隶制法制时期、封建制法制时期和近代法制时期三个时期。奴隶制社会肇始于夏朝，经过商朝、西周，终结于春秋战国之际。这一时期的文献资料比较匮乏，只能依据有限史料，对当时的法制状况做一个粗略考察。夏、商两朝处于奴隶制社会的早期，这一时期的刑法相对发达一些，司法诉讼制度也开始建构。西周时的法制是奴隶制法制时期的典型代表，"以德配天""明德慎罚"的思想修正了夏商时期神权法思想，为法律的进步提供了条件；通过"周公制礼"，礼作为社会规范的权威，开始登上法制史的舞台。但总体而言，奴隶制的法律制度与当时的社会生产力发展相适应，表现出体系不完整、概念不清晰、刑罚残酷野蛮等特点。

封建社会的起始年限，史学界通行的说法是从公元前475年（春秋战国时期）起一直到1912年宣统退位都属于封建社会。但法制史一般以1840年鸦片战争爆发为界，将鸦片战争之前起于战国的时期划入封建制法制时期，把清末、北洋政府及国民党政府统治的一百多年间的法制史称为半封建半殖民法制史或近代法制时期，这一时期，西方的法律学说和体系被大规模移植和输入，中华法系逐渐解体。封建制法制时期实际上只包括战国、秦、汉一直到清朝鸦片战争爆发前的这一段社会的法律制度，也是中华法系的形成、发展和鼎盛的时期。

佛教自两汉之际传入中国，在历代统治者的扶持和利用下，经过魏晋南北朝时期的长足发展，在隋唐时期达到鼎盛，与儒教、道教一起，成为中国传统文化的重要组成部分。从两汉之际出家仅仅是个别人的"剪落殊俗"[①]。到隋代

[①] （南朝梁）释慧皎：《高僧传》卷一，《大正藏》第50册，台湾新文礼出版公司1983年影印版，第324页。

一度出现度僧"五十余万"[①] 的惊人记载，僧尼这一社会群体的形成和迅速膨胀成为不容忽视的社会现象，如何管理僧尼这一特殊的阶层，是封建统治者必须面对和解决的问题。从最初作为"方外之宾"游离于世俗社会和法律之外，到政府制定僧制、委派"断事沙门"管理僧团，再到制定统一的宗教法，全面依法治教，中国封建社会的宗教法制的发展步伐和中华法系的发展步伐呈现出完全一致的步调。

本书以封建制法制时期的鼎盛期隋唐为时代背景，以中华法系的代表律典《唐律疏议》和唐代宗教法典《道僧格》为中心，考察隋唐时期法律制度与佛教管理的关系。为了更好地回溯隋唐僧道法的历史发展轨迹，我们先按历史发展顺序，大致了解一下封建社会不同历史时期法制发展的特点。

第一节 古代宗教法的发展与封建法制的发展同步

春秋时期，随着奴隶制的瓦解，法制的发展也发生剧变。郑国"铸刑书"开启了古代公布成文法的先例，宣布了奴隶制社会法制的终结，和封建制社会法制的开端。封建制社会法制的发展可以分为四个阶段，每个阶段呈现出不同的特点。

一 中国封建法制发展的早期

战国、秦、汉时期是中国封建法制发展的早期。以李悝的《法经》为标志，封建法制的法典化传统在战国时期形成。秦朝全面实践法家以法治为中心，法术势相结合的思想，法网严密。汉代的法制和秦朝一脉相承，但在法制思想上有深刻变化，儒家法律思想取代法家的法律思想成为正统，以董仲舒倡导的"春秋决狱"为标志，这一时期的法律开始向儒家化方向转变。

佛教在两汉时期传入中国，由于语言和文化的差异，最初被视为一种外来的鬼神方术或者被比附为黄老道术，其教理体系还没有真正被汉地接受。真正的出家僧众不但数量极少，而且也仅仅是形式上剪落头发而已。信众以在家众

[①] （唐）释道宣：《续高僧传》卷十，《大正藏》第50册，台湾新文礼出版公司1983年影印版，第501页。

为主,多集中在宫廷和社会上层,律部还没有传译,更没有传授比丘戒者。佛教还处在由上层社会向普通民众传播的过渡阶段。此时的僧团还没有建立,法律制度没有出现涉及僧尼和佛教的内容。

二 中国封建法制的发展演变期

三国、两晋、南北朝是中国封建法制进一步发展演变的阶段。儒家的法律思想作为指导思想被进一步巩固和强化,法律的形式、内容及司法制度都不断地向体系化、规范化的方向发展演变。尽管这一时期政治上经常动荡不安,但是封建法制却得到长足发展。立法技术迅速提高,法律概念逐渐明确,"八议""官当""重罪十条""准五服量刑"等决定中华法系本质特征的重要制度先后确立,并逐渐成熟。这些都是封建法制走向成熟的标志和里程碑,也为迎接封建法制鼎盛时期的来临做好了准备。

这一时期的佛教也得到了迅速的发展。三国两晋时期,后赵国主石虎下诏"乐事佛者,悉听为道"①,出家从此合法化,僧人数量迅速增加,并形成了以佛图澄、道安、鸠摩罗什、慧远等为领导的几个有影响力的僧团。南北朝时期佛教在封建统治者的大力扶植下,僧团规模、寺院数量都空前膨胀。出家僧徒日益增多,社会劳动力大量流入寺院,国家财政收入受到严重影响,僧团与国家政治经济之间的矛盾日益凸显;为逃税入寺的僧尼人数的增多还威胁到僧团的纯洁性。为了保证佛教的健康发展,佛教律典大量传译,戒律成为僧团管理制度的主要宗依,中国化僧制的创建也在政府的直接干预下得到较大发展。北魏孝文帝立"僧制四十七条"②;宣武帝诏"众僧犯杀人已上罪者,仍依俗断,余悉付昭玄,以内律僧制治之"③;梁武帝撰《出要律仪》"以少许之,网罗众部"④,这些都是封建统治者和政府"依律立法""俗施僧制"的尝试。

总之,在魏晋南北朝时期,佛教戒律是僧团管理制度的主要依据。这一时

---

① (南朝梁)释慧皎:《高僧传》卷九,《大正藏》第50册,台湾新文礼出版公司1983年影印版,第383页。
② (北齐)魏收:《魏书》卷一百一十四,中华书局1975年版,第3042页。
③ 同上书,第3040页。
④ (唐)释道宣:《续高僧传》卷二十一《法超传》,《大正藏》第50册,台湾新文礼出版公司1983年影印版,第607页。

期僧团管理已经成为一种政府行为,由封建统治者本人担任或者任命僧官,参照佛教戒律制定僧制,但僧制内律"不许俗看",尽管这些僧制已经具有法律法规的性质,但形式上仍然是"僧人用内律,非全依国法"。僧制的成熟为隋唐时期宗教法的形成奠定了基础,僧尼在法律上享有的特殊地位、遵守戒律是僧尼应尽的法律义务、国法和僧道法共同适用于僧尼等封建社会特有的宗教法律原则在这一时期孕育成形。

三 中国封建法制的成熟鼎盛期

隋、唐是中国封建法制的成熟期和鼎盛期,与高度发达的政治、经济、文化发展相适应,隋唐时期的法律制度也发展到空前完备的地步。一部《唐律疏议》,是我国封建时代最具代表性的、最完备的封建法典。它既是汉代以来立法成果的总结,又是几千年来司法实践的结晶。"德主刑辅、礼法并用"成为官方正统的法律思想;"律令格式"相互结合的法律体系既保证了法律的稳定统一,又使执法不失灵活性;法律内容严密完整,社会关系各主要方面都做了明确规定;传统的司法诉讼制度成熟,一些行之有效的罪名、刑制及司法原则都加以条文化。

这一时期的宗教法律也走向成熟和完善。以隋代为分水岭,封建法制史开始了依法治理宗教的历程。僧尼作为独立法律主体被写入《开皇律》,《众经法式》的颁布,结束了"内律佛制不许俗看"[①]的历史,成为我国第一部公开的宗教法典。从隋代开始,之后诸朝的律典如《唐律疏议》《宋刑统》《大元通制》《大明律》《大清律》都保留了"称道士女官条",将僧尼、道士作为独立的法律主体,为其社会身份定位并规定了特殊的量刑标准。从隋代开始,之后诸朝也都在正律之外颁布了专门适用于僧道的宗教法典,如唐代《道僧格》、宋代《庆元条法事类·道释门》、元代《通志条格·僧道》、明代《申明佛道榜册》等。僧尼等在法律上享有一部分高于庶民的特殊待遇,寺院对犯"徒"以下罪的僧尼有审判权,僧尼作为一个独立的社会阶层,受国法和僧道法的双重约束。

---

① (元)释觉岸:《释氏稽古略》卷二,《大正藏》第49册,台湾新文礼出版公司1983年影印版,第809页。

四 中国封建法制的发展后期

宋、元、明、清是中国封建法制发展的后期。宋明理学的兴起，使思辨色彩和道德伦常观念渗透到这一时期的正统法律思想中。宋朝的敕律并行，明朝的删修条例，清朝的律例合编是这一时期法律形式和立法特点方面创新的表现。同时，君主专制政治的极端发展使法律内容受到极大影响：一是通过强化刑事镇压手段，推行政治思想领域的高压政策；二是道德伦理色彩越来越浓，更加维护封建家族主义的利益；三是加强对官吏的控制，用法律严惩贪官污吏；四是重视对经济秩序的调整。

宋元明清宗教法律的发展也呈现出同步的特点：宋《庆元条法事类·道释门》和唐《道僧格》相比，条文更加缜密，刑罚更重；明太祖颁布的《申明佛教榜册》对不居寺院潜住民间的僧人居然"枭首示众"；清律规定僧尼必须拜祭父母、祖先，为父母服丧，家族伦理对僧尼的约束力明显高于南北朝和隋唐时期。

从以上的对比分析可以看出，中国古代宗教法的产生、形成、发展的轨迹基本上和封建法制发展的轨迹同步。隋唐时期不仅是中国各项法律制度的成熟鼎盛期，而且在宗教立法、宗教管理上也取得了前所未有的成就。唐以后诸朝的法制和宗教法都以隋唐时奠定的模式和体制为标准，结合时代的特点在量刑标准上有所变化，但总体上都没有突破隋唐时的法律框架。尽管隋律和《众经法式》的佚失，给我们的研究带来困难，所幸中华法系之代表律典《唐律疏议》保存完好，日本《僧尼令》又为《道僧格》的复原提供了宝贵依据，因此，以《唐律疏议》和《道僧格》为中心，深入研究唐代宗教法和佛教的发展之间的关系，对展示我国古代宗教立法的特点，为今日依法管理宗教、引导宗教与社会主义社会相适应具有深刻的借鉴意义。

第二节 隋唐时期僧尼作为独立的法律主体在正律中的定位

开皇二十年，隋文帝下诏："沙门道士坏佛像天尊，百姓坏岳渎神像，皆以恶逆论。"[①] 这是僧尼作为独立的法律主体被写入国家正律的最早记载。隋律虽

---

① （唐）魏徵等：《隋书》卷二十三，《四库全书》第264册，上海古籍出版社1989年版，第475页。

然佚失，具体内容无法考证，但是全面继承《开皇律》内容的《永徽律》却为研究隋唐时期僧尼在法律中的地位提供了可靠依据。《唐律疏议》"称道士女官条"涉及的罪名有奸、盗、殴杀。从疏议对僧尼犯法的量刑规定，可以看出僧尼在隋唐时期有了明确清晰的法律定位。

一 僧尼的社会地位高于普通民众，享有一定的法律特权

唐律中的"官当"制度，又称"以官当徒"，是一种允许犯法官吏依法用官品和爵位抵罪的法律制度。五品以上的官职，一官折合两年徒刑；五品以下九品以上的官职，一官折合一年徒刑[1]，用官职折抵流刑的，"三流同比徒四年"[2]。僧尼只要获得度牒，就能够通过"牒当"折抵一年的徒刑。因此，僧尼在法律上的地位是高于一般民众的。此外，为了保护僧尼的宗教习俗，唐律的"残害死尸条"还将僧尼火葬设为刑罚特例；"缘坐非同居条"规定，僧尼犯重罪"止坐其身"，亲属不受缘坐。唐《狱官令》还规定了犯徒以下罪的僧尼，审判权属于寺院，这说明唐代的寺院和僧官享有一部分司法审判权；"除免比徒条"的"诬告僧尼"反坐的易刑原则还显示，僧尼犯轻罪不受正律的笞刑、杖刑，而改为较轻的处罚"苦使"。这些都使僧尼成为特殊的社会群体，他们的法律地位介于官贵和庶民之间，享有一些普通民众无法享有的法律特权。

二 僧尼作为法律主体，其法律义务是严守佛教戒律

道士、女官、僧尼犯奸罪，比普通人加二等定罪，僧尼盗毁佛像徒三年加役流，之所以在法律上享有"牒当"特权的僧尼被加重刑罚，是因为"道士、女官、僧、尼犯奸盗，于法最重"[3]，佛教的基本五戒被唐律设为僧尼的法律义务，一经违背，必然受到重惩。自魏晋南北朝律藏被翻译后，戒律就一直是封建政府管理和约束僧尼的依据，之前的僧制制定也参照戒律，隋唐时依法治教，戒律被转化成了法律条文，不仅作用于僧尼，甚至还推及大众，成为全体社会成员都必须遵从的法律。"盗毁天尊佛像条"规定"诸盗毁天尊像、佛像者，

---

[1] 刘俊文：《唐律疏议笺解》卷二，中华书局1996年版，第182页。
[2] 同上书，第183页。
[3] 刘俊文：《唐律疏议笺解》卷六，中华书局1996年版，第528—529页。

徒三年"①，要求所有人都尊重佛教偶像的权威；"和奸无妇女罪名"条与"监主于监守内奸"条将僧尼视为神圣不可侵犯的主体，对侵犯僧尼者也加重刑罚。通过立法，佛教的戒律也对非僧尼群体产生了威慑力。

三 僧团在法律上被比附为世俗家族，以适应唐律的亲等制度

唐律中有许多以亲属关系定义的罪名，如亲属相犯、亲属相盗、亲属相奸等，量刑的标准是以亲等治罪，亲缘关系越近，刑罚越重，反之则越轻。僧尼出家离俗，理论上和世俗亲人不再有联系，"缘坐非同居"条也明确规定僧尼犯罪"止坐其身"，不株连亲人。可奇怪的是，寺院内没有血缘关系的僧尼之间相犯，却要"比附"论罪。寺院中的僧尼被比附为世俗家庭成员，"若于其师，与伯叔父母同；其于弟子，与兄弟之子同"②；"观寺部曲、奴婢于三纲，与主之期亲同"③；"余道士，与主之缌麻同。"④ 至于僧尼之间发生盗窃，由于"道士、女官、僧尼犯奸、盗，于法最重"⑤，故不用亲等原则比附。"弟子若盗师主物及师主盗弟子物等，亦同凡盗之法。"⑥ 寺院、僧团在唐律中被定义为独特的家族，僧众被比附为伯叔父母、兄弟之子、缌麻、主奴等亲属法律关系，僧尼出家是离开世俗之家，入寺却是进入了另一个家。

四 寺院成员的尊卑等级被强化，以适应唐律同罪异罚的等级制度

作为中华法系的典型代表，唐律的一个最明显特征就是维护封建等级特权制度。唐律所有的罪名都和现代法律的"法律面前人人平等"的观念不同，表现出同罪异罚的权利差等原则。按照所属的社会等级不同量刑，卑犯尊、下犯上从重处罚；尊犯卑、上犯下从轻处罚。僧尼的法律地位高于庶民、官贵，一般僧尼犯罪，可以享受"牒当"一年徒刑的特权。僧团内部也被唐律分为不同等级，寺观里的部曲殴打本寺观的道士僧尼者要被徒一年，伤重的还罪加一等；

---

① 刘俊文：《唐律疏议笺解》卷十九，中华书局1996年版，第1359—1360页。
② 刘俊文：《唐律疏议笺解》卷六，中华书局1996年版，第517页。
③ 同上。
④ 同上。
⑤ 同上书，第527页。
⑥ 同上。

致折断一颗牙齿的，要被"徒二年"。假如犯罪人是奴婢，就要比部曲更加重一等判刑，要被"徒二年半"①。寺院中还有相当于贵族的"三纲"等僧官，"三纲以下犯奸、盗，得罪无别"，这句话的另一个含义就是，"三纲"以上的僧官，可以按照同罪异罚的原则减罪，还可以用官品折罪。佛教"众生平等"的观念被打破，僧团内部的尊卑等级被唐律强化。

第三节　隋唐时期出现专门适用于僧尼的宗教法

贞观十年，唐太宗接受沙门玄琬的建议，命人"依附内律，参以金科"②，创制了《道僧格》，作为专门约束僧尼道士的宗教法。学者郑显文认为它"是中国古代第一部由国家制定的具有强制约束力的宗教法典"③。然而，开皇十五年，隋文帝因"僧尼时有过失，内律佛制不许俗看"④，曾命人制《众经法式》十卷约束僧尼，很明显，《众经法式》的成文年代早于《道僧格》，它才真正是中国古代第一部宗教法典。

一　《众经法式》是中国历史上第一部宗教法典

式早在秦代便存在，《史记》曾评价秦代法网严密，"皆有法式"，可见"式"就是"法式"的别称，《新唐书》将"式"定义为"其所常守之法也"⑤。《历代三宝记》云："至十五年，（隋文帝）以诸僧尼时有过失，内律佛制不许俗看，遂敕有司依大小乘众经正文诸有禁约沙门语处，悉令录出，并各事别，题本经名，为此十卷奖导出家，遏恶弘善。"⑥这段文字证明了《众经法式》不同于前朝的僧制，而是一部公开的成文法。首先，它的立法符合古代"法自君出"的特点，由隋文帝命人制定；其次，它具强制约束力，是"有司"执法司

---

① 刘俊文：《唐律疏议笺解》卷六，中华书局1996年版，第527页。
② （唐）释道宣：《广弘明集》卷二十八，《四库全书》第1048册，上海古籍出版社1989年版，第736页。
③ 郑显文：《唐代律令制研究》，北京大学出版社2004年版，第308页。
④ （元）释觉岸：《释氏稽古略》卷二，《大正藏》第49册，台湾新文礼出版公司1983年影印版，第809页。
⑤ （宋）欧阳修、宋祁：《新唐书》卷五十六，中华书局1975年版，第1407页。
⑥ 《历代三宝记》卷十二，《大正藏》第49册，台湾新文礼出版公司1983年影印版，第108页。

法的依据；最后，它有专门的适用对象——僧尼。因此，《众经法式》是中国历史上第一部由国家制定的具有强制约束力的宗教法典。只是由于隋朝存续的时间短暂，加上《众经法式》一部十卷的烦琐内容，它的影响力和执行效果远不如《道僧格》。

二 贞观十年颁布的《道僧格》是约束佛道二教的唐代宗教法

日本平安时期《养老令》的注书《令集解》多处引用了自称源自唐代《道僧格》的法条，但是我国现有的史料中却没有编撰《道僧格》的记载。仅有《广弘明集》记录了贞观九年（635），沙门玄琬临终前上书请求沙门犯罪依僧律，唐太宗"嘉纳焉"，于贞观十年（636）命人"依附内律，参以金科"，始创条制。"条制"是一种综合性法规，它的性质和"格"基本一致。和唐代以二十四司命名的格相比，"条制"的级别略低，适用范围也较有针对性。《道僧格》是《祠部格》的二级分格，也是《道僧条制》的俗称。贞观九年编撰"条制"时，佛教、道教共同隶属祠部，在唐代，佛教出家人数和影响力一直远远高于道教，统治者在颁布诏书、管理宗教时从来都是以佛教为主，道教参照执行，因此《道僧格》自颁布之日起，就是共同适用于佛教、道教的宗教法典，学者郑显文提出的历史上曾有过《僧格》和《道格》两部法典的说法显然不可信。

三 《道僧格》复原研究和内容剖析

复原《道僧格》，对研究唐代宗教法有重要意义。复原依据的最基本文献是日本《养老令·僧尼令》的条文和它的注书《令集解》，还有"依附内律，参以金科"的戒律和唐律以及学术界已有的研究成果。本书复原的《道僧格》一共三十一条。其中包括三条郑显文认为是日本《僧尼令》新创、不属于《道僧格》内容的"取童子条""外国寺条""斋会布施条"，以及在修正郑显文新增条文"禁毁谤条""和合婚姻条""度人条"基础上将三条条文加以保留，并根据《道僧格》刑种设置的特点，新增"还俗条"。

分析已复原的条文内容，可以看出《道僧格》的法条可以归为界定审判权限的总则、特殊的刑种设置和刑罚细则三类。"徒"以上等重罪依国法由官府审理，"徒"以下等轻罪依僧道法由寺院审理；《道僧格》的刑种有"苦使"

"还俗"两种基本刑,以及"外国寺条"为附加刑。刑罚的细则涉及行政、经济、社会交往、宗教修行各方面,处处体现了维护皇权统治、封建等级制度、宗法制度的法律原则以及严惩左道厌蛊、诸法合体、以政统教的特点。《道僧格》在制定之初仅仅适用于佛教和道教,到了唐代中后期,唐政府开始将《道僧格》适用于对景教、回教、火祆教等宗教的管理。《道僧格》的法律最初是源自佛教戒律、前朝僧制和唐代律、令、格、式,到了中后期,为了适应其他宗教的习俗和教规,源自佛教戒律和僧制的内容减少,或者作为细则被归入《道僧式》,只留下源自唐律的内容作为规约各种宗教的依据。《道僧格》在现实中被严格遵守和执行的程度较低,有流于理想法典之趋势。

第四节 佛教和隋唐时期法律制度间的相互影响

佛教作为中国传统文化的有机组成部分,在法律发展史上的地位是不可忽视的。处于发展鼎盛期的唐代佛教以其特有的方式为同样走向成熟和完备的唐代立法、唐代司法留下不可磨灭的痕迹;同时,具有中华法系典型特征的唐代法律也通过其特有的模式对佛教的发展走向、僧团的组织模式,寺院的功能定位等产生了巨大的影响。两者的作用是相互的。

一 佛教对隋唐时期法律的影响与渗透

佛教影响立法的途径有三种,一是通过最高立法者帝王信佛而影响立法原则和刑罚思想,如隋律"以轻代重"的宽刑思想和废止髡刑的选择与隋文帝幼年受佛教熏陶不无渊源,而佛教的慈悲观对古代法律的慎刑恤杀精神的形成和发展有极大的促进作用;二是佛教戒律向法律形态转化,成为具有普遍约束力的规范,如礼敬三宝、戒淫本是佛教徒应遵守的戒律,而唐律"盗毁天尊佛像条""和奸无妇女罪名条"却规定凡人盗毁佛像者徒三年,和奸女官、尼僧者加重刑,非佛教信徒也必须一定程度上遵从佛教戒律的约束;三是佛教习俗成为新的立法来源或者被设置为刑罚特例,"残害死尸条"将僧尼火化、水葬设为免受刑罚的特例,"缘坐非同居条"明文规定僧尼犯重罪"止坐其身",都是出于对佛教特殊习俗的考虑;四是佛教用语被吸收成为法律用语,佛教传入中国,其独特的思想体系和语言体系极大地丰富了古代的语言与哲学概念,大量的佛教词汇被直接移植到唐律中，成为法律用语。

佛教对唐代的司法也有极大影响。首先是寺院僧官对本应属于地方官府的审判权的分割。僧尼犯"徒"以下轻罪时，审判权行刑权归寺院所有，僧尼在这个法律特区里享受特殊的待遇。其次，《道僧格》特殊的刑种使唐代的行刑制度发生新的变易和替代，"苦使"和传统的笞、杖之间的易刑标准被写入唐律，"官当"也增加了新的形式"牒当"，"断屠月、十直日"使原来可以执行死刑的日子缩减了一半；再次，精舍被建在监狱中，佛教成为教育感化罪犯的工具，使得监狱制度有所变革。

二 隋唐法律对佛教发展的影响

在佛教渗透、影响唐代法律，显示其巨大影响力的同时，法律作为调节各种社会关系的规范，也通过其权威性和强制性对佛教的发展产生了不容忽视的作用。其中最直接和明显的作用就是用"比附""类推"的原则，把维护封建等级特权、维护宗法制的法律制度强制施行于僧尼寺院，将僧尼和寺院固定在封建等级社会的"金字塔"式结构中，加速了佛教的世俗化、伦理化进程。唐律用具体而严格的"牒当"制度，将僧尼定位于官贵与庶民之间的地位；用"比附"定罪的方法将寺院里的僧尼分化为"三纲""师主""弟子""奴婢""伯叔父母""兄弟之子""主之期亲"等主奴、官民、尊卑、亲疏等级；用《道僧格》"准格律条"赋予寺院司法、行政等世俗官府的功能。佛教原始僧团的不受王法约束，人人平等，游离于世俗社会之外的习俗在唐代法律严格的分化定位和规约下，早就被破坏殆尽。僧尼作为社会的一员，他们虽然出家离俗，但是却被法律严格限定，寺院成为他们的第二个家，僧团中的其他成员是他们的法定家人。法律是促使宗教适应其所在社会的重要力量，唐代法律对僧尼寺院的定位，无疑加速了佛教的世俗化和伦理化。

从总体上讲，唐代法律对僧尼的法律定位是高于庶民的。僧尼犯"杖、笞"罪时，可以易刑为"苦使"减轻刑罚，并且由寺院执行，可以免受拘捕、囚具之苦；犯"徒"以上罪时也可以"牒当"减轻一年徒刑。僧尼火葬水葬不受残尸罪处罚，不"缘坐"家人，尽管犯"奸"要加重刑，但这是由于遵守五戒是僧尼的法律义务，而且僧尼受侵犯时，侵犯僧尼者一样要被加重刑罚。因此，在和庶民同罪的条件下，僧尼犯罪的刑事处罚是"从轻"的。从僧尼犯重罪"止坐其身"的规定类推可以知道，僧尼已经出家，在法律上就和世俗家人割断了血缘联系，因此在财产和债务继承、赡养老人、抚养子女等方面的民事权利和义务就不同于俗人。加上唐代法律禁止僧尼结婚，因此在婚嫁方面的民事权利也不同于俗人。学者严耀中判定的唐宋间法律约束僧尼的特点"刑事从严，民事从俗"显然是无法成立的。本书对唐律约束僧尼的特点得出的结论是：刑事从宽，民事不同俗。

第五节 本课题还可以进一步挖掘的地方

本书以隋唐为时代背景，以《唐律疏议》和《道僧格》为中心，从法律的视角对佛教管理和法律之间的关系做了一定的探讨。由于论文答辩时间迫近，加上受到个人知识面的局限，在写作过程中有许多问题有所触及，却无法更进一步深入挖掘和研究，笔者为此深感遗憾。因此在论文接近尾声时，笔者在此提出几个有研究价值，可以进一步深入挖掘的线索，希望今后能有机会继续以此为切入点，在本课题上有更深入的研究。

一 唐前期《道僧格》和中后期《道僧格》的演变

本书依据的唐代律典《唐律疏议》编撰于高宗永徽四年，复原的《道僧格》内容也接近贞观十年到永徽年间的《道僧格》，因此，虽然题目是"法律视角下的隋唐佛教管理研究"，但实际上研究的只是唐前期法律规范佛教的情况。以安史之乱为分界线，唐前期和唐后期的政治、经济状况有极大变化。唐前期的中央集权极其强化，政府通过均田制和严格的户籍制，促使土地和劳动力结合，保护农本经济，实现国家财政收入的最大化。当时的法律制度也多有严惩人口脱籍、土地流转和限制商品经济要素发展的内容。《永徽律》"私入道条"和《道僧格》"出家条""私度条""取童子条""布施条""不得私蓄条"都反映了这一时代特征。

安史之乱后，宦官专权、藩镇割据，中央集权受到严重破坏。均田制、租庸调制、府兵制名存实亡，前期法律已不适应社会变化的需要。两税法实施后，土地、人口的自然流动逐渐合法，商品经济迅速发展，商人社会地位提高，地方区域经济的跨越式发展，这些都必然带动法律制度的剧变。唐后期的战乱频繁、政局动荡使开元二十五年后就不再有大规模修订律令格式的记载，制敕成为后期主要的法律形式，编撰"格后敕"成为后期的主要立法工作。唐中叶后，寺院获取赏赐、布施的来源锐减；按土地、资产收税的新税法使僧尼丧失了免税特权。为了适应社会的变革，寺院通过购买土地、租赁劳动力从事一般性生产经营的比重大大增加，寺院的种植业、商业、借贷业得到迅速发展，成为社会经济中的一支活跃力量，这些都是前期《道僧格》所禁止的活动。唐后期《道僧格》是否被废止，或者政府以"格后敕"的形式进行了新的立法，这些都是值得研究和思考的。

二 独立于国家立法之外的习惯法、民间法对僧尼的定位与规约

本书所研究的隋唐时期法律对僧尼的规范，实际上是以文本为依据的立法内容研究。在唐代，由于地域广阔，各地民俗不同，加上唐律的"息讼"原则，在现实中很少有法律被一以贯之地执行到地方的情况。在实际生活中民间纠纷多由族长、里正等按照各地乡约、民俗作出裁决。地方官在审理案件时也常常参照民间法、习惯法甚至还可以完全根据自己的是非喜好判案。如《云溪友议》记载的地方官陆长源审理僧常满、智真等在娼妓家饮酒烹宰鸡鹅一案时，居然"集远近僧徒，痛杖三十处死"，完全不按照国法量刑。

如果能够从《疑狱集》《折狱龟鉴》《棠阴比事》等文献中收集一些唐代和僧尼寺院有关的案例，分析其审判的结果，对照《道僧格》的量刑标准，就可以对僧尼在唐代的习惯法、民间法中所处地位和在唐律中的法律地位做对比研究。

三 少数民族地区的僧道法和唐中央政府僧道法的联系和区别

敦煌文书中有一批反映唐后期到五代期间沙州寺院经济的文书，为研究唐后期沙州地区佛教管理制度提供了依据。文书内容涉及寺院的借贷制度、租赁制度、寺院公有经济、僧尼私有经营、高层僧侣地主私有经济、亡僧遗产处理、僧尼继承俗家遗产等问题，都呈现出不同于唐早期宗教法规的新特点。如《沙州僧月分书》[①]中记录的沙州僧月光和俗家的兄弟一起共同继承家庭财产的案

[①] 参见法国国立图书馆藏文书第 3744 号。

例，按照唐律的僧尼"不缘坐"之法条类推，僧尼出家后无权继承俗家遗产，然而沙州地区的僧尼却和俗人一样享有遗产继承权，可见当地的宗教法对僧尼的定位不同于唐中央法律。

在藩镇割据的唐后期，不同地方的经济和政治发展都与中央政府不再一致，从法律视角探讨少数民族地区的宗教法规和全国性宗教法规的区别，以及造成这种区别的历史原因，将不失为一项有意义的工作。

四 宋元明清诸朝代僧尼法律地位的变化与历史原因

唐律定位僧尼的"称道士女官条"被《宋刑统》保留，僧尼犯奸加凡人二等定罪，僧尼受业师比附为伯叔父母、弟子比附为兄弟之子的量刑标准一直到《大明律》《大清律》都被沿袭。但是僧尼的法律地位在不同朝代的地位是不同的，如宋朝时还坚持僧尼出家则"人伦之义已绝"，僧尼与俗家亲属相犯视同凡人相犯的量刑，到了清朝，僧人如果侵犯俗家的祖父母、父母和五服内的尊长，都和凡人一样要加重刑。清朝的僧尼不拜父母、不祭祖先都要受罚，世俗伦理对僧尼的约束明显大于唐代。元代僧侣的法律地位高于唐代，成宗之前，僧尼犯轻罪归寺院审理，犯重罪官府也无权拘审，必须上报宣政院处理。元世祖时寺院和僧尼一切捐税全免，明政府对寺院的赋税征收却一再增加。

从历史发展的角度，历时地研究僧尼的法律地位变化，总结其规律，分析其原因，需要更多的知识储备和文献来源，但是这一研究会更有学术价值。

五 唐之后各朝代的宗教法和《道僧格》的联系与区别

自隋代的《众经法式》之后，唐宋元明清诸朝代除了正律的《名例》正式给了僧尼法律定位之外，另外都有至少一部专门的宗教法适用于僧尼这个特殊的社会群体。宋代《庆元条法事类·道释门》、西夏的《天盛律令》卷十一"为僧道修寺庙门"、元代《通志条格·僧道》、明代《申明佛教榜册》和《避趋条例》，都是适用于佛教、道教的宗教法典。它们和唐代的《道僧格》相比，有继承其基本法律基本框架和原则的一面，如共同适用于佛道二教、僧尼道士等犯轻罪由寺院审判、严惩私入道、禁止僧道嫁娶、限制僧道的社会交往、严格僧道户籍管理等，也有随着时代变迁而呈现出新特点的一面，宋代的《道释门》法规趋于细密、元代僧尼享有更多的法律地位，甚至达到"殴西番僧者截其手，詈之者断其舌"① 的程度，明清宗教法对汉地僧尼的约束更加严格，"以政统教"的力度已经深及教派和教理的管理。同时宗教立法和管理的重心改为对蒙藏地区的藏传佛教管理。联系历史对比研究唐以来各朝宗教法，对古代宗教法的发展变化考察有深刻意义。

---

① （明）宋濂：《元史》卷二十三，中华书局1976年版，第512页。

参考文献

一 正史与古籍

（北齐）魏收：《魏书》，中华书局1975年版。

（后晋）刘昫：《旧唐书》，中华书局1975年版。

（唐）杜佑：《通典》，中华书局1988年版。

（唐）李林甫等：《唐六典》，陈仲夫点校，中华书局1992年版。

（唐）魏徵等：《隋书》，《四库全书》版，上海古籍出版社1989年版。

（唐）魏徵等：《隋书》，中华书局1973年版。

（唐）白居易、（宋）孔传：《白孔六帖》，《四库全书》版，上海古籍出版社1989年版。

［日］圆仁：《入唐求法巡礼行记校注》，白化文校注，百花文艺出版社1992年版。

（宋）王钦若：《册府元龟》，中华书局1960年影印版。

（宋）欧阳修、宋祁：《新唐书》，中华书局1975年版。

（宋）司马光等：《资治通鉴》，中华书局1976年版。

（宋）薛居正等：《旧五代史》，中华书局1976年版。

（宋）王溥：《唐会要》，上海古籍出版社2006年版。

（宋）宋敏求：《唐大诏令集》，上海学林出版社1992年版。

（宋）朱彧：《萍洲可谈》，《四库全书》版，上海古籍出版社1989年版。

（宋）洪迈：《容斋随笔》，中国社会科学出版社2005年版。

（明）宋濂：《元史》，中华书局1976年版。

（清）董诰等编：《全唐文》，中华书局1983年影印版。

（清）沈家本：《历代刑法考》，郑经元点校，中华书局1985年版。

（清）魏源：《海国图志》，《四库全书》版，上海古籍出版社1989年版。

二 佛教典籍

《大正新编大藏经》，台湾新文礼出版公司1983年影印版。

（梁）慧皎：《高僧传》，大正藏本。

（梁）宝唱：《比丘尼传》，大正藏本。

（梁）僧佑：《弘明集》，大正藏本。

（梁）僧祐：《出三藏记集》，大正藏本。

（隋）费长房：《历代三宝记》，大正藏本。

（唐）慧立、彦悰：《大唐大慈恩寺三藏法师传》，大正藏本。

（唐）玄奘：《大唐西域记校注》，中华书局1990年版。

（唐）玄奘：《大唐西域记》，大正藏本。

（唐）道宣：《广弘明集》，大正藏本。

（唐）释道宣：《广弘明集》，《四库全书》版，上海古籍出版社1989年版。

（唐）道宣：《续高僧传》，大正藏本。

（唐）法琳：《辨证论》，大正藏本。

（唐）道世：《法苑珠林》，大正藏本。

（宋）志磐：《佛祖统纪》，大正藏本。

（宋）赞宁：《大宋僧史略》，大正藏本。

（宋）赞宁、范祥雍点校：《宋高僧传》，大正藏本。

（宋）念常：《佛祖历代通载》，大正藏本。

（元）觉岸：《释氏稽古略》，大正藏本。

（清）孙诒让：《周礼正义》，中华书局1987年版。

三 今人专著

黄声孚：《唐代佛教对政治之影响》，（香港）九龙天德印务公司1959年版。

杨伯峻：《孟子译注》，中华书局1960年版。

汤用彤：《汉魏两晋南北朝佛教史》，中华书局1962年版。

任继愈：《汉唐中国佛教思想论集》，生活·读书·新知三联书店1963年版。

黄敏枝：《唐代寺院经济的研究》，台湾天一出版社1970年版。

杨家骆主编：《中国法制史料》，（台湾）鼎文书局1975年印行。

范文澜：《唐代佛教》，人民出版社1979年版。

郭朋:《隋唐佛教》,齐鲁书社1980年版。

张曼涛:《佛教经济论集》,台湾大乘文化出版社1981年版。

汤用彤:《隋唐佛教史稿》,中华书局1982年版。

穆根来等译注:《中国印度见闻录》,中华书局1983年版。

林尹注译:《周礼今注今译》,书目文献出版社1985年版。

何兹全:《五十年来汉唐佛教寺院经济研究》,北京师范大学出版社1986年版。

姜伯勤:《唐五代敦煌寺户制度》,中华书局1987年版。

国家文物局古文献研究室主编:《吐鲁番出土文书》,文物出版社1987年版。

卿希泰:《中国道教史》,四川人民出版社1988年版。

刘俊文:《敦煌吐鲁番唐代法制文书》,中华书局1989年版。

谢重光、白文固:《中国僧官制度史》,青海人民出版社1990年版。

黄得时译注:《孝经今注今译》,台湾商务印书馆1990年版。

谭世保:《汉唐佛史探真》,中山大学出版社1991年版。

陈仲安:《汉唐职官制度研究》,中国社会科学出版社1991年版。

王怀德:《伊斯兰教史》,宁夏人民出版社1992年版。

周绍良主编:《唐代墓志汇编》,上海古籍出版社1992年版。

李刚:《魏晋南北朝宗教政策研究》,四川大学出版社1994年版。

刘俊文:《唐律疏议笺解》,中华书局1996年版。

张弓:《汉唐佛寺文化史》,中国社会科学出版社1997年版。

郝铁川:《中华法系研究》,复旦大学出版社1997年版。

杨天宇:《礼记译注》,上海古籍出版社1997年版。

郝春文:《唐五代宋初敦煌僧尼的社会生活》,中国社会科学出版社1998年版。

沙知辑校:《敦煌契约文书辑校》,江苏古籍出版社1998年版。

怀效锋主编:《中国法制史》,中国政法大学出版社1998年版。

劳政武:《佛教戒律学》,宗教文化出版社1999年版。

劳政武:《佛律与国法》,台湾老古文化事业股份有限公司1999年版。

陈寅恪:《隋唐制度渊源略论稿 唐代政治史述论稿》,生活·读书·新知三联书店1999年版。

刘俊文:《唐代法制研究》,台湾文津出版社1999年版。

陈鹏生:《中国法制通史》,法律出版社1999年版。

钱大群：《唐律研究》，法律出版社 2000 年版。

张大可：《史记新注》，华文出版社 2000 年版。

白化文主编：《中国佛寺志丛刊》，江苏古籍出版社 2001 年版。

赵云旗：《唐代土地的买卖》，中国财政经济出版社 2002 年版。

王永平：《道教与唐代社会》，首都师范大学出版社 2002 年版。

杨一凡、田涛：《中国珍稀法律典籍续编》，黑龙江人民出版社 2002 年版。

白文固、赵春娥：《中国古代僧尼名籍制度》，青海人民出版社 2002 年版。

魏道明：《始于兵而终于礼——中国古代族刑研究》，中华书局 2002 年版。

李希泌主编：《唐大诏令集补编》，上海古籍出版社 2003 年版。

王文会：《中国佛教僧团发展及其管理研究》，巴蜀书社 2003 年版。

吴宗国：《盛唐政治制度研究》，上海辞书出版社 2003 年版。

郑显文：《唐代律令制研究》，北京大学出版社 2004 年版。

罗莉：《寺庙经济论》，宗教文化出版社 2004 年版。

荣新江编：《唐代宗教信仰与社会》，上海辞书出版社 2005 年版。

刘长东：《宋代佛教政策论稿》，四川出版集团 2005 年版。

陈恒：《中国佛教史籍概论》，上海世纪出版集团 2005 年版。

郭绍林：《唐代士大夫与佛》，三秦出版社 2006 年版。

任杰：《中国的宗教政策——从古代到当代》，民族出版社 2006 年版。

岳纯之：《唐代民事法律制度论稿》，人民出版社 2006 年版。

李芳民：《唐五代佛寺辑考》，商务印书馆 2006 年版。

刘淑芬：《中古的佛教与社会》，上海古籍出版社 2008 年版。

杜斗城编：《正史佛教资料类编》，甘肃文化出版社 2006 年版。

李映辉：《唐代佛教地理研究》，湖南大学出版社 2006 年版。

天一阁博物馆、中国社会科学院历史研究所《天圣令》整理课题组：《天一阁藏明钞本天圣令校证（附唐令复原研究）》，中华书局 2006 年版。

严耀中：《佛教戒律与中国社会》，上海古籍出版社 2007 年版。

陈文英：《中国古代汉传佛教传播史论》，天津古籍出版社 2007 年版。

罗莉：《中国佛道教寺观经济形态研究》，中央民族大学出版社 2007 年版。

夏广兴：《密教传持与唐代社会》，上海人民出版社 2008 年版。

潘桂明：《中国佛教思想史稿》，江苏人民出版社 2009 年版。

张漫涛主编:《中国佛教寺塔史志》,(台北)大乘文化出版社2009年版。

张漫涛主编:《中国佛教史论集》,(台北)大乘文化出版社2009年版。

谢重光:《中古佛教僧官制度和生活》,商务印书馆2009年版。

刘力夫:《佛教与中国伦理文化的冲突与融合》,中国社会科学出版社2009年版。

瞿同祖:《中国法律与中国社会》,商务印书馆2010年版。

四 期刊论文、学位论文

姜伯勤:《论敦煌寺院的"常住百姓"》,《文物》1975年第7期。

白文固:《唐代僧尼道士授田问题辨析》,《甘肃社会科学》1982年第3期。

何兹全:《佛教经律关于僧尼私有财产之规定》,《北京师范大学学报》1982年第6期。

施光明:《论唐代宗教政策》,《陕西师范大学学报》1985年第1期。

陈志强:《汉唐寺院经济发展的大势与标志》,《复旦学报》1986年第2期。

谢重光:《魏晋隋唐佛寺特权的盛衰》,《历史研究》1987年第6期。

谢重光:《唐代佛教政策简论》,《世界宗教研究》1988年第3期。

李富华、董型武:《试论唐代的宗教政策》,《世界宗教研究》1989年第3期。

张弓:《唐代的寺庄》,《中国社会经济史研究》1989年第4期。

郝春文:《隋唐五代宋初佛社与寺院的关系》,《敦煌学辑刊》1990年第1期。

谢重光:《吐蕃占领时期与归义军时期的敦煌僧官制度》,《敦煌研究》1991年第3期。

李刚:《唐太宗与道教》,《晋阳学刊》1994年第5期。

张弓:《"衰相现前"、宠禁失据——唐后期诸帝与佛教》,《中国史研究》1992年第4期。

荣新江:《九、十世纪归义军时代的敦煌佛教》,《清华汉学研究第一辑》,1994年创刊号。

殷啸虎:《佛教与古代法制》,《文史知识》1994年第2期。

牟军:《西藏旧法在佛教发展中的作用》,《现代法学》1994年第4期。

张泽洪:《唐代道教规模辨析》,《中华文化论坛》1996年第2期。

宿白:《唐代佛寺布局》,《考古与文物》1997年第2期。

湛如：《敦煌结夏安居考察》，《佛学研究》第 00 期。
寇养厚：《唐初三帝的三教并存与道先佛后政策》，《文史哲》1998 年第 4 期。
湛如：《汉地佛教度僧制度辨析》，《法音》1998 年第 12 期。
周相卿：《佛法对我国当代法律制度的积极影响论纲》，《金筑大学学报》1999 年第 2 期。
宁志新：《唐朝使职若干问题研究》，《历史研究》1999 年第 2 期。
戴建国：《天一阁藏明抄本〈官品令〉考》，《历史研究》1999 年第 3 期。
郑显文：《试论唐律对唐前期寺院经济的制约》，《中国经济史研究》1999 年第 3 期。
何柏生：《佛教与中国传统法律文化》，《法商研究》1999 年第 4 期。
严耀中：《论占卜与隋唐佛教的结合》，《世界宗教研究》2000 年第 4 期。
郑显文：《日本〈令集解·僧尼令〉与唐代宗教法比较研究》，《政法评论·2001 年卷》，中国政法大学出版社，2001 年 3 月。
周相卿：《隋唐时期佛教与法的关系》，《贵州民族学院学报》2002 年第 1 期。
王力民：《中国古代刑法与佛道教——以唐宋明清律典为例》，《法学研究》2002 年第 3 期。
谷东燕：《古代中国的宗教与法律》，《当代法学》2002 年第 12 期。
杨永良：《僧尼令之研究——解读并探讨道僧格复原的问题》，《日本学论坛》》2002 年第 1 期。
明杰：《唐代佛教度僧制度探讨》，《佛学研究》2003 年第 00 期。
刘伟：《法治本土化的几个问题》，《济南大学学报》2003 年第 2 期。
韩昇：《中古社会史研究的数理统计与士族问题》，《复旦学报》2003 年第 5 期。
严耀中：《论佛教戒律对唐代司法的影响》，《唐代宗教信仰与社会》，上海辞书出版社 2003 年 8 月版。
王洪军：《信仰与政治之间——论武则天与中宗、睿宗时期的宗教政策》，《东方论坛》2003 年第 5 期。
王永会：《佛教管理学成立的特质与依据》，《世界宗教研究》2003 年第 1 期。
华方田：《唐代诸帝与佛教的社会发展》，《佛教文化》2003 年第 2 期。
高明士：《从律令制的演变看唐宋间的变革》，《台大历史学报》2003 年第 32 期。

邰耀昌：《中国古代封建统治者对宗教的管理》，《江南社会学院学报》2003 年第 4 期。

李映辉：《经济、人口、历史传承与佛教地理分布——以唐代为例》，《求索》2003 年第 6 期。

郑显文：《唐代道僧格的研究》，《历史研究》2004 年第 4 期。

杨荔薇：《佛教盗戒之构成——刑法学犯罪构成理论视角》，《宗教学研究》2004 年第 4 期。

杨维中：《论佛教的中国化与佛教制度的中国化》，《安徽大学学报》2004 年第 4 期。

夏清暇：《明代宗教法律制度》，《南京财经大学学报》2004 年第 3 期。

王洪军：《论隋朝统治者的宗教政策》，《齐鲁学刊》2004 年第 3 期。

邓昌友：《〈中国古代僧尼名籍制度〉述评》，《广西社会科学》2004 年第 5 期。

杨松美：《对阿坝州宗教法制建设的调查与思考》，《阿坝师范高等专科学校学报》2004 年第 2 期。

志道：《中国古代僧佛教官制度》，《佛教文化》2005 年第 2 期。

刘小平：《唐代寺院的水碾硙经营》，《中国农史》2005 年第 4 期。

白文固：《唐宋时期戒牒和六念牒管理制度》，《青海社会科学》2005 年第 2 期。

刀伟：《傣族历史上佛教与法律的关系初探》，《商丘师范学院学报》2005 年第 3 期。

周奇：《唐代宗教事务的管理与现代启示》，《中国宗教》2005 年第 3 期。

雷晓鹏：《中国古代刑法对佛道教的规范》，《宗教学研究》2005 年第 4 期。

白文固：《唐宋试经剃度制度探究》，《史学月刊》2005 年第 8 期。

周东平：《隋〈开皇律〉十恶渊源新探》，《法学研究》2005 年第 4 期。

郭永利：《晚唐五代敦煌佛教寺院的纳赠》，《敦煌学辑刊》2005 年第 4 期。

邢学敏、王洪军：《论唐玄宗时期的宗教政策》，《北方论丛》2006 年第 1 期。

顾俊杰：《论佛教与中国传统法律文化的冲突与融合》，《同济大学学报》2006 年第 1 期。

赵哲伟：《佛教文化与传统法律制度刍议》，《东南文化》2004 年第 6 期。

王洪军：《论唐初三帝的宗教政策》，《孔子研究》2004 年第 5 期。

郑炳林、魏迎春：《晚唐五代敦煌佛教教团僧尼违戒——以饮酒为中心的探讨》,《敦煌学辑刊》2007年第4期。

严耀中:《论唐宋间法律对僧尼的直接约束》,《唐宋法律史论集》,上海辞书出版社2007年12月版。

王宇:《佛教对宋朝火葬盛行的影响》,《佛学研究》2008年第2期。

卓越:《论唐代的佛教管理及对佛教中国化的影响——以〈唐会要〉为研究中心》,《求索》2008年第12期。

武宝宁、吴硕:《唐律对僧道的法律规定及其特点》,《延安大学学报》2008年第5期。

李放:《南北朝时期佛教对法律文化的影响》,《理论界》2008年第6期。

杨荔薇:《佛教的善恶观及其与世俗法律的善恶观的比较》,《广东工业大学学报》2008年第2期。

任晓兰:《论明代的僧人群体及其法律规制》,《西南大学学报》2008年第6期。

邵方:《西夏的宗教法》,《现代法学》2008年第4期。

宿白:《试论唐代长安佛教寺院的等级问题》,《文物》2009年第1期。

孟宪实:《论唐朝的佛教管理——以僧籍的编造为中心》,《北京大学学报》2009年第3期。

郭小静:《谈宗教对法律的启示——以佛教为视角》,《法制与社会》2009年第21期。

丁菁:《佛教僧侣财产权探析》,《绍兴文理学院学报》2009年第4期。

周东平:《论佛教礼仪对中国古代法制的影响》,《厦门大学学报》2010年第3期。

牛绿花:《清朝对藏传佛教宗教事务的法律调整及其历史启示》,《青海师范大学学报》2010年第2期。

夏清暇:《佛教伦理对传统法律影响三题》,《江淮论坛》2010年第4期。

马治国:《佛教与现代法律的关系》,《西安交通大学学报》2010年第2期。

董春林:《论唐宋僧道法之演变》,《江西社会科学》2010年第10期。

蒋传光:《中国古代社会控制模式的历史考察》,博士学位论文,中国政法大学,2003年。

周奇:《唐代宗教管理研究》,博士学位论文,厦门大学,2005年。

鲁统彦:《隋唐时期僧尼角色研究》,博士学位论文,首都师范大学,2005年。

杨荔薇:《原始佛教"正法律"的法理学研究》,博士学位论文,四川大学,2005年。

林西朗:《唐代道教管理制度研究》,博士学位论文,四川大学,2005年。

陈艳玲:《唐代城市居民的宗教生活:以佛教为中心》,博士学位论文,华东师范大学,2008年。

潘春辉:《从戒律守持看唐宋时期敦煌佛教世俗化》,硕士学位论文,西北师范大学,2004年。

陈艳玲:《〈大藏经〉中反映隋唐社会状况的资料及研究》,硕士学位论文,陕西师范大学,2005年。

曾义清:《中古寺院经济和佛教慈善事业》,硕士学位论文,南京师范大学,2006年。

李俊强:《佛教对中古法律之影响》,硕士学位论文,湘潭大学,2006年。

朱佩:《唐代寺庙财产法研究》,硕士学位论文,南京师范大学,2007年。

王谋寅:《道教与中国传统法律文化》,硕士学位论文,中国政法大学,2009年。

崔晓花:《宋代宗教管理的法律视角》,硕士学位论文,山东大学,2007年。

李硕:《从"三武一宗"灭佛看当朝统治者的宗教政策及其影响》,硕士学位论文,新疆师范大学,2008年。

董艳:《〈百丈清规〉创制背景探析》,硕士学位论文,吉林大学,2009年。

文浩:《论佛教对中国古代法制的影响》,硕士学位论文,厦门大学,2009年。

朱雄伟:《略论唐代僧尼腐化问题》,硕士学位论文,湖南师范大学,2009年。

王淑荣:《论隋唐时期的左道》,硕士学位论文,陕西师范大学,2010年。

张兴华:《遣唐使中的留学僧研究》,硕士学位论文,黑龙江大学,2010年。

五 外文史籍与论著

[日]《新订增补国史大系》,吉川弘文馆刊行,1965年版。

[日]池田温:《中国古代籍帐研究》,中华书局1984年版。

[法]谢和耐:《中国五—十世纪的寺院经济》,甘肃人民出版社1987年版。

Stanley Weinstein, *Buddhism under the T'ang*, Cambridge University Press, 1987.

[日]仁井田陞:《唐令拾遗》,栗劲、霍存福等编译,成春出版社1989年版。

［日］诸户立雄：《中国佛教制度史研究》，平河出版社1990年版。

［日］池田温：《唐令拾遗补》，东京大学出版社1997年版。

［荷］许理和：《佛教征服中国》，江苏人民出版社2003年版。

［日］砺波护：《隋唐佛教文化》，韩昇、刘建英译，上海古籍出版社2004年版。

［日］日本后妙华寺殿：《令闻书》，续群书类丛本。

［日］秋月观暎：《道僧格の复旧について》，《历史》第四辑，东北大学出版社，1952年6月版。

［日］诸户立雄：《北魏の僧制と唐代の道僧格》，《秋大史学》，秋田大学出版部，1973年1月。

［日］诸户立雄：《道僧格とその施行について》，《集刊东洋学》，东北大学中国文史哲研究会，1974年1月。

［日］诸户立雄：《道僧格の研究》，《中国佛教制度史の研究论集》，平河出版社1990年版。

［日］袁红：《僧尼令と道僧格の比较》，《大正大学大学院研究论集》，大正大学出版部1999年版。